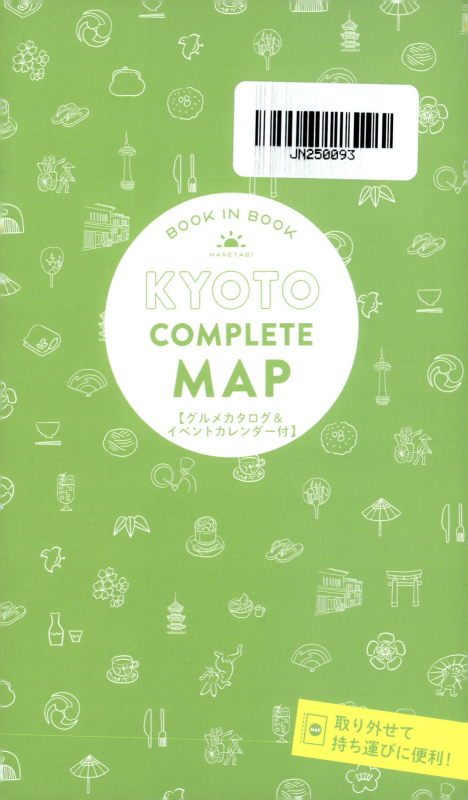

BOOK IN BOOK

HARETABI

KYOTO
COMPLETE
MAP

【グルメカタログ＆
イベントカレンダー付】

取り外せて
持ち運びに便利！

MAP

→目的地 ／ **↓現在地**

	清水寺 →P.76	祇園 →P.82	嵐山 →P.88	金閣寺 →P.94	銀閣寺 →P.100	二条城 →P.106	京都駅 →P.112
清水寺		4分 230円 祇園／清水道⇒市バス58・86・202・206・207⇒祇園下車	43分 450円 五条坂⇒市バス206・207⇒四条大宮⇒四条大宮駅⇒嵐電嵐山本線⇒嵐山駅下車	50分 460円 清水道⇒市バス206⇒洛北高校前⇒市バス204・205⇒金閣寺道下車	30分 460円 祇園⇒市バス203⇒銀閣寺道下車	25分 450円 五条坂⇒市バス86・202・206⇒東山三条⇒東山⇒地下鉄東西線⇒二条城前駅下車／24分 230円 五条坂／清水道⇒市バス202⇒堀川丸太町下車	17分 230円 清水道⇒市バス86・206⇒京都駅前／12分 290円 清水五条駅⇒京阪本線⇒東福寺⇒JR奈良線⇒京都駅下車
祇園	4分 230円 祇園／清水道⇒市バス58・86・202・206・207⇒清水道／五条坂下車		48分 450円 祇園⇒市バス206・207⇒四条大宮⇒四条大宮駅⇒嵐電嵐山本線⇒嵐山駅下車／42分 640円 祇園四条駅⇒三条駅⇒三条京阪駅⇒地下鉄東西線⇒太秦天神川⇒嵐電天神川駅⇒嵐電嵐山本線⇒嵐山駅下車	52分 230円 祇園⇒市バス12⇒金閣寺道下車	22分 230円 祇園⇒市バス203⇒銀閣寺道下車	20分 230円 祇園⇒市バス12⇒二条城前下車	20分 230円 祇園⇒市バス86・206⇒京都駅前下車／14分 290円 祇園四条駅⇒京阪本線⇒東福寺駅⇒JR奈良線⇒京都駅下車
嵐山	50分 450円 嵐山⇒嵐電嵐山本線⇒四条大宮⇒四条大宮駅⇒市バス206・207⇒清水道／五条坂下車	48分 450円 嵐山⇒嵐電嵐山本線⇒四条大宮⇒四条大宮⇒市バス46・201・203・207⇒祇園下車／42分 640円 嵐山⇒嵐電嵐山本線⇒嵐電天神川⇒太秦天神川⇒地下鉄東西線⇒三条京阪駅⇒京阪本線⇒祇園四条駅下車	(嵐山 名所)	37分 450円 嵐山⇒嵐電嵐山本線⇒帷子ノ辻駅⇒嵐電北野線⇒北野白梅町駅⇒市バス204・205⇒金閣寺道下車	54分 450円 嵐山⇒嵐電嵐山本線⇒帷子ノ辻駅⇒嵐電北野線⇒北野白梅町駅⇒市バス203⇒204⇒銀閣寺道下車	39分 230円 嵐山⇒京都バス63・66⇒堀川御池下車	46分 230円 嵐山天龍寺前⇒市バス28、または嵐山⇒京都バス72・73⇒京都駅前下車／16分 240円 嵯峨嵐山駅⇒JR嵯峨野線⇒京都駅下車
金閣寺	50分 460円 金閣寺道⇒市バス204⇒西ノ京円町(JR円町駅)⇒市バス202⇒清水道下車	52分 230円 金閣寺道⇒市バス12⇒祇園下車	37分 450円 金閣寺道⇒市バス204・205⇒北野白梅町⇒北野白梅町駅⇒嵐電北野線⇒帷子ノ辻駅⇒嵐電嵐山本線⇒嵐山駅下車	KYOTO	26分 230円 金閣寺道⇒市バス204⇒銀閣寺道下車	21分 230円 金閣寺道⇒市バス12⇒二条城前下車	40分 230円 金閣寺道⇒市バス205⇒京都駅前下車／37分 490円 金閣寺道⇒市バス204・205・M1⇒北大路バスターミナル北大路駅⇒地下鉄烏丸線⇒京都駅下車
銀閣寺	30分 460円 銀閣寺道⇒市バス203⇒東山二条・岡崎公園口⇒市バス202・206⇒清水道下車	24分 230円 銀閣寺道⇒市バス203⇒祇園下車	58分 450円 銀閣寺道⇒市バス203・204⇒北野白梅町⇒北野白梅町駅⇒嵐電北野線⇒帷子ノ辻駅⇒嵐電嵐山本線⇒嵐山駅下車	26分 230円 銀閣寺道⇒市バス204⇒金閣寺道下車	(銀閣寺 名所)	24分 230円 銀閣寺前⇒市バス204⇒堀川丸太町下車／29分 450円 銀閣寺道⇒市バス5・203⇒東山三条⇒東山駅⇒地下鉄東西線⇒二条城前駅下車	42分 490円 銀閣寺道⇒市バス203⇒烏丸今出川(地下鉄今出川駅)⇒地下鉄烏丸線⇒京都駅下車／40分 230円 銀閣寺道⇒市バス5・17⇒京都駅前下車
二条城	19分 450円 二条城前駅⇒地下鉄東西線⇒東山駅⇒東山三条⇒市バス202⇒清水道／五条坂下車／24分 230円 堀川丸太町下車⇒市バス202⇒清水道／五条坂下車	29分 230円 二条城前⇒市バス12⇒祇園下車	21分 480円 二条城前駅⇒地下鉄東西線⇒太秦天神川駅⇒嵐電天神川駅⇒嵐電嵐山本線⇒嵐山駅下車	24分 230円 二条城前⇒市バス12⇒金閣寺道下車	22分 230円 堀川丸太町⇒市バス204⇒銀閣寺道下車／31分 450円 二条城前駅⇒地下鉄東西線⇒東山駅⇒東山三条⇒市バス5・203⇒銀閣寺道下車	(二条城 名所)	16分 230円 二条城前⇒市バス9・50⇒京都駅前下車／12分 260円 二条城前駅⇒地下鉄東西線⇒烏丸御池駅⇒地下鉄烏丸線⇒京都駅前下車
京都駅	17分 230円 駅前[D2]⇒市バス86・206⇒五条坂／清水道下車／13分 290円 京都駅⇒JR奈良線⇒東福寺駅⇒京阪本線⇒清水五条駅下車	20分 230円 駅前[D2]⇒市バス206・86⇒祇園下車／20分 290円 京都駅⇒JR奈良線⇒東福寺駅⇒京阪本線⇒祇園四条駅下車	16分 240円 京都駅⇒JR嵯峨野線⇒嵯峨嵐山駅下車／46分 230円 駅前[C6]⇒京都バス72・73⇒嵐山下車	40分 230円 駅前[B3]⇒市バス205⇒金閣寺道下車／37分 490円 京都駅⇒地下鉄烏丸線⇒北大路駅⇒北大路バスターミナル⇒市バス204・205・M1⇒金閣寺道下車	36分 490円 京都駅⇒地下鉄烏丸線⇒今出川⇒烏丸今出川⇒市バス203⇒銀閣寺道下車／38分 230円 駅前[A1]⇒市バス5、または[B1]⇒市バス17⇒銀閣寺道下車	16分 230円 駅前[B2]⇒市バス50、または[B1]⇒市バス9⇒二条城前下車／14分 260円 京都駅⇒地下鉄烏丸線⇒烏丸御池駅⇒地下鉄東西線⇒二条城前駅下車	

所要時間の目安 　30分以内 　30〜45分程度 　45〜60分程度

※バス・鉄道で移動する場合の乗車時間の目安を記載しています。※掲載の情報は2022年5月現在のものです。運賃、時間等はあくまで目安であり、シーズン、交通事情により異なる場合があります。

二条城・京都御苑

0　100　200m

N

P.54 鶴屋吉信
P.45 tubara cafe

P.25

晴明神社 P.21

P.109虎屋菓寮 京都一条店
P.60本田味噌 本店

1

P.21

Cafe Rhinebeck
西陣くらしの美術館 冨田屋
町家紅茶館 卯晴
Cafe1001

P.109喫茶ゾウ
P.9 堀川新文化ビルヂング

P.62 澤井醤油

NEW STANDARD CHOCOLATE
kyoto by 久遠
ルピノ京都堀川

P.71山中油店

2

ホテルリブマックス
京都二条城北

ホテルリブマックス京都二条城西
あんぐり Kyoto Style Kitchen
ファーストキャビン京都二条城
ソングバード コーヒー

京乃雪 P.70

NHK
デイリーカナート

京の温所 竹屋町

京都市
上京区

中京区

NAKAMURA
GENERAL STORE

アーバンホテル
京都二条プレミアム

元離宮二条城
P.107

HOTEL THE MITSUI KYOTO

ANAクラウンプラザホテル
喫茶マドラグ

ライフ
中京中

二の丸御殿

P.53果朋-KAHOU

CLAMP
COFFEE SARASA

二条城前駅

御金神社
P.21

3

二条駅

ロイヤルパーク
キャンバス 京都二条

モクシー京都二条

P.31京ゆば処 静家 二条城店
魏飯夷堂 三条店
P.37

久山園
西洞院店 P.61

HOTEL THE HIRAMATSU京都

京都駅

A   **B**   **C**

大堰町

出町柳駅

思文閣会館

今出川通

マ カンティーヌ

百万遍知恩寺
秋の古本まつり
百万遍さんの手づくり市

門前町

養源院

禅見院
修道院
瑞林院
如意寺
了蓮寺

農学部

追分町

京都大
理学部

後二條天皇
北白河陵
邦親王御墓

西町

shizuku

北白川

1

緑寿庵
清水

かぎや政秋
松屋

進々堂 京大北門前

京大農学部前

今出川通

泉殿町

体育館

百万遍

東大路通

京都大学総合博物館

文学部

経済学部

P.25

教育学部

Le Café

在京都
フランス総領事館

京大正門前

図書館

法学部

京都大学 P.105

工学部

京都大学 時計台記念館

吉田本町

吉田神社

吉田山

吉田山緑地

茂庵 P.105

凌雲寺

神楽岡町

竹中稲荷神社

東一条通

中阿達町

芝蘭会館

東山東一条

京大正門前

グラウンド

総合人間学部

カンフォーラ

Cerchio 天麩羅かふう

上大路町

大元宮

京都市
左京区

2

吉田橋町

医学部

図書館

二本松町

中大路町

宗忠神社

吉田山荘

真古館

大興寺

陽成天皇陵

東陽院

覚円院

栄摂院

近衛通

東山近衛

近衛通

近衛中

近衛町

下大路町

真如堂前町

神楽坂通

善正寺

安養院

公安院

顕本院

龍光院

京都大学
附属病院

東大路通

西町

聖護院御殿荘

中町

聖護院門跡

東町

吉田東通

白河総合支援学校

東福ノ川町

西願院

永運院

P.105金戒光明寺

長安院

阿弥陀堂

瑞泉院

善教院

金光院

浄源院

常光院

黒谷町

東本願寺
岡崎別院

ホテルオークラ京都
岡崎別院

西福ノ川町

3

聖護院
川原町

春日北通

本家西尾八ッ橋 本店 P.51

聖護院八ッ橋総本店 P.51

熊野神社前

cafe dining mArk

京都
熊野神社前

東山丸太町

サンプラザ

円頓美町

左京税務署

熊野神社前

錦林小

入江町

北御所町

ヤオセン

岡崎温泉

山王町

jazz spot YAMATOYA

武道センター

竹屋町通

丸太町通

西天王町

平安神宮

Cafe ヒペリカム

岡崎道

天王町

臨済神社前

神宮丸太町駅

A   東山駅   琵琶湖疏水

B

C

D　　　　E　　　　F

北白川校前
東小倉町　志賀越通　下池田町
久保田町
Lagado研究所　今出川通　　東久保田町
ますたに 今出川店　白川通今出川
大国屋
せかん堂　岩村紅茶
P.105 SIONE 京都銀閣寺本店
西田町
地蔵
茂庵看板
電話ボックス
上馬場町
浄土寺　浄土寺
ちょっとフランス
馬場町
馬場児童公園
下馬場町
フレスコ
ホホホ座 浄土寺店 P.148
Annabel Lee
卍迦称寺
卍松林院
卍法輪院　卍理正院
本坊
三重塔
卍吉祥院　真如堂 P.105
真如町
西雲院卍
勢至院卍
三重塔
丸太町通
東天王　岡崎神社
ホテル平安の森京都
丸太町通
東天王町
岡崎中

銀閣寺前町
銀閣寺 狐月
メルシー　マルギン
華宴 なかひがし
ふろうえん
白沙村荘
橋本関雪記念館
Cacao ∞ Magic P.57
石橋町
名代おめん 銀閣寺本店
東田町
京都ちどりや 銀閣寺店
銀閣寺 読み家
南田児童公園
GOSPEL P.105
アンティークと古書 迷子
上南田町
甘楽ハウス
swiss coffee.plants
下南田町
法然院町
法然院西町
岡林前
錦林車庫前
冷泉天皇桜本陵
栗田山陵
冷泉天皇陵
西寺ノ前町
寺ノ前町
真如堂前
第三錦林小
上宮ノ前町
下宮ノ前町
泉屋博古館
東天王町
住友史料館
天王町
南禅寺北ノ坊町
高岸町
卍明聖寺

銀閣寺町
Qu-ran 花様術　世續茶屋 P.101
卍浄土院 P.101
銀閣寺（慈照寺）
大山町
卍弥勒院
風の館
南田町
善気山町
法然院 P.102
riverside café
GREEN TERRACE P.102
御所ノ段町
法然院町
卍安楽寺
安楽寺 客殿 椛
卍霊鑑寺
円重寺卍
不動山町
ノートルダム女学院高・中
宮ノ前町 P.16
P.103 大豊神社
有芳園
卍光雲寺
わらび庵
若王子町
若王子神社

外山町
京都朝鮮中高級学校
丸山町
八神社
1

大山町

2

多頂山町

徳善谷町

3

N

銀閣寺・哲学の道
0　　100　　200m

D　　　　E　　　　F

1

深谷町

平野屋

鳥居本

嵐山高雄パークウェイ

あだし野念仏寺

あだしの井和井

小坂町

亀山町

有心堂

鳥居本八幡宮

嵯峨法堂弁天堂

清滝道

霊源寺

P.91旧嵯峨御所 大本山大覚寺
観月の夕べ

大覚寺収蔵庫

観空寺観音堂

覚勝院

大覚寺

大覚寺道 ♂ milieu

大覚寺門前

壇林寺

滝口寺

あたご古道街道灯し（毎年8月23日、24日頃のイベント）

博物館さがの人形の家

嵯峨さくら病院

嵯峨豆腐 森嘉

甘春堂 嵯峨本店

嵯峨釈迦堂前

P.91祇王寺

P.91MOMICAFE

證安院

清凉寺

京・嵯峨乃豆腐本家 大文字屋

宝筐院

嵯峨祭（毎年5月第3、第4日曜日に開催）

京料理おきな

嵯峨小

2

亀岡駅

JR山陰本線（嵯峨野線）

小倉山トンネル

嵯峨野観光鉄道

トロッコ亀岡駅

眺離庵

久遠寺

二尊院

落柿舎

P.91常寂光寺

小倉山町

京嵯峨 寿庵

小倉山荘
嵯峨落柿舎前店

京料理 味生

嵯峨小学校前

丸太町通

御髪神社

安立寺

P.20,90野宮神社

京都嵐山
オルゴール博物館

指月庵

老松 嵐山店

野ノ宮・野ノ宮

鯛匠HANANA

Bruce 2nd

湯豆腐 ゆどうふ

嵯峨とうふ 稲 北店

P.13,89,90
竹林の小径

保津川下りP.93
（乗り場は亀岡市へ）

嵐山妙見堂

星のや京都

千光寺

トロッコ嵐山駅

多宝殿

大河内山荘庭園

嵐山公園（亀山公園）

P.17,89天龍寺

P.92精進料理 篩月

P.92パンとエスプレッソと嵐山庭園

松籟庵

P.8嵐山 祐斎亭

らんきん

ご清遊の宿 らんぶ

嵯峨嵐山文華館

翠嵐 ラグジュアリーコレクションホテル 京都

嵐山辨慶

おばんざい ぎゃあてい

慈academ

松厳院

おちゃのこさいさい 嵐山店

弘源寺

西山興聖

eX cafe 京都嵐山本店

カランコロン京都 嵐山店

P.92嵐山昇龍苑

茶房こげつ 嵐山店

ぐるもく 嵐山
Plat

嵐山

嵐山駅

嵐電嵐山
駅の足湯

臨川寺

新八茶屋

渡月橋

3

P.93保津川下り

サンガスタジアム
by Kyocera

亀岡駅

西友

イオン

亀岡市

亀岡城跡

文化資料館

保津橋

JR山陰本線

嵐山

西京区

嵐山モンキーパーク

P.90えびす屋 嵐山店

%ARABICA 京都 嵐山

MUNI KYOTO

P.31豆腐料理 松ヶ枝

P.89嵐山通船

本家櫻もち 琴きき茶屋

嵐山温泉 彩四季の宿 花筏

渡月亭

P.89福田美術館

良翔
本通り

新八茶屋

渡月橋

P.89渡月橋 P.89

京・嵐山 錦

嵐山公園
中ノ島公園

京都・嵐山
花灯路

法輪寺

岩田山公園

虚空蔵山町

元録山町

北松尾山

大沢池

山越乾町

山越通

一条山越通

山越

1

広沢池

大沢落久保町

山越中町

山越中町

京都工芸繊維大
嵐山キャンパス

佛教大宗教文化
ミュージアム

京都市
右京区

堀池町

北嵯峨高

有栖川

嵯峨中

広沢小

嵯峨グレース

H

嵯峨野

広沢御所ノ内町

丸太町通

にっさん

ケーヨーデイツー

H サンメンバーズ

早太寿陵古墳

万代

天使の里　霞中庵

カモシカのお菓子

中島町

新宮町

油掛町

兜塚古墳

嵯峨ノ段町

2

広道町

椎野町

嵯峨嵐山駅

ゲルメンティ

JR山陰本線（嵯峨野線）

二条駅

北野白梅町駅、西院駅

嵯峨野
トロッコ列車 P.93

H ホテルビナリオ
嵯峨嵐山

鹿王院駅

開町

カフェスタイルリゾート

嵯峨野湯

嵐電嵐山本線

車折神社駅

中村屋

鹿王院

嵐電嵯峨駅

曇華院門跡

キモノフォレスト P.89

車折神社

有栖川駅

民宿嵐山

徳林寺

車折神社前

有栖川

K-yard

ガスト

三条通

花のいえ H

嵐山温泉 和cafe ひゅーめ

京都西郵便局

天山の湯

大国屋

御所ノ内町

嵐山小

京都嵯峨芸大

嵯峨野小

風風の湯

musubi cafe 嵐山

上河原町

嵐山駅

京都 嵐山温泉 花伝抄

阪急嵐山駅

遊月

樋ノ上町

桂川

京都嵯峨芸大
有響館

芝野町

3

N

東海道町

阪急嵐山線

嵐山東公園

高田町

嵐山・嵯峨野

0　　100　　200m

桂駅

宇治

0 100 200m

N

宇治市

六地蔵駅　六地蔵駅
京阪宇治線　JR奈良線
菟道
三室戸駅

卍三室戸寺
念佛寺

卍警澄寺
宇治川

ハッピー
シェ・アガタ
門前

明星園

菟道稚郎子皇子御墓
ベルエキップ
宇治警察署

三室戸小
宇治明星園

卍中研前

茶づな

フレンドマート
京都翔英館

明星町

お茶と宇治のまち 歴史公園 P.8
宇治駅

伊藤久右衛門 本店・茶房

P.121通園
菓子工房 KAMANARIYA

宇治橋東詰
宇治市源氏物語ミュージアム P.121

宇治橋西詰
市民会館

宇治橋
しゅばく（故生院）
京阪宇治駅前 駿河屋

ユニチカ宇治工場
宇治武田病院
薬膳料理 茉莉花
コパン
スポーツクラブ

A.B.C.cafe
京料理 宇治川旅館
寺島屋彌兵衛商店

開運不動尊正覚院
能登椽 稲房安兼

宇治上神社 P.121

城陽駅
宇治橋西詰

宇治駅

橋姫神社
上林記念館

和夢兎
まるに茶舗

宇治神社

宇治第一ホテル
昇苑くみひも

福寿園
宇治茶工房
お茶のうけ 朝日焼窯元

宇治発電所

朝日山

卍興聖寺

抹茶共和国 P.121

教栄寺

宇治市営茶室「対鳳庵」

P.39
中村藤吉本店

P.69,120平等院

京・宇治 抹茶料理 辰巳屋
宇治茶まつり
十三重石塔

合祀の寺東禅院

縣神社
園林寺
卍善法寺

鮎宗
旅館 塔見茶屋
花やしき 浮舟園

喜撰茶屋
光流園 静山荘

亀石楼

宇治

伏見

0 50 100m

N

ハローワーク
風呂屋町
西方寺

酒蔵Bar えん
新町(6)
町田医院

丹波橋駅
丹波橋駅

近鉄
P.123 御香宮神社
伏見の御香水

京都駅

筑前大町

関西電力
卍三寶寺
卍妙福寺
瀬戸物町

新町(5)
新

九社殿
御香宮神社拝殿
天満宮

松平筑前

JR奈良線

卍大光寺
卍顕妙寺
京都

源空寺卍
みずほ

京洋菓子司 ジュヴァンセル桃山店
M

桃山御陵前駅
京町通(4)

観音寺町

平井産婦人科

御香宮前
桃山

御香宮前
桃山局
伏見桃山局

桃山いろは館

P.123伏水酒蔵小路
東大手町

大手筋通
油長
新町(4)

道元弥陀
魚三楼

桃山駅

鍋島

京都市大橋総合病院
卍西岸寺
下油掛町
寿司割烹 魚かせ仙
卍京橋

イオン
卍東本願寺伏見別院

新町(3)

伏見桃山駅

近鉄京都線

京都市営住宅
東奉行町

京都市伏見区

家守堂 P.123
上油掛町
塩屋町
キザクラカッパカントリー

京菓子司 富英堂
鳥せい本店
山本本家蔵元直売所

京町(3)
京町(2)

桃山東合同宿舎

竜馬通商店街
坂本竜馬像

南浜町

酒の器 Toyoda

西奉行町

裁判所
観月橋団地

寺田屋 P.122
京都市南浜児童館

両替町
伏見夢百衆

京町通

カトリック桃山教会

西柳町

本材木町
松林院卍

新町(2)(1)

伏見公園
桃陵町

卍西運寺

P.122
月桂冠大倉記念館
伏見南浜小

両替町(1)

観月橋北詰

卍中書島
東柳町
長建寺卍

卍十石舟 P.122

妙福寺卍
太田医院

弾正町

桃小

観月橋駅

ちとせ H 近畿荘
八南新地
矢倉町
中書島駅

京阪宇治線
宇治川浜流

大久保駅

宇治川

観月橋

京都鉄道路線図

ケーブル坂本
坂本ケーブル（比叡山鉄道）
ほうらい丘
もたて山

ケーブル延暦寺

叡山ロープウェイ（京福電鉄）
比叡山頂
叡山ケーブル（京福電鉄）
ケーブル比叡

ケーブル八瀬

比叡山延暦寺へは、ここからケーブルに乗り換え

八瀬比叡山口
三宅八幡
修学院
一乗寺
宝ヶ池
八幡前
茶山
元田中

多宝塔
鞍馬山ケーブル
山門

叡山電鉄
鞍馬線

鞍馬
貴船口
二ノ瀬
市原
二軒茶屋
京都精華大前
木野
岩倉
八幡前

国際会館
松ヶ崎

北山

北大路
鞍馬口
今出川
丸太町

地下鉄⇔京阪の乗り換え駅

蹴上
東山

神宮丸太町
三条京阪
三条

出町柳
京阪鴨東線

京都市役所前

金閣寺へは、ここからバスに乗り換え

烏丸御池

二条城前

JR⇔地下鉄の乗り換え駅

北野天満宮まで徒歩5分

北野白梅町
立命館大学衣笠キャンパス前

等持院
龍安寺
妙心寺
御室仁和寺
宇多野
鳴滝
常盤
花園
円町

撮影所前
太秦広隆寺
帷子ノ辻
嵐電天神川
山ノ内
西大路三条

二条

JR嵯峨野線

嵐電北野線

大秦
車折神社
鹿王院
嵐電嵯峨
嵐電嵐山

嵐電嵐山本線

竹林の小径まで徒歩10分

嵯峨嵐山
トロッコ嵐山
トロッコ嵯峨

天龍寺の目の前

渡月橋まで徒歩5分

トロッコ保津峡
トロッコ嵐山
保津峡

嵐山
阪急嵐山線

松尾大社

トロッコ亀岡
トロッコ保津峡
トロッコ嵯峨野観光鉄道
馬堀
亀岡

京都

凡例
- JR線
- 地下鉄烏丸線
- 地下鉄東西線
- 京阪電車
- 阪急電車
- 近鉄電車
- 嵐山電車（京福電鉄）
- 叡山電車（京福電鉄）
- その他
- 京都 …鉄道＆バスへの主要な乗り換え駅

京都市内バス路線図

食べるべき京都グルメはこれ！
グルメカタログ

京都名物は数あれど、グルメの多様さ・おいしさは特筆もの！
千年の都の伝統は、食の世界でも息づいていることを体験しよう。

ごはん
高級料亭も昔ながらの庶民派のお食事処も、繊細で深みのある味が魅力的。

懐石

もとはお茶事での料理のこと。目でも楽しめ、季節感を味わえる料理が供される。

おばんざい

家庭のお惣菜を「おばんざい」という。お店によって違う味わいを楽しみたい。

丼・麺

気軽に京都らしさが味わえる丼や麺は、ダシがしっかり効いている。

湯豆腐

京都は豆腐がおいしいことでも有名。なかでも湯豆腐は、一般家庭でも定番。

京弁当

コンパクトに美しく盛られた料理の数々を少しずついただけるお得なメニュー。

スイーツ
京都といえば抹茶。忘れちゃいけないのは和菓子。はんなり甘い誘惑に勝てるかな？

抹茶パフェ

上品な抹茶を使ったアイスに、ゼリーやカステラも抹茶が入るなど抹茶づくし。

和菓子

パステルカラーの干菓子や季節感あふれる生菓子などを、散策途中に召し上がれ。

12ヵ月イベントカレンダー

© 祇園甲部歌舞会

4月 都に春を呼ぶ舞

4月1日～下旬
主催：学校法人八坂女紅場学園（祇園甲部歌舞会）「都をどり」
舞妓・芸妓が華やかな踊りを披露する祇園の春の風物詩。花街の文化を鑑賞するチャンス。

5月 風薫る季節
5月15日
京都御所～下鴨神社～上賀茂神社「葵祭」
京都御所から下鴨・上賀茂神社の間を、葵の葉を飾った行列が練り歩く。1日より前儀が始まり、15日の行列でクライマックスを迎える。

7月 祇園祭で夏が始まる

7月14～16日 各山鉾町「前祭宵山」
7月21～23日 各山鉾町「後祭宵山」
7月17、24日 市内中心部「山鉾巡行」
巡行の前夜3日間の宵山では、祇園囃子が響き、山鉾の提灯が灯るなどお祭りムード一色。巡行の辻廻しは迫力満点。

8月 古都のお盆

8月16日 市内各所「五山の送り火」
大文字、妙法、船形、左大文字、鳥居形が点火され、先祖の霊を見送る。送り火の炭は家庭の魔除け・厄除けになると言われている。

10月 壮大な絵巻

10月22日 京都御苑～平安神宮「時代祭」
平安遷都1100年を記念して始まった。京都御苑からスタートする。総勢2000名、全長2kmに及ぶ時代行列。絢爛豪華な行列は見もの。

11月 紅葉が見頃に

11月第2曜 渡月橋付近「嵐山もみじ祭」
嵐山一帯を守護する嵐山蔵王権現への感謝を捧げる祭り。さまざまな船が集い、船上で狂言や舞などの古典芸能が披露される。

※内容が変更される場合がありますので、事前にご確認ください。

旅が最高のハレになる

京都

KYOTO

本書をご利用になる前に

【データの見方】

- ♠ 住所
- ☎ 電話番号
- ◉ 営業時間(オープンからクローズまでを表記しています。ラストオーダーや入館締切時間は異なります。また、店の都合により閉店が早くなることもあります)
- ¥ 大人の入場料、施設利用料ほか
- ㊡ 年末年始などを除く定休日
- ◎ 交通手段や拠点となる場所からの所要時間
- ▶MAP 別冊地図上での位置を表示

【ご注意】

本書に掲載したデータは2022年3〜5月現在のものです。内容が変更される場合がありますので、事前にご確認ください。料金は税込み(飲食店はイートインの場合の税)の価格を記載しています。時間は原則として、通常の営業時間・開館時間を表示しています。バスや車での所要時間は、道路状況により、大幅に異なることがあります。本書に掲載された内容による損害等は弊社では補償しかねますので、あらかじめご了承ください。

CONTENTS

京都でしたい93のこと

取り外せる
詳細MAPも!

☑ やったことにCheck!

読めば快晴 ☀ ハレ旅STUDY

夢を叶えるエリアをリサーチ

京都の観光スポットは、祇園や嵐山などそれぞれのエリアごとに特色があり、全てを回るのは至難の業。
各エリアの位置関係を把握して、効率的に回れるように事前にリサーチをしておこう！

🍴食べる　🎵遊ぶ　📷観光　🛒買う　✦磨く

貴族たちが愛した地
嵐山
あらしやま
→P.88

風光明媚な景観が広がる嵐山。天龍寺には日本初の特別名勝指定の曹源池庭園がある。世界遺産・苔寺は要予約だが行く価値あり。

3つの世界遺産を有する
金閣寺 周辺
きんかくじ
→P.94

金閣寺、龍安寺、仁和寺の3つの世界遺産をつなぐ「きぬかけの路」は、北野天満宮や妙心寺などにも近い。お散歩気分で寺社巡りをしよう。

KYOTO MAP

高雄

仁和寺

龍安寺

金閣寺

四季それぞれの曹源池庭園は必見！

天龍寺

苔寺

電車やバスで
郊外
こうがい

にぎやかな市内から少し足をのばして、郊外へ。市内とはまた違った自然にあふれた景色の中で、京都の歴史や奥深さを感じられる。

電車で
宇治 →P.120
うじ
伏見 →P.122
ふしみ
貴船・鞍馬 →P.124
きぶね・くらま
西山 →P.130
にしやま
醍醐 →P.131
だいご

バスで
大原 →P.126
おおはら
高雄 →P.128
たかお

京都旅の基点
京都駅 周辺
きょうとえき
→P.112

旅の出発点の京都駅周辺にも観光スポットはたくさん。京都駅から歩いて行ける東寺のほか、伏見稲荷大社や東福寺へも電車を使って回ろう。

🚅 東京から	2時間10分〜2時間20分 →P.152	🚗 主な交通手段	バス、電車、タクシー →P.154
✈️ 北海道から	1時間55分〜2時間15分 →P.153	💬 言語	京都弁
🚅 九州から	2時間40分〜4時間30分 →P.152	🏢 景観	京都限定デザインのコンビニ有

徳川幕府の始まりと終わりの地
二条城 周辺 →P.106

街なかに位置する二条城はかつて徳川家康が贅を尽くした権力の証。二条城と同様、上賀茂神社と下鴨神社も世界遺産。

わびさびを感じるエリア
銀閣寺 周辺 →P.100

わびさびを伝える銀閣寺やそこから続く哲学の道を歩けば、南禅寺や平安神宮にたどり着く。美術館も集中しており、アート巡りも可能。

貴船・鞍馬

上賀茂神社

大原

三千院門跡の美しい庭園を眺めてうっとり

元離宮二条城

下鴨神社

銀閣寺

京都御所

八坂神社

西本願寺

清水寺

京都駅

東寺

伏見稲荷大社

宇治

伏見

大

一日中遊べる繁華街
祇園 →P.82

四条通や河原町通には、有名グルメや舞妓さん御用達のお店が多数並ぶ。夜遅くまで営業するお店もあり、一日中遊べる人気エリア。

京都一の観光スポット
清水寺 周辺 →P.76

京都といえば「清水寺」参道にはにぎやかなお店が並び、目移り必至の観光地。高台寺や安井金比羅宮などの寺院も参拝しよう。

🏯 お寺や神社は夕方には閉門してしまうので、必ず訪れたい場所はあらかじめ予定をしっかり組んでおこう。

王道 1 泊 2 日モデルコースで
思い残すことのない旅にする

初めての京都！押さえておきたい3寺へ

まずは王道の清水寺から！参道での食べ歩きまで満喫したら、銀閣寺・金閣寺のコンビも制覇しよう。

1 日目

AM

9:00 京都駅

市バス
約15分

9:30 清水寺
＜所要約1時間＞
→ P.12・77

徒歩
約5分

10:35 二年坂・産寧坂
＜所要約2時間＞

― 伊藤軒／SOU・SOU 清水店
→ P.80

― 二年坂まるん
→ P.79

― The Unir coffee senses
→ P.79

― 菊しんコーヒー
→ P.80

市バス
約23分

13:00 銀閣寺
＜所要約1時間＞
→ P.101

徒歩
約5分

14:05 哲学の道
＜所要約1時間＞
→ P.102

市バス
45分

16:00 金閣寺
＜所要約1時間＞
→ P.95

SIGHTSEEING

京都の人気観光地No.1

京都の訪問地のトップを飾る清水寺は誰もが必ず訪れたい場所。本堂・舞台は迫力満点！

POINT
移動はバスが便利。
バス1日券（市バス・京都バス）700円で、市内各所を回ろう！（→P.156）

SHOPPING・LUNCH

清水寺の参道で食べ歩き＆お買い物！

参道には目移りするほどお店がたくさん！ お腹を満たすもよし、おみやげをゲットするもよし。

かわいい串菓子を参道さんぽのお供に♡

菊しんコーヒーのレモントーストでモーニング

SIGHTSEEING

銀閣寺でわびさび気分

「枯淡の美」の銀閣寺ではわびさび気分に浸って。ここでしか買えない寺社グッズも要チェック！

限定の和菓子やお守りもゲットして運気アップ

SIGHTSEEING

哲学の道でのんびりおさんぽ

疎水のせせらぎを聞きながらのんびりおさんぽ。桜や紅葉など、四季折々の景色を目に焼き付けよう。

桜の季節はお花見も！

疎水沿いは多くの人でにぎわう人気スポット

SIGHTSEEING

夕方の金閣寺へ

夕日に照らされる金閣寺は普段とは違う魅力が。きぬかけの路の周辺も散策しよう。

きぬかけの路沿いには仁和寺や龍安寺なども

POINT
観光名所は朝が狙い目！
連日多くの人が訪れる観光名所は、常に混雑。開門時間に合わせて朝のうちに訪れれば比較的ゆっくりと拝観できる。

思い残すことがないように、各エリアを効率的に回る、1泊2日のモデルコースをご紹介。定番の名所からグルメやショッピングまで楽しもう。

2日目は早朝の嵐山を訪れて、美しい庭園を。二条城エリアでは、思う存分ショッピングも楽しんで。

朝はお寺、昼はお城へ 新旧の京都を散策

2 日 目

AM

8:30　天龍寺
＜所要約1時間＞
→P.17・89

　徒歩
　約15分

9:45　渡月橋
＜所要約30分＞
→P.89

　市バス
　約36分

11:00
元離宮二条城
＜所要約1時間＞
→P.107

　徒歩
　約30分

12:30　御所南
＜所要約2時間＞
→P.142
├ 一保堂茶舗
　→P.142
├ petit à petit
　→P.142
├ grains de vanille
　→P.143

SIGHTSEEING

壮大な 庭園美を堪能

天龍寺の曹源池庭園は日本初の史跡・特別名勝に指定されるほどの美しさ。世界的名庭に感嘆。

POINT

履き慣れた靴で回ろう

社寺の中は意外と広いもの。砂利道であることも多いから、履き慣れた、歩きやすい靴で歩くのがおすすめ。

大和絵のようと称される景観の曹源池庭園は夢窓疎石の作

SIGHTSEEING

風光明媚な嵐山を満喫

嵐山といえば渡月橋。大パノラマの景色を堪能したら周辺のグルメとショッピングを楽しんで。

SIGHTSEEING

徳川幕府の始まりと 終わりの地へ

家康の権力の象徴でもあり、大政奉還が発表された地でもある二条城は歴史好きにはたまらないエリア。

歴史的瞬間を想像しよう

雑誌などでよく見る定番のアングルは押さえておこう！

大政奉還が発表された御殿は障壁画と広さに圧倒される

SHOPPING・CAFÉ

老舗から 話題のお店まで制覇

御所南には老舗や話題のお店が盛りだくさん。お茶やケーキ、雑貨など自分のお気に入りを見つけよう。

がま口ポーチは普段使いに

petit à petitのオリジナルテキスタイルに一目惚れ

POINT

碁盤の目を意識して歩けば迷わない！

市内の中心部は碁盤の目のようになっている。東西南北を確認すれば迷子からサヨナラ。

grains de vanilleの絶品ケーキでティータイム

一保堂茶舗のお茶は自分用にもおみやげ用にも！

ハレ旅 KYOTO

HARETABI NEWSPAPER

京都のキーワードは伝統と革新。お寺や史跡にも新たな動きがあり、素敵なカフェやカルチャースポットも続々。そんな京都の最旬ニュースをお届け！

SIGHTSEEING

心洗われる絵になる風景 窓に映して見る京都

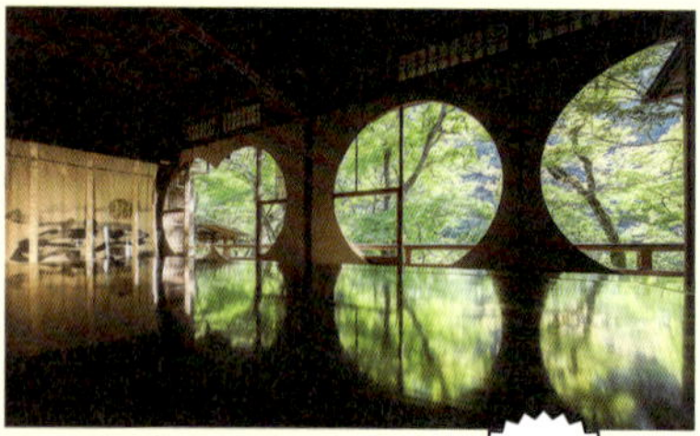

青もみじ＆紅葉の季節は絶景

お座敷で静かに座り、窓から折々の季節を映す庭を眺めれば心も穏やかに。ここでは話題の2大スポットをご紹介。

今こそ訪ねたい悟りの窓と迷いの窓

源光庵

げんこうあん

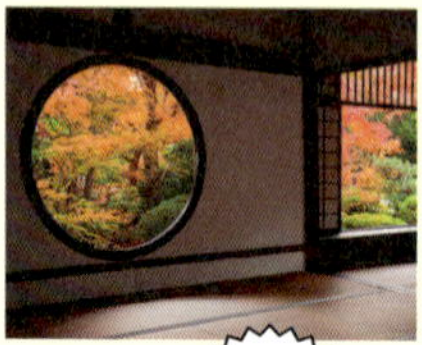

約3年間にわたる修復を終え、拝観を再開した源光庵。丸い悟りの窓は禅の心を、四角い迷いの窓は人間の生涯を象徴するとされる。

2022年4月から拝観再開

⌂京都市北区鷹峯北鷹峯47 ☎075-492-1858 [営]9:00～17:00（受付～16:30） [料]400円（紅葉時期は500円） [休]無休（法要のため、拝観休止あり） [交]市バス鷹峯源光庵前から徒歩約1分

[鷹峯] ▶MAP 別P.4 B-1

絶景とアートギャラリーの融合

嵐山 祐斎亭

あらしやま ゆうさいてい

2020年から公開スタート

明治期に建てられた料理旅館で、川端康成が『山の音』を執筆した部屋が残る。大堰川も眺められ、ギャラリーでは奥田祐斎氏の染色作品を公開。

⌂京都市右京区嵯峨亀ノ尾町6 ☎075-881-2331 [営]10:00～18:00（予約優先） [料]2,000円 [休]木曜 [交]嵐電嵐山駅から徒歩約10分

[嵐山] ▶MAP 別P.22 B-3

SIGHTSEEING EAT

茶の湯の聖地・京都で お茶を学び味わう

テーマパークやお茶カフェが続々登場！

茶処の宇治が位置し、茶の湯も盛んな京都。茶の文化を学んだり、進化する抹茶スイーツを味わってみない？

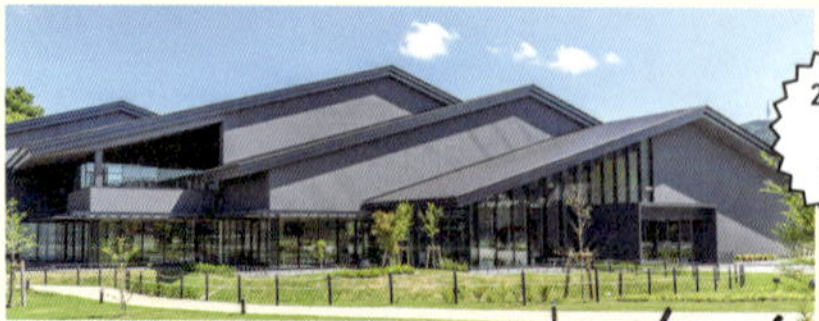

2021年10月OPEN

宇治茶の魅力を学んで体験！

お茶と宇治のまち 歴史公園

おちゃとうじのまち れきしこうえん

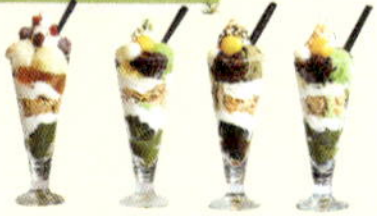

宇治茶と宇治の歴史・文化のテーマパーク「茶づな」。見て知って学ぶミュージアムや五感で楽しむ各種体験、併設のレストランでは抹茶パフェも楽しめる。

⌂宇治市菟道丸山203-1 ☎0774-24-2700 [営]9:00～17:00（最終入場16:30） [料]600円 [休]無休 [交]京阪宇治駅から徒歩約4分

[宇治] ▶MAP 別P.24 B-1

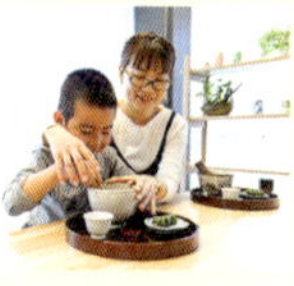

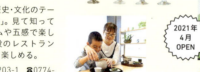

お点前や抹茶づくりなどの体験も毎日開催。HPからの事前予約制

お抹茶スイーツの玉手箱が話題

French cafe CHASEN 高台寺

フレンチカフェチャセン こうだいじ

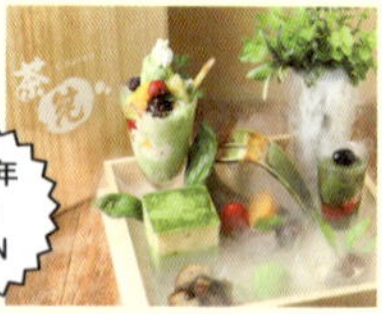

2021年10月OPEN

高台寺境内のお抹茶カフェ。お抹茶・玉手箱スイーツ（1,650円）は、京料理の八寸にヒントを得た豪華なセット。食事メニューも充実。

⌂京都市東山区下河原町 高台寺境内 ☎075-366-5905 [営]11:00～22:00（LO21:30） [休]無休 [交]市バス東山安井から徒歩約5分

[清水寺] ▶MAP 別P. 11 E-2

京都府唯一の「村の茶」を召し上がれ

naturam RYU-RYOKU

ナチュラム リュウリョク

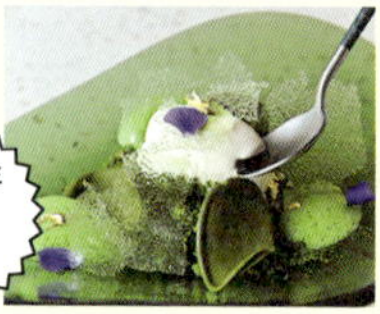

2021年4月OPEN

南山城村の茶畑にインスパイアされたスイーツ。RYU-RYOKU（1,650円）は抹茶テリーヌと美山ミルクアイスのハーモニーが絶妙。

⌂京都市中京区麩屋町通六角上ル白壁町439 麩屋柳緑2F ☎075-201-7862 [営]11:00～18:00（LO17:15） [休]水曜（祝日の場合は翌日） [交]地下鉄京都市役所前駅から徒歩約4分

[河原町] ▶MAP 別P. 12 C-2

SIGHTSEEING

コレは見逃せない！新しい文化発信地が誕生

京都の底力ここにあり！進化するアート＆イベントスペース

新たな文化を生み出す原動力は、やっぱり人と人との交流から。定期的にポップアップストアやイベントが開催されるアクティブな場が登場。

町家の奥に広がるエンタメ空間

世界倉庫

せかいそうこ

木屋町のクラブWORLD KYOTOがプロデュースする注目のスポット。ポップアップスタイルのグルメやバーがあり、アパレルやアート情報を発信する。ふらりと立ち寄れるカフェもあり。

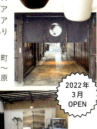

⌂京都市下京区富小路高辻上ル筋屋町144　☎075-754-8289　[営]11:00～20:00　[休]月・火曜　[交]阪急京都河原町駅から徒歩約5分

[四条] ▶MAP 別P.7 D-1

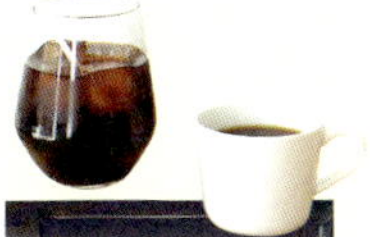

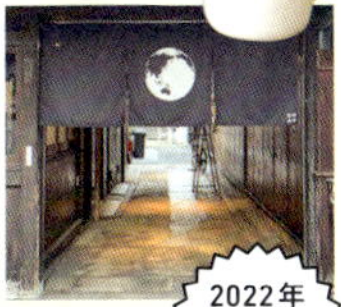

2022年3月OPEN

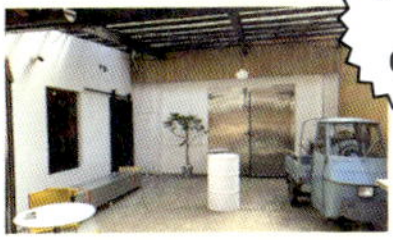

毎週日曜日は名店やシェフとのコラボを予定。詳細はインスタグラムで

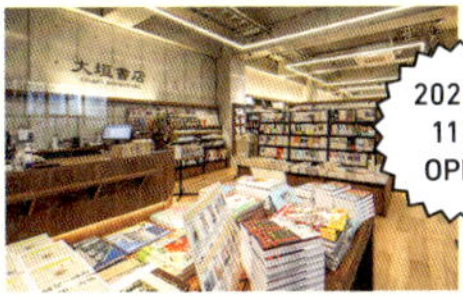

2021年11月OPEN

本の世界のように、文化と人が出合い異なる考えが共存する場として誕生

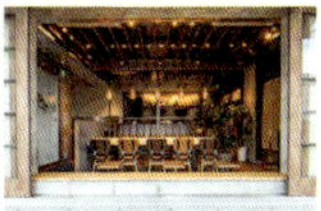

ものづくりの町・西陣で豊かな時を

堀川新文化ビルヂング

ほりかわしんぶんかビルヂング

書店をメインにした複合施設で、文化のプラットフォームを目指す。1階にはカフェや印刷工房、2階には展覧会などを開催するギャラリー＆イベントスペースが集う。

⌂京都市上京区皀莢町287　☎075-431-5551　[営][休]店舗により異なる　[交]市バス堀川中立売から徒歩約1分

[二条城] ▶MAP 別P.14 B-1

STAY

ホテルに生まれ変わった歴史あるレトロ建築

あの超有名建築家が監修するホテル

町家や明治期の洋建築の改修を世界的建築家が監修。泊まること自体が旅の目的になりそう！

任天堂旧本社×安藤忠雄

丸福樓

まるふくろう

2022年4月OPEN

任天堂創業の地に残る旧本社屋がホテルとして復活。レトロな旧館は当時の雰囲気そのままに、新棟は安藤忠雄氏の設計監修。

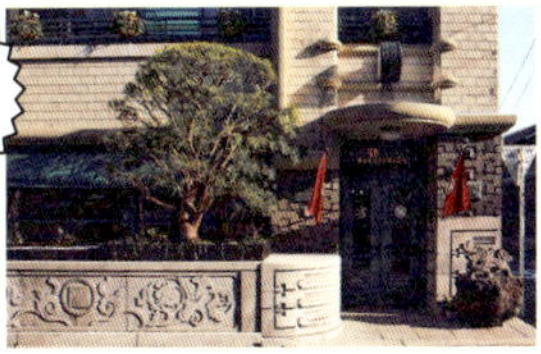

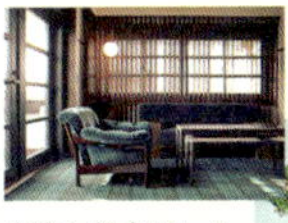

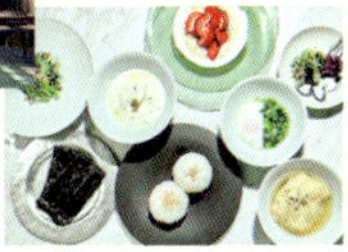

夕食と朝食はレストランcartaで料理家・細川亜衣氏監修の料理を

⌂京都市下京区正面通加茂川西入鍵屋町342　☎075-353-3355　[営][IN]15:00～21:00　[OUT]12:00　[料]1泊3食2名12万5,312円～　[交]京阪七条駅から徒歩約5分

[京都駅] ▶MAP 別P.9 D-1

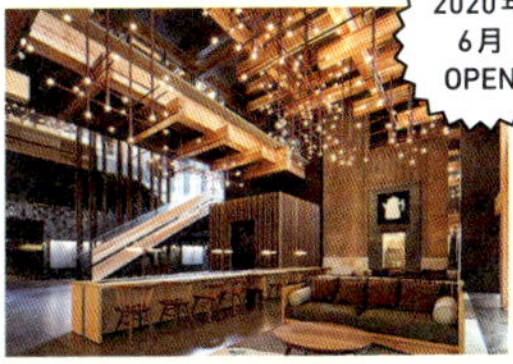

2020年6月OPEN

旧京都中央電話局×隈研吾

Ace Hotel Kyoto

エース ホテル キョウト

複合施設「新風館」内のホテル。隈研吾氏監修の建築には木が多用され、ロビーをはじめ独特の美が広がる空間。

⌂京都市中京区車屋町245-2　☎075-229-9000　[営][IN]15:00　[OUT]12:00　[料]1泊2名3万円～　[交]地下鉄烏丸御池駅直結

[烏丸] ▶MAP 別P.12 A-1

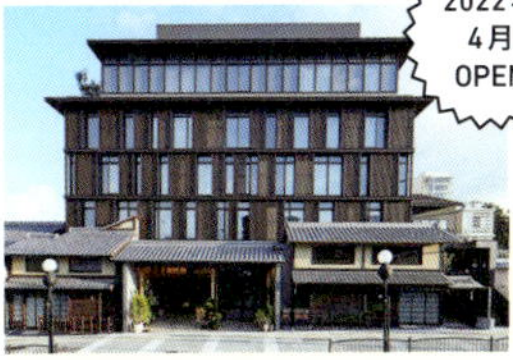

2022年4月OPEN

京町家×暮らし体験

ノーガホテル 清水 京都

ノーガホテル きよみず きょうと

歴史的意匠建造物指定の町家がホテルの一部として残る。瞑想やお抹茶など気軽にできる体験プログラムも用意。

⌂京都市東山区五条橋東4丁目450-1　☎075-323-7120　[営][IN]15:00～24:00　[OUT]11:00　[料]1泊2名9,980円～　[交]京阪清水五条駅から徒歩約7分

[五条] ▶MAP 別P.10 C-3

TOPICS

ホテルのオリジナルアフタヌーンティーに注目

2021年3月OPEN

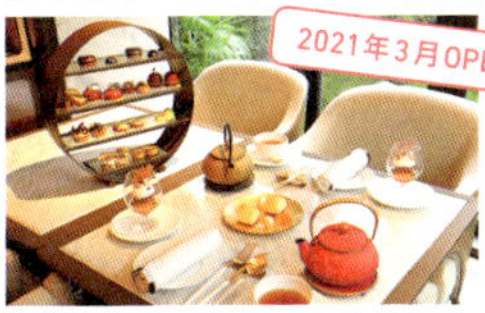

パリ直輸入×オリジナルスイーツ

サロン ド テ フォション

フォションホテル京都内のカフェ。パリ直輸入のマカロンや、自家製のスコーンやパルフェをフォションの紅茶＆フレーバーティーと共に。

⌂京都市下京区難波町406　☎075-751-7711　[営]11:00～17:00（金～日曜は～19:00）　[休]無休　[交]京阪清水五条駅から徒歩約6分

[五条] ▶MAP 別P.10 A-2

ノーガホテルはメディテーションルームを完備。情報過多の日常を離れ無の境地へ。

京都の **事件簿BEST3**

京都を訪れれば必ず立ち向かうことになる案件。楽しい旅にするために知っておきたいポイントをシチュエーション別に紹介！

事件ファイル1

京都ってお寺と神社のイメージしかない。まずはどこへ行けばいいの？

京都といえば世界遺産や有名どころの社寺のイメージ。水族館や博物館もあると聞いたけれど、どこから巡ればよいか分からない！

オコシヤスー

オコシヤスー

オコシヤスー

解決！ 京都駅で情報をゲットしたら、定番の人気スポットを巡るべし

まず、京都駅ビル2階にある京都総合観光案内所「京なび」へ。観光情報をゲットし、社寺を巡りながら文化体験や買い物、路地裏散歩など＋αの楽しみで身近に京都を感じてみよう。

訪問地TOP5

1位	清水寺 →P.12・77
2位	二条城 →P.107
3位	伏見稲荷大社 →P.13・114
4位	金閣寺 →P.95
5位	祇園 →P.83

月別観光客TOP5

1位	11月	▶ 494万人
2位	4月	▶ 490万人
3位	3月	▶ 480万人
4位	12月	▶ 461万人
5位	5月	▶ 460万人

満足度TOP3

1位	寺院・神社／名所・旧跡
2位	伝統文化
3位	自然・風景

※京都観光総合調査
令和元(2019)年

事件ファイル2

「一見さんお断り」って聞くから怖くて京料理店に入れない…

それでなくてもちょっとハードルの高い京料理の店。さらに祇園など花街のお店は、一見さんお断りの壁が大きく立ちはだかって、勇気が持てずに入店を断念。そんな残念な体験をした人、少なくないよう。

Sorry!

解決！ お茶屋や会員制以外は入店OK　事前に予約すれば安心

高級店になるほど、一見さんお断りでなくとも予約が基本。まずは事前に問い合わせを。目安として、表におしながきが出ていれば一見さんでも入れるということ。ランチのみ可とか、ホテルや旅館の紹介であればOKという場合も。花街でも一見さんが利用できる店は意外に多い。

WHAT IS

「一見さんお断り」

常連さんを大切にするための知恵。初めての客だと好みが分からず十分なもてなしができないこと、その客によって店の雰囲気が変わるかもしれないこと、お茶屋などでは支払いがツケのため信用が重視されることなどがお断りの理由。

事件ファイル3

京都の住所が意味不明で迷子に！
「上ル」「下ル」って何？！

お店の住所が「烏丸四条下る」とか、道を尋ねると、「ここをまっすぐ行かはったら河原町通があるので、そこを上らはって」と言われたとか。京都式の表現に、よく分からない！と戸惑うケースが多発の様子。

解決！

街なかは「碁盤の目」になっている。
通り名と方角を把握すれば歩きやすい

まず上ル・下ル・東入ル・西入ルの理解から。「烏丸四条下ル」とは烏丸通と四条通の交差点を目指し、そこから四条通を南へ。後の例なら河原町通に出て、そこから北へ。

- 北へ行くこと＝上ル（あが）
- 南へ進むこと＝下ル（さが）
- 西へ行くこと＝西入ル（にしい）
- 東へ行くこと＝東入ル（ひがい）

北
上賀茂神社

「のぼる」と言い間違えると恥ずかしい！

上ル（あが）
東入ル（ひがし）

西　嵐山
西入ル（にしい）

東　清水寺

下ル（さが）

京都駅
南

もうひとワザ！

東西南北が分からなくなったら？

山のない方角が南！

そもそも方向音痴で、東西南北がとっさに分からない、という人もいるのでは。その点もご安心。三方を山に囲まれている京都では、南にのみ山がない。南を目安にすれば必然的に北・東・西もクリア。

京都タワーを目指せば京都駅に着くよ

▶ 住所から目的地へ向かおう！

（例）京都市下京区綾小路通富小路東入ル塩屋町00

ココが「綾小路通富小路」の交差点

四条通

N

麩屋町通

富小路通

★目的地

綾小路通

❶ 建物が面している通り名
目的地があるのは、あくまで上に表記されている通り。このことをしっかり頭に入れて。

❷ 一番近い交差点で❶と交わる通り
たとえば室町通が近ければ、ここにその名が入る。①と②が交わる地点に立ってみよう。

❸ 交差点から進む方向
そして東西南北どちらに進むかを確認。この場合は東へ行けば黙っていても目的地に到着。

❹ 町名と番地
もちろん町名もある。ただし、③でたどり着くはずなので、街歩きにはあまり関係がない。

死ぬまでに一度は見なきゃ！
必ず行きたい絶景制覇！

京都を観光するなら絶対はずせない清水寺や伏見稲荷大社をはじめ、京都には
名所が盛りだくさん。それぞれに違った雰囲気が楽しめるので、どこも訪れてみたい！

古くから観光名所として愛される

世界遺産

清水寺
きよみずでら

奈良時代末の778（宝亀9）年開創。観音信仰の中心地として、平安時代から観光名所として知られる。寺名の由来にもなった音羽の滝は霊泉として観音様と共に信仰を集める。

→P.77

まずは清水、見どころいっぱいの世界遺産

絶景POINT
修復を終えた舞台
2020年に修復を終えた本堂。屋根の檜皮（ひわだ）が葺き替えられ、舞台板も木曽ヒノキで張り替えられた

絶景POINT
舞台からの眺め
観音浄土をイメージした舞台からは絶景が楽しめる。混雑するので朝イチの訪問がおすすめ

街並みの中には京都タワーも見える

WHAT IS 世界遺産

清水寺を含め、京都には寺院、神社、城、合わせて17の世界遺産「古都京都の文化財」がある。建築物や庭園など見どころがたくさんあるので、ぜひ訪れてみよう。

てんりゅう じ
天龍寺
▶P.17・89

りょうあん じ
龍安寺
▶P.16・96

にん な じ
仁和寺
▶P.96

もと りきゅうにじょうじょう
元離宮二条城
▶P.107

とう じ
東寺
木造の塔としては高さ日本一の五重塔を擁する
▶P.14・113

びょうどういん
平等院
10円硬貨に描かれている平等院は、大改修を経て復活した
▶P.69・120

かみ が も じんじゃ
上賀茂神社
▶P.110

しもがもじんじゃ
下鴨神社
▶P.110

こうさん じ
高山寺
▶P.128

う じ かみじんじゃ
宇治上神社
▶P.121

きんかく じ
金閣寺 ▶P.95

にしほんがん じ
西本願寺 ▶P.117

だい ご じ
醍醐寺 ▶P.131

ぎんかく じ
銀閣寺 ▶P.101

さいほう じ こけでら
西芳寺（苔寺）

ひ えいざんえんりゃくじ
比叡山延暦寺 ▶P.119

建ち並ぶ朱色の鳥居が誘う非日常空間へ

幽玄な雰囲気に包まれて

絶景POINT
千本鳥居
二股に分かれた参道に鳥居が建ち並ぶ。朱色の鳥居が何とも鮮やか！

随所に現れる眷属に注目

キツネは狐と切れないい数な意味する

全国にある稲荷神社の総本宮
伏見稲荷大社
ふしみいなりたいしゃ

711（和銅4）年2月初午にご鎮座の、全国に約3万社あるとされる稲荷神社の総本宮。本殿参拝後は千本鳥居や、稲荷山をじっくり巡ってご利益をいただこう。
→P.114

四季折々の彩を映すカラフルで美しい花手水

見ごたえのある一番大きな前手水

絶景POINT
花手水
広い境内には花手水が計6カ所。公式ホームページでも花情報を発信中

初夏のアジサイで華やぐ寺
柳谷観音 楊谷寺
やなぎだにかんのん ようこくじ

806（大同元）年、延鎮上人が創建。5000株ものアジサイや、季節の花を使った花手水が人気。毎月17日には縁日も開催。
🏠 長岡京市浄土谷堂ノ谷2 ☎ 075-956-0017 🕘 9:00〜17:00 💰 500円 ※詳細はHP確認 🈺 無休 🚃 阪急西山天王山駅からタクシーで約10分

長岡京 ▶MAP 別P.3 A-3

舞妓さんにも会いたい！
舞妓さんの京舞が気軽に楽しめるお茶屋ダイニングで、風流な舞を堪能して。一見さんもOKなのがうれしい
→P.75

会いに来ておくれやす

緑一色に染まる幽玄な別世界

絶景POINT
青竹に囲まれた道
孟宗竹などが群生する小道。竹の青さが美しい。古くから観光名所として知られる

木漏れ日が気持ちいい！

四季の移り変わりも美しい
竹林の小径
ちくりんのこみち

野宮神社手前から大河内山荘まで続く小道。夏は涼やかな緑の眺め、冬は雪景色が美しい。小道に沿って並ぶ小柴垣に歴史を感じる。初冬のライトアップもおすすめ。
→P.89・90

🌸 祇園白川を歌に詠んだのは歌人の吉井勇。ほかに夏目漱石、谷崎潤一郎ら多くの文人や画家が訪れたという。

つい手を合わせてしまう

迫力の美仏にうっとり

京都の寺院には、会いに行きたくなる仏像がたくさんある。その姿やバックボーン、ご利益はさまざま。知れば知るほど魅力あふれる仏像の世界へ迷い込んでみては。

密教の教えを体現した荘厳な立体曼荼羅

注目 大日如来像 (だいにちにょらいぞう)
立体曼荼羅の中心に位置する最高尊。密教では宇宙の中心とされる

注目 金剛波羅蜜菩薩像 (こんごうはらみつぼさつぞう)
大日如来の化身とされる五大菩薩像の中尊で、江戸時代に造られた

注目 持国天像 (じこくてんぞう)
四天王像のうちの一尊。怒りの表情を出した迫力ある像

注目 梵天像 (ぼんてんぞう)
4つの顔に4本の腕、4羽の鵞鳥に座するインパクト抜群の像

注目 邪鬼 (じゃき)
持国天の足元にいる邪鬼。五重塔にも見つけることができる

密教の教えを視覚的に体感できる
写真提供 株式会社便利堂

立体曼荼羅図解

中央に五智如来を据え、東に五大菩薩、西に五大明王、その外側に梵天・帝釈天と四隅に四天王を配置

広目天 帝釈天 増長天 / 五大明王
五智如来
五大菩薩 / 多聞天 梵天 持国天

● 国宝　● 重文

日本初・真言密教の根本道場

世界遺産

立体曼荼羅 [東寺]
りったいまんだら [とうじ]

密教を広めるために造られた講堂の中心に、その教えを分かりやすく表現したのが立体曼荼羅。大日如来坐像を中心に、21体の仏像を配する。弘法大師の手によるもの。

→P.113

注目 帝釈天像 (たいしゃくてんぞう)
きりっとした表情の帝釈天像はイケメンな仏様として有名

如来様をお守りしています

写真提供 株式会社便利堂

HOW TO 仏像の種類と見分け方

仏様の世界は如来、菩薩、明王、天部の4つのクラスに分けられ、序列もおよそこの順番。クラスによって役割が異なる。

悟りを得るために修行している者を指す。人々を救うとされる
● 地蔵菩薩

悟りを開いた者の意。釈迦如来をはじめさまざまな種類がある
● 大日如来

仏法と仏教世界を守るガードマン的な役割を担う。勇壮な姿
● 帝釈天

密教の仏とされヒンズー教の神々が源流。怒りの表情が特徴的
● 不動明王

如来 / 菩薩 / 明王 / 天部
仏様のヒエラルキー

個性派仏像ワールド

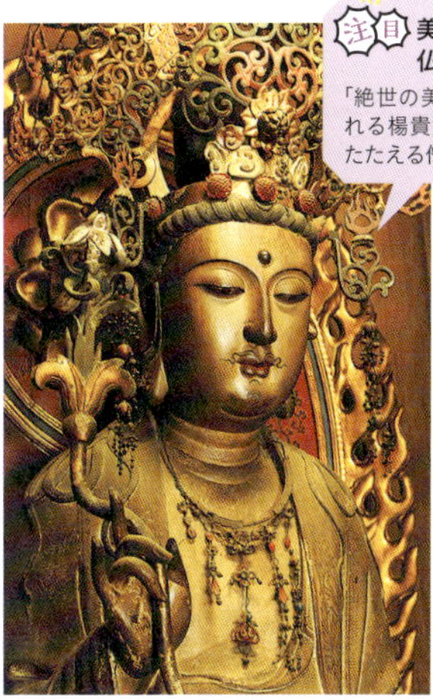

[注][目] 美人すぎる仏さま

「絶世の美女」と言われる楊貴妃の面影をたたえる佇まい

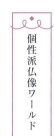

艶やかな魅力あふれる彩色の観音様

楊貴妃観音像［御寺 泉涌寺］

ようきひかんのんぞう［みてら せんにゅうじ］

十六羅漢像の中央に位置する聖観音像は、玄宗皇帝が亡き楊貴妃の冥福を祈って造らせたと伝わる。その美しさから楊貴妃観音像と呼ばれ、美人祈願などの信仰を集める。

→P.114

神妙な面持ちに惹かれる半跏思惟像

弥勒菩薩半跏思惟像［広隆寺］

みろくぼさつはんかしいぞう［こうりゅうじ］

霊宝殿にて常時安置されている国宝指定第一号の弥勒菩薩像。飛鳥時代の作で、右手をそっと頬にあてて思索にふける姿が美しい。少し微笑んでいる表情にも注目。

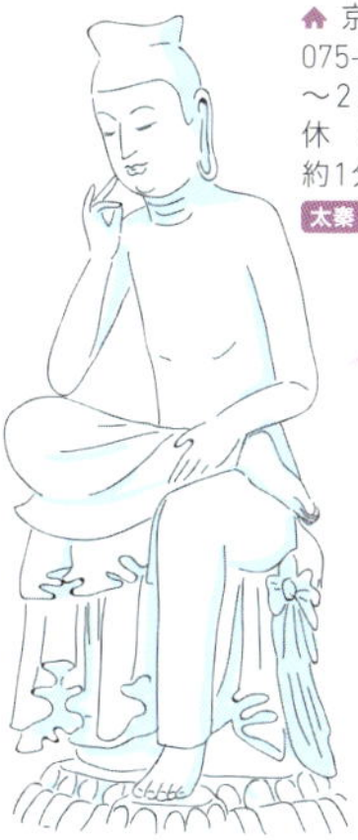

🏠 京都市右京区太秦蜂岡町32 ☎ 075-861-1461 [営] 9:00〜17:00(12〜2月は16:30) [料] 800円 [休] 無休 [交] 市バス太秦広隆寺前から徒歩約1分

[太秦] ▶MAP 別P.3 A-2

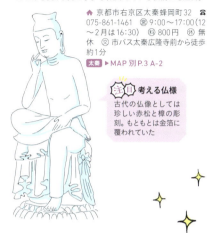

[注][目] 考える仏様

古代の仏像としては珍しい赤松と樟の彫刻。もともとは金箔に覆われていた

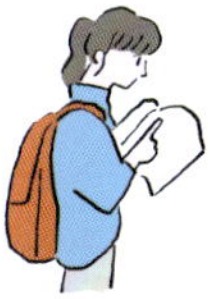

\ 調べてみると面白い /

無限を凌駕する救済の力

千体千手観音立像［三十三間堂］

せんたいせんじゅかんのんりゅうぞう［さんじゅうさんげんどう］

本堂に1001体もの観音像が並ぶ様は圧巻。1000=無限と考えられていた創建当時、中央の坐像を加え1001体とし、無限を超越する救済力を表したとされる。

→P.115

[注][目] 1001体の迫力

中央にある中尊を含めて1001体全てが国宝という豪華なラインナップ

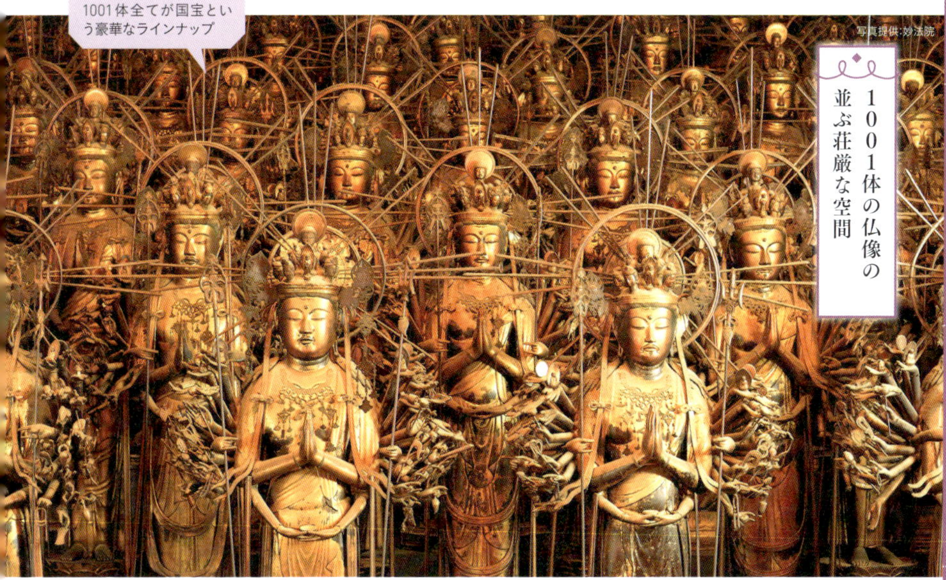

写真提供:妙法院

1001体の仏像の並ぶ荘厳な空間

何が見えてくる？ 世界に誇る

ジャパニーズ・ガーデンの見ドコロに注目

まさにジャパニーズビューティそのものと言ってよい日本庭園。しかも、京都には名庭と言われる庭園が多くあるのだから、これは見に行くっきゃない。どんな庭がお好み？

枯山水

京都一有名な枯山水庭園

石庭 [龍安寺]
せきてい [りょうあんじ]

世界遺産

言わずと知れた枯山水の石庭だが、実は制作年も造った人も不詳。眩しいほどに白く美しい白砂の庭に、15個の石が配されている。謎多き庭、見方は見る人に委ねられている。

→P.96

見ドコロ
白砂
水を使わず川や海の流れを表現する白砂。流れが見えるよう

HOW TO 枯山水庭園の見方

全体を眺めた後、15個の石を主石から順に見よう。石に水の流れをイメージしてみて。

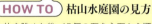

主石

見ドコロ
15の庭石
角度によってさまざまな表情をみせる

見ドコロ
つくばい
中央の正方形を漢字の「口」として「吾唯足知」と読む

どう見る？ シンプルかつ究極の枯山水庭園

春は桜。冬は雪景色。四季折々の眺めも注目
※写真は油土塀修復前のものです

見ドコロ
油土壁
菜種油を入れた土で作られている土塀は白砂を引き立てる

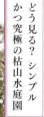

京都最大の伽藍に東西
南北の趣ある四庭

見ドコロ
北庭
小市松模様が近代的。鎌倉時代の庭園を基に重森三玲が作庭

盛り上がった苔が市松模様を描き出す

枯山水 必見！趣の異なる4つの名庭
八相の庭 [東福寺]
はっそうのにわ ［とうふくじ］

国指定の名勝である本坊庭園は作庭家重森三玲によって完成された。趣の違った庭園を方丈の東西南北に配する。小市松模様の北庭、蓬莱神仙思想の世界を見る南庭、北斗七星を表す東庭、大市松模様の西庭の四庭。
→P.114

Ⓐ 円柱、白川砂で静かな世界が表現される東庭 Ⓑ ダイナミックな石組で四神仙島を表現した南庭 Ⓒ 西庭。サツキの刈込で大市松が表現される

見ドコロ
曹源池
夢窓疎石作の庭園。嵐山を借景とする壮大なスケールは感動的

絵のようにきれい

あまりにも壮大で
美しい嵐山の名園

池泉回遊式 山々を借景とした緑豊かな庭園
世界遺産
曹源池庭園 [天龍寺]
そうげんちていえん ［てんりゅうじ］

開山である夢窓疎石が作庭した池泉回遊式の庭園。とくに紅葉の時季の美しさは格別で、池に鏡のように映る艶やかな景色は大和絵になぞらえられるほど。その壮大さにも驚く。
→P.89

見ドコロ
盤桓園
盤桓、つまり、立ち去りがたいほど見る人の心を打つということ

里の風情を堪能できる
洛北の美庭がここに

観賞式 "盤桓"を体感する絵画の庭園
額縁庭園 [宝泉院]
がくぶちていえん ［ほうせんいん］

客殿の柱と柱の空間を額縁に見立てることからその名が付けられた庭園。竹林の向こうに大原の里の景色が広がり、絵画のような何とも言えない風情を醸す。
→P.127

HOW TO
庭園の種類と楽しみ方

庭園の種類は3つに分けられる。一方向だけでなく、いろんな方向から見てみよう。

❶ 枯山水庭園
禅寺に造られた、水を一切使わない庭園のこと。白砂などで水の流れを表現しているともいわれている

例 龍安寺 →P.96

❷ 池泉庭園
池や小川などの水を配した庭園。さらに舟遊式、回遊式、観賞式などに分けられる

例 天龍寺 →P.89

❸ 露地庭園
茶室に設けられた庭園で、飾り気がない。つくばいや石灯籠などで構成される

※写真はイメージ

新旧の「美」はココにあり。

社寺でアートを楽しむ

会いに
来てね！

1200年間培われてきた古都の歴史に現代のみなぎる活気が融合して、社寺のアートシーンは見どころがいっぱい。気になるスポットへ出かけて、日本文化の粋を感じてみよう。

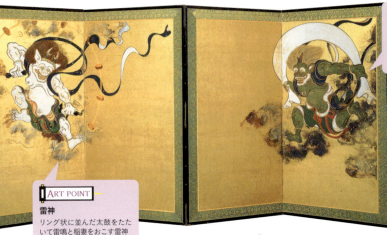

🔲 ART POINT
風神
背に持った風袋から
風を吹き出し下界に
風雨をもたらす風神

空間を挟んで両神が対峙する二曲一双屏風

🔲 ART POINT
雷神
リング状に並んだ太鼓をたたいて雷鳴と稲妻をおこす雷神

琳派 構図と筆使いが斬新な最高傑作
風神雷神図屏風 [建仁寺]
ふうじんらいじんずびょうぶ
[けんにんじ]
俵屋宗達／江戸時代 (17世紀)

風神雷神が離れて向かい合う緊張感ある構図の作品。両神の愉快な表情にも注目（展示は複製）。
🏠 京都市東山区小松町584 ☎ 075-561-6363 ⏰ 10:00～16:30最終受付 💴 600円 🈺 無休(HPにて要確認) 🚃 京阪祇園四条駅から徒歩約5分
[祇園] ▶ MAP 別 P.10 C-2

(**WHAT IS**) **琳派**
俵屋宗達や尾形光琳など江戸時代の芸術家に受け継がれた様式。大胆な意匠と優美な色彩が特徴。

天才画家が描いた霊獣にクギづけ

🔲 ART POINT
杉戸絵
伏見城落城時に自刃した武士たちの霊を弔うため、杉戸に描いた

琳派 杉戸に大胆に描かれた動物絵
白象図 [養源院]
はくぞうず [ようげんいん]
俵屋宗達／江戸時代 (17世紀)

寺の本堂にある白象図は美術の教科書にも載るほど有名。太くやわらかな曲線が動的で、立体感や重量感を出している。唐獅子図と襖絵松図12面(通常非公開)なども俵屋宗達の筆。
→P.115

あっちも
見に行こう！

躍動感に満ちた虎が今にも動き出しそう

🔲 ART POINT
襖絵
狩野派絵師が描いた襖絵が、大方丈だけで124面も並び圧倒される

狩野派 いきいきと水を飲む虎の動作に注目
水呑みの虎 [南禅寺]
みずのみのとら [なんぜんじ]
狩野探幽／江戸時代 (17世紀)

鎌倉時代に創建された臨済宗南禅寺派の大本山でひと際存在感を示す襖絵の傑作で40面に連なる「群虎図」の一つ。どこかユーモラスな虎の動きに注目。約400年前に描かれたとは思えない躍動感がみなぎる。
→P.103

京都国立博物館所蔵

(**WHAT IS**)
狩野派
室町時代から江戸時代まで時の権力者に絵師として仕えながら活動し、常に画壇の中心にあった。

寺の静謐な空間にマッチする現代美術

ART POINT
蓮
寺名どおりの青い蓮。極楽浄土をテーマに命の躍動を表現

ポップなモダンアートの襖絵
華頂殿襖絵三部作 [青蓮院門跡]
かちょうでんふすまえさんぶさく
[しょうれんいんもんぜき]
木村英輝／平成17年(2005年)

皇族が代々の門主を務めてきた格式高い寺で必見のアートは、「ロックな壁画師」の異名を持つ現代画家が描いた色鮮やかな襖絵。大胆かつ繊細な筆致を間近で鑑賞したい。
→P.87

絶世の美女の一生が色鮮やかに
極彩色梅匂小町絵図 [随心院]
ごくさいしきうめにおいこまちえず
[ずいしんいん]
だるま商店／平成21年(2009年)

小野小町ゆかりの随心院能ノ間には艶やかなピンク色に圧倒される襖絵が。京都を拠点に活躍する2人組の若手アートユニットが小町の一生をテーマにCGと毛筆を使って描いた。
→P.131

誕生から余生までを物語で楽しめる

ART POINT
小野小町
平安初期の歌人で百人一首に登場。絶世の美女として有名

みごとやな〜

ART POINT
猪目窓(いのめまど)
魔除けの意味を込められて作られた、ハート形の猪目窓にも注目

キュートな寺院で四季の表現を体感

160枚もの天井画
花天井画 [正寿院]
はなてんじょうが [しょうじゅいん]
書家・日本画家約90名／平成24年(2012年)〜29年(2017年)

客殿の天井には目を引く鮮やかな天井画が。花や日本の風景などが描かれている。

⌂綴喜郡宇治田原町奥山田川上149 ☎0774-88-3601 ◷9:00〜16:30(12〜3月は10:00〜16:00) ¥600円(お茶・お菓子付き) 休無休 ◉京都京阪バス奥山田正寿院口から徒歩約10分
宇治田原 ▶MAP 別P.3 C-3

🌸 青蓮院門跡の青い蓮をモチーフに、トートバッグなどのアートグッズも展開している。ネット通販で購入可。　19

HIGHLIGHT　必見絶景　仏像　庭園　アート　ご利益

パワーをもらって満願成就！
ありがたいご利益をゲットする

多種多様な願い事に応じたご利益のある京都の社寺は、個性豊かな社寺グッズも充実。
キュートなものからユニークなものまで、お気に入りを見つけて運気アップを！

この恋、叶えて！

恋愛成就

ご神木に願いを込めて恋愛運をチャージ

下鴨神社の糺の森で良縁祈願
相生社
あいおいのやしろ

下鴨神社の楼門前に佇む古社で、恋愛をはじめ友人や仕事など、あらゆる縁を結んでくれる。参拝には特別な作法があり、まず女性は右回り、男性は左回りにお社を2周し

てから絵馬を奉納。参拝後は、ご神木の連理の賢木（さかき）につながれた綱を2度引いて願い事をしたためる。

下鴨神社 ▶ MAP 別 P.25 E-3
→P.110（下鴨神社）

媛守・彦守 各1,000円

ひとつとして同じデザインのものはないお守り

HOW TO

下鴨神社のご利益巡り
境内にある、さまざまなご利益にちなんだ願掛けスポット。全制覇を目指そう！

糺の森
深い緑に囲まれて身も心もデトックス

相生社
2本の木が1本に結ばれたご神木の連理の賢木

井上社
夏に社前の池で無病息災を祈る御手洗祭が行われる

言社
干支の守護神。生まれ年を司る干支のお社に願い事を

ココも

まだある！縁結びスポット♡

願い事を柳に結んで
六角堂（頂法寺）
ろっかくどう（ちょうほうじ）

嵯峨天皇が柳の下で美女と出会い結ばれた伝説から、良縁に恵まれるとされる。

🏠 京都市中京区六角通東洞院西入堂之前町248　☎ 075-221-2686　⊗ 山門は6:00〜17:00（納経は8:30〜）　⊕ 境内自由　⊗ 無休　⊗ 地下鉄烏丸御池駅から徒歩約3分

烏丸 ▶ MAP 別 P.12 A-2

鳩みくじ 500円

緑豊かな秘境の古社
貴船神社
きふねじんじゃ

古くから水の神様として信仰を集める。歌人和泉式部の夫婦復縁を叶えたという逸話も残る。

→P.124

水占みくじ 200円

源氏物語ゆかりのお社
野宮神社
ののみやじんじゃ

源氏物語のワンシーンにも登場する、黒木の鳥居が。良縁のほか安産祈願でも有名。

→P.90

開運招福御守 1,000円

キレイになりたい！

美容祈願

見た目もココロも美しく

河合神社

かわいじんじゃ

鏡絵馬 800円

糺の森の南に位置する、下鴨神社の摂社。女性の守護神・玉依姫命を祀ることから、美人祈願の神社で知られる。鏡絵馬に化粧を施し奉納するというユニークな願掛けも人気。

⌂ 京都市左京区下鴨泉川町59 ☎ 075-781-0010（下鴨神社） [営] 6:30～17:00（特別拝観は10:00～16:00） [料] 境内自由 [休] 無休 [交] 市バス新葵橋から徒歩約4分

[下鴨神社] ▶MAP 別P.25 E-3

美容の女神様にお願い

美御前社

うつくしごぜんしゃ

『古事記』にも記され美人の誉れ高い宗像三女神を祀る八坂神社の境内社。社殿前に湧き出る御神水は、身も心も美しくすると言われる「美容水」として舞妓さんも御用達だとか。

⌂ 京都市東山区祇園町北側625 ☎ 075-561-6155 [営] 境内自由（授与所9:00～17:00） [料] 参拝無料 [休] 無休 [交] 市バス祇園から徒歩約1分

[祇園] ▶MAP 別P.11 D-1

運気を上げたい！

お金持ちになりたい！

金運UP

厄除け

黄金の鳥居が目印

御金神社

みかねじんじゃ

御金まもり 1,500円

金属を扱う仕事をする人の参拝所として、古来より地域に親しまれていた。お金の神様としても人気を集め、宝くじや資産運用などのご利益を求めた参拝客が訪れる。

⌂ 京都市中京区押西洞院町614 ☎ 075-222-2062 [営][料] 境内自由 [休] 無休 [交] 地下鉄烏丸御池駅から徒歩約6分

[二条城] ▶MAP 別P.14 C-3

陰陽師のパワー息づく神社

晴明神社

せいめいじんじゃ

向上守 800円

平安時代の陰陽師として有名な安倍晴明公を祀り、京都屈指のパワースポットとして有名。陰陽道のシンボルでもある晴明桔梗印（五芒星）の描かれたお守りは、おみやげとしても◎。

⌂ 京都市上京区晴明町806 ☎ 075-441-6460 [営] 9:00～17:00 [料] 境内自由 [休] 無休 [交] 市バス一条戻橋・晴明神社前から徒歩約1分

[二条城] ▶MAP 別P.14 B-1

願掛けをしたお守りは、1年たったら元の神社か近くの神社へ納めるのがベスト。お礼の気持ちも忘れずに。

1日のエネルギーをチャージ！

とっておきの朝ごはんで大満足

京都は世界的観光地にして美食の街。当然、朝ごはんもハイレベル。和食にパン、モーニングと、地元の人おすすめの朝ごはんで朝からテンションアゲていこう！

うるめいわしの丸干し
炭火で香ばしくふっくらと焼き上げられる

汲み上げ湯葉
とろっとろの湯葉は、オリーブオイルで味わう

喜心の朝食
2,750円
7:30〜LO13:30

ご飯
炊き上がりの瞬間の「煮えばな」は、ここでしか食べられない味

汁物
京都白味噌の豚汁、季節野菜の汁物、海鮮和風トマト汁から選べる

一飯一汁に向付、うるめいわしの丸干し、漬物が付く

朝から体が喜ぶ
滋味豊かな朝ごはん

やっぱり京都なら
和食

京情緒漂う祇園で朝ごはん

朝食 喜心 kyoto
ちょうしょく きしん キョウト

「食からの体験」をテーマとし、朝食は向付の汲み上げ湯葉から始まる。具だくさんの汁物は3種から選べる。

京都市東山区小松町555
075-525-8500　7:30〜LO13:30
（90分ごとの5部制、要予約）　木曜
京阪祇園四条駅から徒歩約3分

祇園　▶MAP 別P.10 C-2

カウンター席で朝ごはんの作られる様子を見ることができる

ご飯は
おかわり
自由です

一日を心豊かに過ごすためにも朝食は大切。手作りの心のこもった「日本の朝食」を提案。好きなデザインの茶碗が選べるのもポイントのひとつ。

土鍋で炊き上げたご飯は、蒸らされた米の味の変化を楽しみながら味わえる

いつもの野菜とは少し違う体験を
都野菜 賀茂 烏丸店
みやこやさい かも からすまてん

契約農家から仕入れる野菜ソムリエ厳選の京都産京野菜をビュッフェで堪能。

🏠 京都市下京区東洞院通綾小路下ル扇酒屋町276 ☎ 075-351-2732（受付は15:00〜18:00）🕐 8:00〜9:15、10:30〜15:30、17:00〜21:30（変動あり）🈺 無休 🚇 地下鉄四条駅／阪急烏丸駅から徒歩約5分

`烏丸` ▶MAP 別 P.7 D-1

モーニングビュッフェ
550円
🕐 8:00〜9:15

使われるのは朝採れの新鮮野菜。いくら食べてもヘルシーなのがうれしい

京都の中心部、墨色の外観が目印。平日の朝にも行列が珍しくない人気店

ヘルシーNo.1！
京都野菜

その日の野菜によって日替わりで並ぶおばんざいは定番から創作までそろう

実は大人気
パン

アーチ状の商品棚にはおいしそうなパンがずらりと並ぶ

行列ができる郊外のベーカリー
たま木亭
たまきてい

京都だけでなく全国からファンが訪れる人気店。ハード系からスイーツ系まで常時90種類のパンがそろう。

🏠 宇治市五ヶ庄平野57-14 ☎ 0774-38-1801 🕐 7:00〜18:45 🈺 月〜水曜 🚃 JR黄檗駅から徒歩約5分

`宇治` ▶MAP 別 P.3 C-3

パンシュー
270円
🕐 7:00〜

広々とした駐車場には、県外からの車も多く停まる

インパクト大、愛しのモーニング
COFFEE HOUSE maki
コーヒー ハウス マキ

地元の人に愛される店。厚切りトーストをくりぬいて、その耳を器に見立てサラダを詰めた、かわいらしいモーニングは40年来の人気メニュー。

🏠 京都市上京区河原町今出川上ル青龍町211 ☎ 075-222-2460 🕐 8:30〜17:00 🈺 火曜 🚃 京阪出町柳駅から徒歩約5分

`下鴨神社` ▶MAP 別 P.25 E-3

深い味わいの自家焙煎ドリップコーヒーと共にゆっくりくつろげる喫茶店

バターたっぷりのトースト、ポテトサラダや野菜の彩りも食欲をそそる

コーヒー派なら
モーニング

モーニングセット
680円
🕐 8:30〜12:00

京都はパンの消費量が全国でもトップレベル。舌が肥えた人も多くおいしいパン屋さんの激戦区だから、食べ比べてみよう。

EAT
朝ごはん
京懐石
京弁当
湯豆腐
丼＆麺
おばんざい
町家レストラン
スイーツ＆カフェ
韓国＆台湾カフェ
木屋町・先斗町

あの名店も昼ならお手頃に！

本格京懐石ワールドに胸躍る

京都を訪れたら一度は味わいたい、懐石料理。露庵 菊乃井は、名店でありながら格式張らずに
本格的なお料理をいただけるお店。開放的なカウンター席でできたての旬の味わいを楽しもう。

WHAT IS

「懐石」と「会席」

懐石は茶の湯の食事から、会席はお酒を楽しむ宴席料理から発展。現在ではその違いも曖昧に。

「懐石料理」

飯・汁・向付に加え、椀物、焼物などが続く。料理は脚のない膳「折敷」で一品一品供される。

「会席料理」

宴席料理の流れを汲み、懐石より豪華な雰囲気。懐石ほど形式張らず、飯と汁は最後にいただく。

どうぞ
ごゆっくりと

お品書き
昼懐石
8,000円〜
夜懐石
1万6,000円〜

名店の味わいを堪能する懐石割烹
露庵 菊乃井 木屋町店
ろあん きくのい きやまちてん

老舗料亭・菊乃井の割烹店。伝統を継承しつつも、既成概念にとらわれない斬新な料理や洗練されたスタイルが客人を魅了する。店主の温かなホスピタリティ、きびきびと働くスタッフも清々しい。

初めての方でもお気楽に

村田喜治さん
柔和な笑顔で訪れる人をくつろがせてくれる。菊乃井本店三代目主人の弟さん。

🏠 京都市下京区木屋町通四条下る斉藤町118　☎ 075-361-5580　🕚 11:30〜13:30（最終入店）、17:00〜19:30（最終入店）　㊡ 不定休　Ⓧ 阪急京都河原町駅から徒歩約1分、京阪祇園四条駅から徒歩約3分　要予約

河原町　▶MAP 別 P.13 E-3

左：明るく広々したカウンター席　右：料理人との会話も楽しめる。店は風情ある高瀬川の畔に佇む

お昼の懐石を臨場感ある割烹スタイルで

8,000円の昼懐石をいただきました

先付（さきづけ）		**雲丹豆腐**（うにどうふ）

最初に登場する冷たい前菜。一口二口で食べられる小さめのお料理。

生雲丹を流し込んだ自家製豆腐に、涼しげなジュレの山葵餡が。

八寸（はっすん）		**7月の八寸**（しちがつのはっすん）

前菜のことで、海の幸と山の幸を盛り合わせるのが決まり。季節を切り取る華やかな一皿。

鱧寿司、朝瓜のあえ物、川海老など。祇園祭にちなむ茅の輪で季節を演出。

向付（むこうづけ）		**鱧と鯛**（はも・たい）

刺身のこと。茶懐石では飯椀と汁椀、その向こう側に置く。

京の夏の風物詩・鱧の落としは梅肉で、鯛は自家製土佐醤油で。

椀物（わんもの）		**冬瓜饅頭**（とうがんまんじゅう）

煮物椀のことで、茶懐石ではメインディッシュ。ダシが決め手の椀物は料理人の腕の見せ所。

海老のそぼろ入り冬瓜。端麗なダシに、木の芽の香りがアクセント。

酢物（すのもの）		**鱧と胡瓜**（はも・きゅうり）

お口直し。酢を使った料理は口の中をさっぱりとさせ、食欲も増進。

祇園祭を象徴する取り合わせ。タレ焼きの鱧に山椒が香り立つ。

強肴（しいざかな）		**鮎塩焼き**（あゆしおやき）

現在の懐石料理ではメインディッシュにあたる。魚やお肉など料理によってさまざま。

香り高く塩焼きした鮎。身がやわらかく、頭から尾まで食べられる。

御飯（ごはん）		**鱧御飯**（はもごはん）

茶懐石では最初に供する御飯と汁。通常の懐石料理では最後に出すことが多い。

タレ焼きの鱧を釜で一緒に炊き上げた。香ばしい新ごぼうの汁椀と。

水物（みずもの）		**蕨餅と八ッ橋アイスクリーム**（わらびもち・やつはし）

食後の果物やデザートのこと。

本わらび粉を使ったわらび餅。アイスの中には八ッ橋も。

HOW TO 正しいお箸の使い方

懐石をいただく時は、正しくお箸を持つことで好感度UP！美しい所作も身に付けておこう。

1 右手で箸を取り、左手でお箸を支え、右手を滑らせる。

2 右の手のひらを返して、正しい持ち方にかえて持ち直す。

3 親指と人差指、中指で軽く持ち、上だけを動かして使う。

懐石料理の醍醐味は季節を味わうこと。その時季ならではの食材や器との組み合わせ、四季の演出を楽しもう。

EAT

朝ごはん

京懐石

京弁当

湯豆腐

丼＆麺

おばんざい

町家レストラン

スイーツ＆カフェ

韓国＆台湾カフェ

木屋町・先斗町

25

リーズナブルでこのボリューム、

京懐石店でランチを楽しむ

京都でぜひ味わいたい懐石は、伝統を守りつつも時代のニーズや料理人のセンスが反映され、革新的で個性的。ランチなら気軽に利用できるからお気に入りを探そう。

多彩な季節の美味を目と舌で愉しむ

お品書き
昼コース
6,800円〜
夜コース
1万5,000円、2万円〜

思わずうっとり美しき進化系の旗手

パフェのようなお造り

お品書き
昼コース
7,840円〜（サ込）
夜コース
2万2,400円〜（サ込）

遊び心もたっぷりの色鮮やかな八寸

洋のエスプリを絶妙に組み入れて

白川たむら
しらかわたむら

椀物や焼物に、パフェ仕立てのお造りなどサプライズを盛り込んだ構成が女性を魅了。デザートまでワクワク！

🏠 京都市東山区祇園新門前通花見小路東入ル一筋目上ル ☎075-533-8805 ⏰12:00〜13:30(LO)、18:00〜20:00(LO) 🈺不定休 🚉京阪祇園四条駅から徒歩約8分 予約可

祇園 ▶MAP 別P.16 B-3

上：一本釣り鰆の西京焼き 下：天井は曲線を描き、卵の殻に包まれるよう

京都の四季を料理で表現

懐石料理 即今 藤本
かいせきりょうり そっこん ふじもと

店名のとおり、京都の文化や四季を盛り込み、"今"を大切にした繊細な日本料理が自慢。温かみのある畳のカウンターも素敵。

🏠 京都市中京区二条河原町西入ル南側 ☎075-708-2851 ⏰12:00〜13:00最終入店、18:00〜19:00最終入店 🈺水曜 🚉地下鉄京都市役所前駅から徒歩約5分 予約可

京都御苑 ▶MAP 別P.15 E-3

京都の有名ホテルや料亭で修業を積んだ主人が腕をふるっている

WHAT IS 京の旬の味

京都の人が待ち焦がれるのが、その時季だけの「旬のもん」。料理人は、旬ならではのみずみずしい香りや色、旨みを、手を加えることでさらに引き立たせる。

[春] 竹の子

淡い甘みが魅力。西山産の「白子」は白くやわらかい最高品。

[夏] ハモ

落としや寿司など味わい方いろいろな夏のスタミナ源。

[秋] 松茸

香りのよさでほかを圧倒する秋の味覚の王者。

[冬] かぶら

聖護院かぶらに代表される。かぶら蒸しや千枚漬けなどで。

ほかにはない至高の一皿を求めて名店へ

お品書き
昼コース
5,500円、1万1,000円(サ別)
夜コース
1万1,000円、1万6,000円(サ別)

秋茄子と鮑の椀物

路地裏でゆっくり味わう正統派京料理

お品書き
昼コース
4,180円〜
夜コース
8,250円〜

琵琶湖産鮎の塩焼き

奥深き滋味を心ゆくまで堪能する

じき宮ざわ

じきみやざわ

旬を生かし切る料理は、逸品ぞろい。どのコースにも香ばしくなめらかな「焼き胡麻豆腐」が付く。

🏠 京都市中京区堺町四条上ル東側八百屋町553-1 ☎ 075-213-1326 [営] 12:00〜15:00(LO13:45)、18:00〜22:00(LO20:00) [休] 水曜、不定休あり [交] 地下鉄四条駅から徒歩約5分 [予約可]

[烏丸] ▶MAP 別P.12 B-3

上:名物の「焼き胡麻豆腐」 下:カウンターからは職人の冴え技が見られる

コスパ&満足感で女性人気高し

御料理 辰むら

おりょうり たつむら

主人は名店で修業を積んだ実力派。コースのほか、手頃ながら丁寧な仕事が光る昼の点心2,310円も人気。

🏠 京都市下京区船頭町197-1 ☎ 075-361-3020 [営] 12:00〜13:00(LO)、17:30〜21:00(LO) [休] 不定休 [交] 阪急京都河原町駅から徒歩約1分 [予約可]

[河原町] ▶MAP 別P.13 E-3

上:カウンター席とゆったりとしたテーブル席 下:賀茂茄子の冷たい炊き合わせ

懐石料理をいただく際に大切なのは「熱いものは熱いうちに」。会席料理は一般的には宴会の料理のこと。

美味が詰まった宝箱！
麗しの京弁当にうっとり

懐石や割烹に比べ、京料理を気軽に味わえる京弁当。職人技が施された、見た目にもおいしい食材の数々はどれも絶品。洗練された京の味を、旬と一緒に堪能しよう。

彩点心
3,080円
🕐 11:30〜15:00

玉子宝楽以外のメニューは年ごと月ごとに変わる

はなやかに

Point !
色鮮やかな旬菜が豊富に詰まった弁当はビジュアルも満点！

Ⓐ 高野豆腐旨煮
たっぷりのダシが染みたほっとするような味

Ⓑ ミニトマトワイン煮
鮮やかな赤色のジューシーなミニトマト

Ⓒ 蕗煮浸し
ほろ苦い春の味覚を上品な味付けの煮浸しで

Ⓓ 桜麩含め煮
桜の形がかわいい麩は京らしい具材

Ⓔ 三色団子
野菜を裏ごしして、それぞれ色をつけている

Ⓕ 海老艶煮
酒、みりん、醤油で色よく炊き上げたもの

Ⓖ 分葱ぬたあえ
酢味噌の味が後を引くぬたあえ

Ⓗ 帆立変り揚げ
貝柱に砕いたおかきを付けて揚げたもの

Ⓘ 筍挟み揚げ
土佐煮した竹の子に魚のすり身を挟み揚げたもの

Ⓙ 鯛のカルパッチョ風
鯛、浅葱、白髪葱、梅人参が入る

本格京料理をリーズナブルに

彩席ちもと
さいせきちもと

老舗料亭「ちもと」の姉妹店。茶碗蒸しとスフレが融合した「玉子宝楽」が人気。

🏠 京都市下京区西石垣通四条下ル四条大橋 西詰 ☎ 075-351-1846 🕐 11:30〜15:00（LO14:30）、17:00〜21:30（LO20:30） 🈺 月曜（祝日の場合は翌日） 🚃 阪急京都河原町駅から徒歩約3分
予約がおすすめ

河原町 ▶ MAP 別 P.13 E-3

デザートまで付いた大満足のボリューム

WHAT IS 京弁当

京料理を仕出し用に考案したものが始まりで、松花堂や縁高に詰められたものが一般的。ランチとしても楽しめる手軽さが人気。

一人からでも楽しめるカウンター席がうれしい

洛中弁当
6,600円（平日昼のみ※サ別）
🕐 12:00～LO13:30

室町の旦那衆に好まれた旬の味

本格的に

Point！
本格的な懐石を楽しめる充実の内容。平日のみの限定メニュー。

Ⓐ **焚合**
京風ダシで仕上げたあっさり上品な味わい

Ⓑ **お造り**
美しく盛り付けられた新鮮なお造り

Ⓒ **八寸**
季節の山や海の味覚をいろいろと楽しめる

京料理 木乃婦
きょうりょうり きのぶ

昭和10年創業の料亭。三代目主人であり、シニアソムリエの資格も持つ高橋拓児さんの工夫が光る京料理が魅力。

🏠 京都市下京区新町通仏光寺下ル岩戸山町416　☎ 075-352-0001　🕐 12:00～LO13:30、18:00～21:30（LO19:00）　🈺 水曜　🚇 地下鉄四条駅から徒歩約5分　要予約

烏丸　▶ MAP 別 P.7 D-1

気品あふれる純粋な町家の店構え

洗練された美食に舌鼓
志る幸
しるこう

5種のつまみ肴と季節のかやくご飯が盛り付けられた漆のお盆に好みの味の汁物が付く。昼夜どちらも楽しめる。

🏠 京都市下京区四条河原町上ル一筋目東入ル真町100　☎ 075-221-3250　🕐 11:30～LO14:00、17:00～LO20:00　🈺 水曜、不定休　🚇 阪急京都河原町駅から徒歩約3分　予約可

河原町　▶ MAP 別 P.13 E-3

能舞台に見立てたカウンター席は趣たっぷり

利久辨當
2,700円
🕐 11:30～LO14:00
　17:00～LO20:00

Point！
美しく盛り付けられたフォトジェニックな一皿は、味わいも絶品。

汁物と一緒に

京都らしいまったりとした白味噌の汁

リーズナブルに

Point！
旬にこだわった色とりどりの野菜料理を、バランスよく味わえる。

ろろろ弁当
1,320円
🕐 金～日曜の夜営業時間以外

1段目には野菜たっぷりの8品が付く

本格和食をカジュアルに味わう
出町ろろろ
でまちろろろ

古民家を改装した温かみあふれる店内で、趣向を凝らした本格的な和食を楽しめると女性客を中心に人気のお店。

🏠 京都市上京区今出川通寺町東入ル一真町67-1　☎ 075-213-2772　🕐 11:30～16:00（最終入店）、金～日曜11:30～13:30（最終入店）、18:00～20:30（最終入店）　🈺 月曜、第2・4日曜　🚇 京阪出町柳駅から徒歩約10分　予約可　**下鴨神社**　▶ MAP 別 P.25 E-3

人気店のため、予約がおすすめ

🎋 「ろろろ弁当」の豆皿に並べられた品々は、大原の無農薬野菜を使用したものが中心。おこげ付きのご飯も美味。

EAT

朝ごはん

京懐石

京弁当

湯豆腐

丼＆麺

おばんざい

町家レストラン

スイーツ＆カフェ

韓国＆台湾カフェ

木屋町・先斗町

EAT 05

ロケーションもご馳走

ほっこり湯豆腐に癒される

京都でマストな伝統食といえば、湯豆腐。味わいと共にロケーションを重視して
お店を選べば、京都らしさを心ゆくまで味わえるはず。ここは事前チェックを怠りなく。

ツルンとした口あたり
精進料理（七草湯豆腐付き）3,300円

世界遺産の中で味わう湯豆腐は格別

庭園に溶け込むよう。まさに目にもご馳走

行ってみよう！

小さな門をくぐって四季折々に美しい境内へ

食事は庭を望む広間にて。心が洗われるよう

精進料理の作法に沿い脚付きの台で運ばれる

胡麻豆腐、炊き合わせなどの精進料理と共に

こんなロケーション

見事に手入れされた庭は、池の周囲を紅葉や季節の花々が彩る。

庭園を愛でつつ、湯豆腐に舌鼓。味覚も視覚も満たされる

世界遺産で食す彩り豊かな湯豆腐

西源院

せいげんいん

鏡容池畔に立つ龍安寺塔頭で、7種類の野菜や生麩など風雅な湯豆腐が味わえる。精進料理付きならお腹も満足。

🏠 京都市右京区龍安寺御陵下町13（龍安寺境内） ☎ 075-462-4742 [営] 11:00～15:00 [休] 無休 [交] 市バス／JRバス竜安寺前から徒歩約1分

[金閣寺] ▶MAP 別P.20 A-1

風格さえ感じる究極の豆腐に舌鼓

総本家 ゆどうふ 奥丹清水
そうほんけ ゆどうふ おくたんきよみず

創業約400年。伝統の製法で手作りされる昔どうふは大豆の旨みが凝縮。胡麻豆腐、木の芽田楽など精進料理と共に。

🏠 京都市東山区清水3-340
☎ 075-525-2051 ⏰ 11:00〜16:30(土・日曜・祝日は〜17:30) 休 木曜 🚃 市バス清水道／五条坂から徒歩約5分

`清水寺` ▶MAP 別 P.11 E-2

こんなロケーション
座敷から600坪の庭が見渡せる

座敷から見渡せる600坪の庭には小川が流れ、桜や紅葉も綺麗。

🍲 昔どうふ一通り
4,400円

天然にがりで仕込まれた豆腐

舌に溶けるような豆腐に感激

南禅寺 順正
なんぜんじ じゅんせい

なめらかな豆腐に風味のよいタレがよく合う。会席もいただけ、豆腐田楽や天ぷらなど一品料理の味も折り紙付き。

🏠 京都市左京区南禅寺草川町60 ☎ 075-761-2311 ⏰ 11:00 〜 21:30(LO20:00) 休 不定休 🚃 地下鉄蹴上駅から徒歩約7分

`南禅寺` ▶MAP 別 P.17 E-2

こんなロケーション
池泉回遊式庭園の散策も可能

約1200坪の庭に囲まれ、園内には国の有形文化財の学問所も。

🍲 湯どうふ「花」
3,300円

舌の上でとろけるよう

唯一無二、モダンデザインの豆腐

豆腐料理 松ヶ枝
とうふりょうり まつがえ

市松模様はそば豆腐と抹茶豆腐。ごまポン酢タレと醤油タレで味わう。自家製そばの実ちりめんご飯もおいしい。

🏠 京都市右京区嵯峨天龍寺芒ノ馬場町3番地 ☎ 075-872-0102 ⏰ 11:00〜16:30(観光シーズンは10:30〜) 休 無休 🚃 嵐電嵐山駅から徒歩約3分

`嵐山` ▶MAP 別 P.22 C-3

こんなロケーション
眺めの良いテーブル席も

明治時代日本画家の庵だった建物で庭の奥に嵐山の風景が望める。

モダンな市松模様の豆腐

🍲 松ヶ枝コース
2,980円

WHY

京都の豆腐がおいしいワケ

❶ 豊かな地下水

豆腐の90%以上は水分。京都は地下水が豊かで、しかもミネラル分が少なめの軟水。一年を通して温度も一定なので、いつでもやわらかなおいしい豆腐が作れる。

❷ 精進料理

豆腐は僧侶のタンパク源として精進料理で多く使われた。京都ではお寺さんからの需要が多かったため、豆腐作りの技術が磨かれた。

この食材も注目

湯葉

豆腐や生麩同様に主に寺や宮中で食されてきた。さまざまな種類があり栄養価も高い。

ヘルシーな湯葉のフルコースを

京ゆば処 静家 二条城店
きょうゆばどころせいけ にじょうじょうてん

どのコースにも、名物の汲み上げ一番ゆば、生ゆばのお刺身、生ゆばの陶板焼きが付く。カウンター席で、できたてをぜひ。

🏠 京都市中京区御池通黒門東入ル大文字町233-4 ☎ 075-813-1517 ⏰ 11:30〜14:30、17:30〜21:30(LO19:30) 休 火曜 🚃 地下鉄二条城前駅から徒歩約1分

`二条城` ▶MAP 別 P.14 B-3

お昼の「ゆば尽くし膳」は3品～9品2,800～4,450円)※写真はイメージ

生麩

グルテンにもち粉を加え、蒸したりゆでたりする京都独特の食べ物。

変幻自在な生麩の魅力を再発見

半兵衛麩
はんべえふ

創業元禄2年の老舗で生麩・湯葉尽くし膳を。バラエティに富んだ内容と独特の食感に、食べるのが楽しくなる。

🏠 京都市東山区問屋町通五条下ル上人町433 ☎ 075-525-0008 ⏰ 茶房11:00〜14:30(物販は9:00〜17:00) 休 水曜 🚃 京阪清水五条駅から徒歩約1分

`五条` ▶MAP 別 P.10 A-3

人気ランチの「むし養い」は3,850円で要予約

🌸 湯豆腐に欠かせないのが銅線などを亀甲に編む「ゆどうふ杓子」。京の職人技が湯豆腐をさらにおいしくする。

🍴 EAT

朝ごはん

京懐石

京弁当

湯豆腐

丼&麺

おばんざい

町家レストラン

スイーツ&カフェ

韓国&台湾カフェ

木屋町・先斗町

安い！早い！うまい！
絶品の京風丼&麺を食す

リーズナブルかつお手軽にいただけるのがうれしい、丼&麺。行列ができる老舗には
素材にも技法にもこだわりが盛りだくさん。そんな古都・京都の味を食べ尽くそう！

京都を代表する丼といえばコレ！

本家尾張屋 本店
ほんけおわりや ほんてん

創業550年を超える老舗。ダシを吸った薄い油揚げと九条ネギを卵でとじた衣笠丼はお好みで山椒をふりかけて。

🏠 京都市中京区車屋町通二条下ル仁王門突抜町 322 ☎ 075-231-3446 🕐 11:00～15:00（LO14:30）🈺 1月1・2日 🚇地下鉄烏丸御池駅から徒歩約2分

`京都御苑` ▶ MAP 別 P.15 D-3

京都人に愛されるソウルフード

衣笠丼
1,045円

揚げと卵の絶妙のバランス

WHAT IS 衣笠丼
卵でとじた油揚げを、雪をかぶった衣笠山に見立てた丼のこと。

丼
DON

揚げたてのエビが甘い

天然エビと卵の優しいハーモニー

天とじ丼
1,550円

行列に納得！大満足のボリューム天丼

ミックス天丼
1,850円

昼のみの特大天丼

京風ダシの伝統を受け継ぐ

京うどん生蕎麦 おかきた
きょううどんきそば おかきた

2尾の大きな天然海老と、とろみのついたフワフワの卵が絡み合う。4種の削り節を使用したこだわりのダシが自慢。

🏠 京都市左京区岡崎南御所町 34 ☎ 075-771-4831 🕐 11:00～18:00 🈺 火・水曜 🚇 地下鉄東山駅から徒歩約10分

`平安神宮` ▶ MAP 別 P.17 D-1

王道の天ぷらを味わうならココ！

天周
てんしゅう

アナゴが2本に大海老が1本と、丼からはみ出るほどのミックス天丼が名物。（夜は6,500円のコースのみ）

🏠 京都市東山区四条縄手東入ル北側 ☎ 075-541-5277 🕐 11:00～14:00、17:30～21:00（LO20:30）🈺 水曜 🚉 京阪祇園四条駅から徒歩約2分

`祇園` ▶ MAP 別 P.10 C-1

心も体もほっこり温まる

権太呂 四条本店
ごんたろ しじょうほんてん

自慢のダシ「黄金の一汁」や卵、国産小麦使用の自家製麺など、素材にもこだわった一杯。添えられた生姜も抜群のアクセントに。

🏠 京都市中京区麩屋町通四条上ル桝屋町521 ☎ 075-221-5810 🕐 11:00〜21:00 🈺 水曜（祝日の場合は営業） 🚇 阪急京都河原町駅から徒歩約5分

`河原町` ▶MAP 別P.12 C-3

祇園で愛されるうどん・そばのお店

おかる

シイタケ・カマボコ・ほうれん草・玉子焼きとやわらかいうどんがアツアツのあんと絡んでボリュームも満点。

🏠 京都市東山区八坂新地富永町132 ☎ 075-541-1001 🕐 11:00 〜 15:00、17:00〜翌2:30（金・土曜は〜翌3:00）※日曜はランチのみ 🈺 無休 🚇 京阪祇園四条駅から徒歩約3分

`祇園` ▶MAP 別P.10 C-1

けいらん
1,100円

女性客の人気No.1

フワとろ感がたまらない

WHAT IS けいらん

あんの中にゆば状の卵が花びらのように広がる。

のっぺい
1,080円

とろ〜りあんかけに舌鼓

WHAT IS のっぺい

京都の「しっぽくうどん」のダシをあん仕立てにしたもの。

おろし生姜たっぷり

麺
MEN

やわらかにしんがおそばとマッチ！

WHAT IS にしんそば

やわらかく炊いた鰊棒煮の上にそばをのせた京名物。

にしんそばを生み出した老舗名店

総本家にしんそば 松葉 本店
そうほんけにしんそば まつば ほんてん

南座のすぐ近くに位置し、創業150年を超える名物店。にしんの旨みがそばのダシに溶け込んで絶妙の味わいに。

🏠 京都市東山区四条大橋東詰 ☎ 075-561-1451 🕐 11:00〜21:30（変動あり） 🈺 水・木曜（変動あり） 🚇 京阪祇園四条駅から徒歩約1分

`祇園` ▶MAP 別P.10 B-1

にしんそば
1,650円

京都名物にしんそば発祥の店

EAT

朝ごはん

京懐石

京弁当

湯豆腐

丼&麺

おばんざい

町家レストラン

スイーツ&カフェ

韓国&台湾カフェ

木屋町・先斗町

おばんざいで笑顔になる

しめ鯖
660円

鯖街道が生んだ京の一品

自家製二杯酢ですっきりとした味わい

れんこんつくね
660円

塩山椒をつけて、アツアツをどうぞ

れんこんのシャキシャキとした食感がよい

九条ネギのぬた　660円

ネギの食感と甘みがおいしい

京野菜の九条ネギを辛子酢味噌であえたもの

肉じゃが
700円

京風ダシが染み込んだ母の味

京都では牛肉で。こんにゃくやにんじんも

三ツ葉かずの子おじゃこの胡麻マヨネーズ和え　650円

ゴマの風味がよく効いた

おじゃこはおばんざいの名脇役。出番多し

かぼちゃと生麩の味噌マヨ和え　650円

カボチャの甘みを味噌とマヨが引き立て

かぼちゃと生麩は京女の二大好物なり!?

にしんと茄子の炊いたん　600円

ご飯が進む濃いめの味

身欠きにしんと茄子は相性抜群の組み合わせ

アジの南蛮づけ
600円

口あたりのよい漬け酢でいただく

骨までやわらかくなったアジはまるごとどうぞ

青菜の胡麻和え
450円

日常の野菜不足はゴマあえで補うべし

旬の青菜をゴマと醤油であえたシンプルな味

さばずし　300円
おいなりさん　250円

京都のお寿司といえばこの2つ

季節で変わるおいなりさんと京ずしの王様さばずし

地鶏と生麩のべっこう煮　880円

ダシを吸い込んだ生麩が美味!

ダシが効いた鶏肉と4種の生麩が味わえる

しのだ巻
780円

揚げの温かい味わい

お揚げさんに旬の野菜と豚肉をくるり

京都の普段のおかず、"おばんざい"。女将さん手作りのおばんざいは、ご飯やお酒との相性抜群。一度食べるとまた通いたくなる、とっておきのお店をご紹介。

EAT
朝ごはん
京懐石
京弁当
湯豆腐
丼＆麺
おばんざい
町家レストラン
スイーツ＆カフェ
韓国＆台湾カフェ
木屋町・先斗町

WHAT IS おばんざい

京都の家庭で食べられてきた普段のおかずのこと。派手さはないが、旬の野菜など身近な食材を使い薄口しょうゆや白味噌で味付けされたものが多い。

京野菜や旬の食材を使ったおばんざいを中心にご用意しています

※2022年5月現在、おばんざいはアクリルケース内

高橋 佳奈子さん

癒しのほっこり空間

京のおばんざい わらじ亭

きょうのおばんざい わらじてい

カウンターの上には旬の京野菜から定番の味まで、大鉢に入ったおばんざいがずらり。懐かしい味に出会える。

⌂ 京都市中京区壬生東大竹町14
☎ 075-801-9685 🕐 17:00～22:00（LO22:30） 🈺 日曜・祝日 🚃 嵐電西大路三条駅／市バス西大路三条から徒歩約3分

西院 ▶MAP 別 P.6 B-1

家に帰ってきたみたいな、温かいごはんを作って待ってます

石川 智早代さん

ほっこり落ち着く町家で一杯

お数家いしかわ

おかずやいしかわ

路地奥のおばんざい店は心和む落ち着いた空間。和洋中の幅広いメニューは、ご飯にもお酒にもぴったり。

⌂ 京都市下京区高倉通四条下ル高材木町221-2 ☎ 075-344-3440
🕐 17:00～22:00（LO21:00）
🈺 不定休 🚃 地下鉄四条駅／阪急烏丸駅から徒歩5分

烏丸 ▶MAP 別 P.12 B-3

定番と日替わりのおかずは約80種類。カウンターに10種類ほど並べてます

杉本 悠子さん

活気あふれる憩いの酒場

太郎屋

たろうや

常連さんや観光客でいつもにぎわうおばんざい屋さん。メニューはどれもリーズナブル、気付けばお腹いっぱいに。

⌂ 京都市中京区新町通四条上ル観音堂町473 ☎ 075-213-3987 🕐 17:00～22:00 🈺 不定休 🚃 地下鉄四条駅／阪急烏丸駅から徒歩約5分

烏丸 ▶MAP 別 P.7 D-1

おいしいお酒もいろいろそろうてますえ

中村 季以さん

常連になる日も遠くない!?

あおい

カウンター6席とテーブル席1つのこぢんまりとしたお店は、女将さんとの会話も弾む距離感。気が付けば常連に。

⌂ 京都市中京区材木町181-2 ニュー京都ビル1F奥 ☎ 075-252-5649
🕐 17:00～23:00（LO22:00） 🈺 月曜、日曜・祝日不定休 🚃 地下鉄三条京阪駅／京阪三条駅から徒歩約5分

河原町 ▶MAP 別 P.13 E-2

京都の家庭でお祭りの時に食べられたさばずし。遠く若狭より山を越え運ばれた。その道を鯖街道と呼ぶ。

EAT
08

京情緒に浸りながら…
町家レストランで舌鼓

京都の景観に風格を与える、由緒ある京町家。居心地よくリノベーションされた
上質な空間で歴史に思いを馳せながら、通もすすめる絶品グルメをぜひ。

アオリイカのカルボナーラ仕立て
イカをパスタに見立てた人気メニュー

スジアラのロティ
南国の魚にじわっと絶妙の火入れ

ライブ感たっぷりに感激の瞬間を待つ

目の前で仕上げてくれる料理にクギづけ

外からは中が見えないという配慮も

町家 ✕
フレンチ

一流の味わいを求め美食家が集う
山地陽介
やまじようすけ

フランスで腕を磨いた山地氏によるガストロノミーレストラン。木のニュアンスを生かした空間で機知に富む料理を。

🏠 京都市東山区祇園南側570-151　☎ 075-561-8001
🕐 昼は12:00、夜は18:00と19:00の予約受付　📅 月曜、不定休あり　🚉 京阪祇園四条駅から徒歩約5分　要予約

祇園　▶MAP 別 P.10 C-1

MENU
ランチコース　7,500円〜
ディナーコース　1万円〜
※共にサ別 ランチ5%、ディナー10%

町家 ✕
ブルワリー

クラフトビールを気軽に
SPRING VALLEY BREWERY KYOTO
スプリング バレー ブルワリー キョウト

町家をリノベーションした店舗の横にクラフトビールの醸造所を併設。和クラフト料理とビールを堪能あれ。

🏠 京都市中京区富小路通錦小路上ル高宮町578-2　☎ 075-231-4960　🕐 11:30〜LO22:00（土曜は11:00〜LO23:00、日曜は〜LO21:00）　📅 第2月曜（祝日の場合は翌日）　🚉 阪急京都河原町駅から徒歩約7分

烏丸　▶MAP 別 P.12 C-3

フラッグシップビール「スプリング バレー 豊潤〈496〉」に合う3種のおつまみがセットに

もろみ味噌とアンチョビがマッチ。季節の京野菜と共に

梁など、町家の意匠をそのままに残した店内

MENU
豊潤〈496〉至福のペアリングセット　1,280円
旬の京野菜のもろみバーニャカウダ　900円

大型町家をリノベーションした建物

SPRING VALLEY BREWERY

町家で味わう手作りビール

上海小籠包
旨みが詰まったアツ
ツスープがぎっしり♪

本場以上を追求する
点心師の技がここに

町家 × 中華

本格派にして庶民派の人気店

魏飯夷堂 三条店
ぎはんえびすどう さんじょうてん

三条商店街の中に佇む町家は
元・味噌店。上海出身の点心師
による本場の味わいを。

🏠 京都市中京区三条岩上西入ル
橋西町661　☎ 075-841-8071
⏰ 11:30〜15:00(LO14:00、土・
日曜、祝日はLO14:30)、17:30
〜22:00(LO21:30)　🈺 火曜、
不定休あり　🚃 阪急四条大宮
駅から徒歩約10分
[ランチタイム予約不可]

[二条城] ▶ MAP 別P.14 B-3

MENU

上海小籠包	990円
台湾牛肉麺	990円
エビのチリソース	990円
焼き小籠包	528円

(上)かつての味噌店の看板がそのまま残る
(中)赤と黒のコントラストは雰囲気たっぷり
(下)左上から時計回りに、エビのチリソース、台湾牛肉麺、焼き小籠包

気軽に楽しむ

行列のできる大人気町家カフェで京風情を満喫♪

町になじんで佇む町家カフェは、元・民家の気取りのない風情が魅力。
並んだ先には、ホッとするようなぬくもりと、思わず笑顔になる人気グルメがお待ちかね。

思わず見とれるアートのようなお寿司

繊細な盛り付けは味もバツグン

MENU

手織り寿し	3,267円

麗しいモンブラン

和栗専門 紗織ーさをりー
わぐりせんもん さをりーさをりー

最高級丹波栗を使うモンブラ
ンが注目を集める。1mmの細さ
で絞り出されるモンブランクリ
ームの濃厚さに悶絶必至。

🏠 京都市下京区木屋町通高辻
上ル和泉屋町170-1
☎ 075-365-5559
⏰ 10:00〜18:00(LO17:30)
🈺 不定休　🚃 阪急京都河原町
駅から徒歩約5分

[河原町] ▶ MAP 別P.10 A-2

朝9時〜整理券を配布。午
前中でなくなることもあるの
でお早めに

好みでネタと薬味を組み合わせて

AWOMB 烏丸本店
アウーム からすまほんてん

季節のおばんざいやお刺身な
ど40種類ほどの寿司ネタと寿
司飯を、海苔にのせてパクッ。
ワサビ以外の薬味も種類豊富。

🏠 京都市中京区姥柳町189
☎ 050-3134-3003　🈺 12:00
〜14:00、17:00〜19:00　🈺
不定休　🚃 地下鉄四条駅/阪
急烏丸駅から徒歩約7分

[烏丸] ▶ MAP 別P.7 D-1

シンプルで落ち着いた空間。
窓からは美しい庭も見える

絞りたての贅沢モンブラン

MENU

錦糸モンブラン「紗」	2,860円

希少な最高級丹波栗を
使用し、上品な甘みが
特徴

🌼「AWOMB」のお昼は予約必須。早めの予約を。

EAT

朝ごはん

京懐石

京弁当

湯豆腐

丼&麺

おばんざい

町家レストラン

スイーツ&カフェ

韓国&台湾カフェ

木屋町・先斗町

ほろ苦い甘味にメロメロ！
人気の抹茶スイーツを制覇

京都に来たなら抹茶スイーツははずせない！抹茶をふんだんに使った濃厚アイスクリームやケーキ、お団子…etc.、本場ならではの贅沢な味を求めて、行列覚悟で出かけよう。

抹茶アイス
トップには濃厚抹茶アイスがこんもりと。

抹茶ホイップクリーム
香り豊かなホイップクリームが絶品。

抹茶カステラ
しっとりとした食感のカステラ。

フワフワムース
2種類の高級抹茶をブレンドした濃茶のクリーム。

抹茶ゼリー
もっちりした食感がおいしい。

抹茶ババロア
ブルンブルンのババロアがたっぷり♥

白玉
みんな大好きモチモチの白玉。

栗
ババロアの奥には栗が隠れている。

制覇すべき最高峰パフェ

並んで食べるべき鉄板メニュー

新食感の濃厚フワフワかき氷

高級度 No.1
ⓘ 抹茶ババロアパフェ
1,500円

定番 No.1
ⓡ 特選都路里パフェ
1,441円

歴史 No.1
ⓗ 抹茶エスプーマの雪水
1,100円

ⓘ 風情バツグンのお座敷カフェ
ぎをん 小森
ぎをん こもり

元お茶屋さんの店内は、春は桜、秋は紅葉の眺めが楽しめる。しっとりとした風情と共にスイーツを堪能したい。

🏠 京都市東山区祇園新橋元吉町61
☎ 075-561-0504　🕙 11:00 〜 19:30
🈺 水曜　🚉 京阪祇園四条駅から徒歩約5分

祇園　▶MAP 別 P.10 C-1

ⓡ 並んででも食べたい憧れパフェ
茶寮都路里 祇園本店
さりょうつじり ぎおんほんてん

京都を代表する茶舗。芳醇な抹茶の味わいが楽しめるパフェはもちろん、風味豊かな茶そばやかき氷（夏季限定）も。

🏠 京都市東山区祇園町南側573-3 祇園辻利本店2・3F　☎ 075-561-2257
🕙 10:00〜LO20:00（土・日曜・祝日は〜LO19:30）※変動あり　🈺 無休　🚉 京阪祇園四条駅から徒歩約5分

祇園　▶MAP 別 P.10 C-1

ⓗ 茶問屋直営カフェの茶スイーツ
清水一芳園 京都本店
しみずいっぽうえん きょうとほんてん

創業75年の茶問屋で通年提供しているかき氷は、エスプーマ仕立て。夏は行列ができる人気メニュー。

🏠 京都市東山区本瓦町665　☎ 075-202-7964　🕙 11:00〜17:00（LO16:00）　🈺 月・火曜（祝日の場合は営業）　🚉 京阪七条駅から徒歩約9分

京都駅　▶MAP 別 P.9 E-2

白玉
モチモチ食感の白玉。

生茶ゼリイ（抹茶）
とろける食感の濃厚ゼリー。

産地の矜持が詰まった逸品

名店度 No.1

に 生茶ゼリイ（抹茶）
990円

WHAT IS 宇治茶

茶葉栽培は、鎌倉時代に高山寺（→P.128）の僧・明恵上人が気候条件に恵まれた宇治に茶葉を持ち込んだことに始まる。江戸時代には将軍に、茶を献上するお茶壺道中が練り歩いた。現在では日本を代表する茶の名産地。

きんとん＆金箔
紅葉に彩られた山をイメージ。

抹茶風味のモンブラン
中にはバニラアイスが。

レア度 No.1

季節の抹茶パフェ（彩秋）
1,230円

きらめく京の四季パフェグラスに

抹茶
「琵琶の白」という香り高い抹茶を使用。

餡
粒選りの小豆を使った餡がたっぷり。

名店の茶の味わいを楽しめるひと品

癒し度 No.1

ほ 抹茶白玉ぜんざい
660円

に 宇治を代表する老舗茶商
中村藤吉本店
なかむらとうきちほんてん

安政元年創業の宇治茶の老舗。元製茶工場を改修したカフェで、老舗の風情を感じながらお茶をいただける。

🏠 宇治市宇治壱番10 ☎0774-22-7800 🕐 10:00～16:30（販売は10:00～17:00）※季節により変動あり 🚫 1月1日 🚉 JR宇治駅から徒歩約1分
`宇治` ▶MAP 別P.24 A-2

ほ 旧家の蔵で楽しむ日本茶カフェ
Salon de KANBAYASHI
サロン ド カンバヤシ

大正時代の蔵をリノベーションした空間で、茶の老舗・上林春松本店のお茶と日本茶に合うオリジナルスイーツを提供。

🏠 京都市下河原通高台寺塔之前上ル金園町400-1 アカガネリゾート京都東山1925内 ☎075-551-3633 🕐 11:30～17:00 🚫 不定休 🚉 市バス清水道から徒歩約5分
`清水寺` ▶MAP 別P.11 D-2

へ 八坂神社の楼門を望むカフェ
金の百合亭
きんのゆりてい

和菓子の素材と技法で季節を表現した月替わりの抹茶パフェが話題。ぜんざいやあんみつなど和の甘味も楽しめる。

🏠 京都市東山区祇園町北側292-2 2F ☎075-531-5922 🕐 11:00～18:00（LO17:30）、18:30～21:00（LO20:30）🚫 水・木曜 🚉 市バス祇園から徒歩約1分
`祇園` ▶MAP 別P.11 D-1

🌸 中村藤吉本店のスイーツは、ジェイアール京都伊勢丹店（→P.73）などでも購入できる。

EAT
朝ごはん
京懐石
京弁当
湯豆腐
丼＆麺
おばんざい
町家レストラン
スイーツ＆カフェ
韓国＆台湾カフェ
木屋町・先斗町

EAT 10

さすが京都！な味と雰囲気

ハイレベルな和スイーツに感動

和菓子発祥の地・京都には、長い歴史・文化の中で洗練されたお菓子がたくさん。
まさに和スイーツのパラダイス！現地でしかいただけないスイーツを食べ尽くそう。

もっちりとろーりの食感を楽しんで

わらび餅 一三〇〇円

本わらび粉を用いたわらび餅。お好みで黒蜜をかけて召し上がれ

町家でいただく老舗の甘味

大極殿本舗六角店 甘味処 栖園

だいごくでんほんぽろっかくみせ あまみどころ せいえん

明治18年創業の和菓子店。六角店でいただける「琥珀流し」は月替わりの寒天寄せ。季節の味わいを楽しんで。

風格のある門構えをくぐると、喧噪を忘れさせる空間が広がる

🏠 京都市中京区六角通高倉東入ル南側堀之上町120 ☎ 075-221-3311 [営] 10:00～17:00（販売は9:30～18:30） [休] 水曜 [交] 阪急烏丸駅／地下鉄四条駅から徒歩約5分

[烏丸] ▶MAP 別P.12 B-2

月替わりで味わえるとろける寒天

琥珀流し 七五〇円

甘酒と橘のゼリーの琥珀流しは3月限定。豊かな風味が絶品

日本庭園を眺めながらほっこり

茶寮宝泉

さりょうほうせん

老舗和菓子店「宝泉堂」の甘味処。静かな住宅街にあり、広い日本庭園を眺めながら季節のお菓子やお茶をいただける。

🏠 京都市左京区下鴨西高木町25 ☎ 075-712-1270 [営] 10:00～16:30（未就学児同伴の場合、店舗内専用席のみ利用可） [休] 水・木曜 [交] 市バス下鴨東本町から徒歩約3分

[下鴨神社] ▶MAP 別P.25 E-2

築100年ほどの数寄屋建築にかかる大きな暖簾が目印。店内からは庭の眺めが美しい

濃い抹茶パフェ

二六〇一円

名料亭の技が生きる
話題のサロン

オリジナルのカステラ
と濃厚な抹茶アイスが
相性抜群の抹茶パフェ

庭園ビューと共に本格甘味を

無碍山房 Salon de Muge

むげさんぼう サロンドムゲ

老舗料亭「菊乃井」によるサロ
ン。名物の時雨弁当や和食の料
理人による和甘味が楽しめる。

🏠 京都市東山区下河原町通高
台寺北門前鷲尾町524　☎075
-561-0015（予約専用）、075-
744-6260（お問い合わせ）　🕐
時雨弁当は11:30〜13:00最終
入店、喫茶・和甘味は11:30〜
LO17:00　🈺 第1・3火曜（月
により変動あり）　🚌 市バス
東山安井から徒歩約10分

清水寺 ▶ MAP 別P.11 E-2

四季の趣が美しい庭園を望むカ
ウンター席が人気

茶問屋ならではの
濃厚抹茶スイーツ

抹茶のデグリネゾン（飲み物付）

二八〇〇円

抹茶アイスやチーズケ
ーキなど5種を盛り合
わせたデグリネゾン

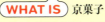

WHAT IS 京菓子

江戸のお菓子と区別して、「京」を冠して呼ばれ
るようになったとされる。季節の風物を形で表
し、茶道などと関わりながら発展してきた。

上質空間でいただく老舗の新しい味

ZEN CAFE

ゼン カフェ

くずきりで有名な「鍵善良房」
の隠れ家風カフェ。季節の生
菓子をぬくもりのある上質でモ
ダンな空間でいただける。

🏠 京都市東山区祇園町南側
570-210　☎ 075-533-8686
🕐 11:00 〜 18:00（LO17:30）
🈺 月曜（祝日の場合は翌日）
🚃 京阪祇園四条駅から徒歩約
3分

祇園 ▶ MAP 別P.10 C-1

季節を美しい色彩で表現
する和菓子の世界観を凝
縮した店内

吉野葛で作る
本物の味わい

特製くずもち

八〇〇円

最初は何もかけず、その
後、黒蜜ときな粉をお好
みでかけてみて

お茶の魅力を伝える優雅な茶房

祇園 北川半兵衞

ぎおん きたがわはんべえ

文久元年創業の茶問屋「北川
半兵衛商店」の茶房。お茶の飲
み比べのほか、上質な抹茶を
使った和スイーツがズラリ。

🏠 京都市東山区祇園町南側57
0-188　☎ 075-205-0880（11
時のみ予約可）　🕐 11:00〜
18:00　🈺 不定休　🚌 市バス
祇園から徒歩約3分

祇園 ▶ MAP 別P.10 C-1

町家をリノベーションした落ち
着きのある和の空間

🌸 京都には小さな坪庭や日本庭園を備えたカフェも多い。季節の移ろいを愛でながらティータイムを楽しめる。

EAT
朝ごはん
京懐石
京弁当
湯豆腐
丼＆麺
おばんざい
町家レストラン
スイーツ＆カフェ
韓国＆台湾カフェ
木屋町・先斗町

古き良き時代にタイムスリップ！

レトロカフェでまったり

11

文化人たちが通ったサロン的な老舗、地元の人に親しまれる名物喫茶など京都には個性豊かなカフェが点在。今も昔も変わらない地元に愛され続ける一杯の奥深さを感じて。

ふくよかな香りとコクを楽しんで

Since 1950

名喫茶の歴史を物語る香りとコク

六曜社珈琲店 地下店
ろくようしゃこーひーてん ちかてん

マスターが淹れるハンドドリップのコーヒーを求めて常連が通い詰める珈琲店。レトロな空間で至福の一杯を。

🏠 京都市中京区河原町三条下ル大黒町36 B1F ☎ 075-241-3026
🕐 12:00〜18:00(バーは18:00〜22:30)
休 水曜 地下鉄京都市役所前駅／京阪三条駅から徒歩約5分

河原町 ▶MAP 別 P.13 E-2

クラシカルな空間に酔いしれる

Since 1934

定番メニュー

レアチーズケーキ 700円
クリーム入りコーヒー 700円

クリームたっぷりの定番コーヒーとレアチーズケーキのコンビは鉄板

バロック様式の装飾が美しい純喫茶

フランソア喫茶室
フランソアきっさしつ

芸術家や文人に親しまれてきた老舗喫茶。クラシック音楽が流れるモダンな店内では贅沢な気分が味わえる。

🏠 京都市下京区西木屋町四条下ル船頭町184 ☎ 075-351-4042 🕐 10:00〜22:00(LO 21:30) 休 無休 阪急京都河原町駅から徒歩約1分

河原町 ▶MAP 別 P.13 E-3

大きな窓から差し込む光が心地よい空間

Since 1940

定番メニュー

ビフカツサンド 2,000円
アラビアの真珠
(ホットコーヒー) 650円

サンドイッチはボリューム満点のメニュー

京都のコーヒー文化を担う老舗

イノダコーヒ本店
イノダコーヒほんてん

朝の顔として地元で愛される名店。創業から定番のアラビアの真珠は香りとコクと酸味がそろった深煎りブレンド。

🏠 京都市中京区堺町通三条下ル道祐町140 ☎ 075-221-0507 🕐 7:00〜18:00(LO17:30) 休 無休 地下鉄烏丸御池駅から徒歩約5分

烏丸 ▶MAP 別 P.12 B-2

昔ながらの店構えで親しみやすい珈琲店

香ばしい香りにリラックス

レトロな雰囲気が漂う店内にはカウンター席とソファ席が

定番メニュー

ドーナツ 180円
ブレンドコーヒー 500円
4種類の豆を使ったブレンドと好相性のドーナツは奥さまの手作り

コーヒー愛好家の厚い支持を受ける名店

Since 1932

定番メニュー
ホットケーキ 750円
コーヒー 600円
創業当時から愛されるホットケーキはシンプルで優しい味

創業から続く自家焙煎珈琲

スマート珈琲店
スマートこーひーてん

店主も常連客も家族三代にわたり受け継がれる老舗。自家焙煎した豆を2日以上寝かせて淹れるコーヒーは絶妙。

🏠 京都市中京区寺町通三条上ル天性寺前町537 ☎075-231-6547 [営] 8:00〜19:00（2Fのランチは11:00〜14:30） [休] 無休（ランチは火曜休） [交] 地下鉄京都市役所前駅から徒歩約2分
[河原町] ▶MAP 別P.13 D-1

クラシックの音色とコーヒーの素敵な旋律

Since 1954

定番メニュー
コーヒー 700円
ミュージックチャージ料 600円
1階のベーカリー柳月堂のパンも持ち込み可能

名曲に身を委ね、至福のひと時を

名曲喫茶 柳月堂
めいきょくきっさ りゅうげつどう

リスニングルームに音響装置を備え、コーヒーの香ばしい香りとクラシック音楽の美しい音色に身も心も癒される。音楽が流れる空間を楽しんで。

🏠 京都市左京区田中下柳町5-1 柳月堂ビル2F ☎075-781-5162 [営] 10:00〜21:00 [休] 無休 [交] 京阪出町柳駅から徒歩約2分
[下鴨神社] ▶MAP 別P.25 E-3

柳月堂は一度閉店したものの、常連客の熱い要望によって2年後に再開。文字どおり、なくてはならないお店だ。

リノベカフェにデセールも！

注目の進化系カフェを訪ねる

町家をリノベーションしたカフェや斬新なスイーツ店など、こだわり
カフェが続々オープン。ここでしか味わえないコーヒーやスイーツで至福のひと時を。

進化度
★★
オシャレ度
★★★

白を基調としたコーヒーショップ

walden woods kyoto
ウォールデン ウッズ キョウト

大正時代の洋館をリノベーションしたカフェ。ケニアや
エチオピアなどの世界各国のコーヒーを提供している。

🏠 京都市下京区花屋町富小路西入ル栄町 508-1
☎ 075-344-9009　🕐 8:00～19:00
㊡ 不定休　🚇 地下鉄五条駅から徒歩約8分

五条　▶ MAP 別 P.9 D-1

白を基調とした
店内。インテリア
も素敵

ラテ
500円

フルーティーな風
味。コーヒーが苦
手でも飲みやすい

古都

幻想的な空間で
カフェタイムを

店内は白とグレーのカモフラージュカラーで統一

進化度
★★
コラボ度
★★★

**NY発のコーヒー×
老舗和菓子店のスイーツ**

元・西陣織の倉庫を改装した店
内は天井が高く開放的

ニューヨークと京都を結ぶ新感覚カフェ

knot café
ノット カフェ

ニューヨークから仕入れた厳選豆の
コーヒーと、京都の老舗和菓子店との
コラボスイーツやサンドがいただける。

🏠 京都市上京区今小路通七本松西入
東今小路町 758-1
☎ 075-496-5123　🕐 10:00～18:00
㊡ 火曜（25日の場合は営業）　🚌 市バス
上七軒から徒歩約3分

北野天満宮　▶ MAP 別 P.21 E-3

WHAT IS リノベカフェ

創業100年を超える老舗店や、元町家
や工場であった建物をリノベーション
されたカフェが注目を集めている。歴
史と革新が融合した奥深さを感じて。

老舗プロデュースカフェの新感覚空間

新旧が調和した和菓子

tubara cafe
ツバラ カフェ

老舗和菓子店の「鶴屋吉信」がプロデュースする。白を基調とした北欧風デザインの店内で、創作スイーツがいただける。

🏠 京都市上京区西船橋町340-5
☎ 075-411-0118
🕐 11:30〜17:30(LO17:00)
❌ 火・水曜
🚃 市バス堀川今出川から徒歩約1分
西陣 ▶ MAP 別 P.14 B-1

季節替わりのパフェが目の前で作られ、ライブ感満点

進化度 ★★
調和度 ★★★

生つばらと ドリンクのセット
1,155円〜

白餡にマスカルポーネチーズを合わせた新感覚の味

革新

CHÉRIE MAISON DU BISCUIT流 パフェの作り方

③ アイスクリームや飴なども飾り付けて完成!

② 目の前で旬のフルーツを盛り付ける

① オープンキッチンのカウンターで作る

目の前で作られる
キュートなフルーツパフェ

季節のデセールパフェ
3,240円※デセールコースでの提供

夏季限定の商品で、桃がまるごと1個入る(写真は9月)

進化度 ★★
贅沢度 ★★★

コースでいただく旬のフルーツ

CHÉRIE MAISON DU BISCUIT
シェリー メゾン ド ビスキュイ

洋菓子研究家・小林かなえさんのデザートサロン。デセールパフェのコースやテイクアウトの缶入りレーズンサンドなどが人気。

🏠 京都市中京区高倉通夷川上ル福屋町733-2　☎ 075-744-1299
🕐 12:30〜16:00　❌ 日〜水曜
🚃 地下鉄丸太町駅から徒歩約5分
御所南 ▶ MAP 別 P.15 D-3

カフェラテ
715円

オリジナルカップに入ったキュートなラテ

京都老舗の長五郎餅本舗との絶品コラボ

パッケージもかわいいラムレーズン&マロングラッセサンド
2,850円

名物のあんバターサンド、出し巻きサンド各363円

チョコレート大福
385円

🌸 おしゃれな内装やインテリア、食器にも注目してみて。

EAT

朝ごはん

京懐石

京弁当

湯豆腐

丼&麺

おばんざい

町家レストラン

スイーツ&カフェ

韓国&台湾カフェ

木屋町・先斗町

EAT
10

空前絶後のASIANブーム

旅する気分で韓国&台湾カフェへ

最近話題を集める韓国&台湾カフェが京都にも。現地さながらの空間で、本格的な料理が気軽に楽しめるお店が続々。京都にいながら、リゾート気分を味わってみて。

鴨川を望みながらいただくフォトジェニックな韓国スイーツ

✈ **ここが旅気分**
リバービューのテラス席からは絶景が広がる。爽やかな風や鴨川のせせらぎが非日常感を演出。

KOREA

2022年7月から、期間限定で「テラスで夜のBBQ」も開催予定

水辺のテラスで韓国風かき氷を
アンニョンテラス

鴨川沿いのロケーションが魅力のカフェ。糸ピンスと呼ばれるかき氷など韓国で人気のスイーツが充実。

🏠 京都市東山区弁財天町26 3F
☎ 075-525-8202　🕐 11:00〜16:00(LO15:30)
🈺 月曜(祝日、祝日の場合は営業)　🚃 阪急京都河原町駅から徒歩約5分
`祇園` ▶ MAP 別P.10 B-1

糸ピンス〈ストロベリー〉
1,350円
練乳をかけると、さらにおいしさ倍増

美酢(ミチョ)ザクロ
500円
コラーゲンなど美肌成分たっぷりのお酢ドリンク

韓国風のインテリアが配された店内

✈ **ここが旅気分**
京都の食材を使った宮廷料理が味わえる。京都と韓国、2つの味が楽しめる欲張りレストラン。

祇園「九節板」ランチ
1,980円
八角形の器に盛られた9種の韓国料理が少しずつ味わえる

韓国を食べ尽くそう!
祇園 かんかんでり 麗
ぎおん かんかんでり れい

祇園に建つ韓国料理の一棟ビルでは、京都食材の韓国料理が人気。1階のカウンター席では目の前で調理が見られる。

🏠 京都市東山区橋本町391
☎ 075-744-1063　🕐 11:30〜15:00、17:00〜24:00(日曜、祝日は17:00〜22:00)
※3階韓辛DELIはディナーのみ営業　🈺無休　🚃 京阪祇園四条駅から徒歩約5分　`祇園` ▶ MAP 別P.10 C-1

2階には2〜8名の個室も完備

✈ **ここが旅気分**
韓国カフェといえば、おしゃれな空間とフォトジェニックなメニュー。思い描いたとおりの韓国に出合える。

トゥンカロン
1個380円〜
サクふわっの不思議な食感。現在は、10〜13種類を用意

韓国発祥のスイーツに夢中
韓国マカロン専門店 noncaron
かんこくマカロンせんもんてん ノンカロン

トゥンカロン(韓国マカロン)をはじめ韓国スイーツが楽しめる。着色料不使用のトゥンカロンは素朴な風味。

🏠 京都市東山区松原通272-5 コミュニテイ祇園ビル 4F
🈺 非公開　🕐 11:00〜18:00　🈺 不定休　🚃 市バス祇園から徒歩約1分　`祇園` ▶ MAP 別P.11 D-1

屋上には、白で統一されたおしゃれなテラス席が

EAT

朝ごはん

京懐石

京弁当

湯豆腐

丼＆麺

おばんざい

町家レストラン

スイーツ＆カフェ

韓国＆台湾カフェ

木屋町・先斗町

美食の宝庫・台湾の
ローカルグルメとスイーツを

✈ ここが旅気分
甘いシロップをかけて食べる豆花（トウファ）をはじめ、台湾好きも納得する本場の味が自慢。

TAIWAN

台湾の下町に迷い込んだかのような外観

京町屋×台湾スイーツでほっこりと
微風台南
びふうたいなん

ルーローファンなどの台南料理やスイーツを提供する。料理は鰹だしなどを使ったあっさりとした味付け。

🏠 京都市上京区桝屋町359
☎ 075-211-9817　⏰ 12:00〜15:00（LO14:30）、18:00〜22:00（LO21:30）　🗓 月曜　🚌 市バス河原町丸太町から徒歩約1分
御所東　▶ MAP 別 P.15 E-2

豆花綜合　715円
ゆるく固めた豆乳にシロップがかかる。トッピング全種がのせられている

パパオウビン
600円
8種類の豆がたっぷり使われたかき氷

靴をぬいで上がるスタイルの町家を改装

アジア屋台料理
各種
約80種ものアジアンフードがオンパレード

✈ ここが旅気分
店主の奥さまは台湾出身。おばあちゃんの味を基本にしたスイーツを一口食べれば懐かしさがこみあげる。

✈ ここが旅気分
アジアの街角を再現した店内には異国情緒が漂う。一歩足を踏み入れると、熱烈歓迎してもらえる。

自家製台湾カステラ
プレーン
600円
すでにファンも多く、手に入れたいなら予約がベター

夜に訪れたいアジアの屋台
熱烈観光夜市
ねつれつかんこうよいち

焼き小籠包やルーローファン、シンガポールチキンなど、台湾のみならずアジア各国の屋台メニューが楽しめる。

🏠 京都市下京区綾材木町207-1
☎ 075-708-2358　⏰ 16:00〜23:30（土・日曜・祝日は15:00〜）　🗓 無休　🚃 阪急烏丸駅から徒歩約4分
烏丸　▶ MAP 別 P.12 B-3

ストールが並ぶ屋台はアジアのナイトマーケットそのもの

あばあちゃんの味を再現
The old taste.
ジ オールド テイスト

ふわふわの食感とやさしい甘さが持ち味の台湾カステラ。じっくり焼いて2時間冷やすなど手間のかかった一品。

🏠 京都市下京区堀之内町272-7
☎ 075-741-8115　⏰ 10:00〜17:00　🗓 月・火曜　🚇 地下鉄四条駅から徒歩約7分
烏丸　▶ MAP 別 P.7 D-1

白を貴重にしたスタイリッシュなインテリア

🌺 The old taste. は、台湾で朝ごはんとして食べられる鹹豆漿（シェントウジャン）などの食事メニューも提供。

古都のナイトタイムを楽しむなら

木屋町・先斗町で夜ふかし
（きやまち・ぽんとちょう）

桜や柳の並木が美しい若者でにぎわう木屋町、花街の面影を残す石畳の通りの先斗町。
どちらも京都の風情を感じる飲食店が立ち並び、思わずはしごしたくなる。

御池通
高瀬川
鴨川

WHAT IS 木屋町 （きやまち）

昔ながらの大衆居酒屋やおしゃれなバーなどが立ち並び、地元の学生や会社員でにぎわう京都随一の飲食店街。春には桜が咲き誇り、夜桜を見ようと多くの人が集う。

高瀬川沿いはのんびり歩くのもいい

~21:50 OPEN ★★

地下に佇む新感覚ラーメン屋

（ラーメン屋）

※店名なし

自家製麺に、スープは濃厚、重層、淡麗の3種から選べる。炭火焼きの野菜が絶妙なアクセントに。

🏠 京都市中京区恵美須町534-31
☎ 非公開 ⏰ 18:00〜21:50 ⛔ 入口のライトが点灯していれば営業中 🚃 地下鉄京都市役所前駅から徒歩約3分
河原町 ▶MAP 別 P.13 E-1

濃厚味玉ラーメン950円

スタイリッシュで洗練された空間

三条通

木屋町通

先斗町通

河原町通

先斗町のシンボル「千鳥」の提灯を見つけて

芳醇な香りに包まれる大人の空間

~25:00 OPEN

EFブレンド700円

強い苦味と豊かなコクをじっくり味わう

ELEPHANT FACTORY COFFEE
エレファント ファクトリー コーヒー

路地裏に佇むコーヒー専門店。北海道の美幌で特別焙煎された豆を使用する深煎りブレンドは個性が際立つ逸品。

🏠 京都市中京区蛸薬師通河原町東入ル備前島町309-4 HKビル2F ☎ 075-212-1808 ⏰ 13:00〜翌1:00 ⛔ 木曜 🚃 阪急京都河原町駅から徒歩約4分
河原町 ▶MAP 別 P.13 E-2

たくさんのお店が立ち並ぶ飲食街

四条通

EAT

朝ごはん
京懐石
京弁当
湯豆腐
丼&麺
おばんざい
町家レストラン
スイーツ&カフェ
韓国&台湾カフェ
木屋町・先斗町

WHAT IS 先斗町（ぽんとちょう）

三条通の一筋南の歌舞練場から四条通までの南北に続く小さな通りで、料亭や居酒屋などが軒を連ねる大人の町。お気に入りの隠れ家的一軒を見つけてみては？

キャバレーの楽屋をイメージ

喫茶 GABOR
きっさ ガボール

〜23:00 OPEN

喫茶マドラグの姉妹店でアンティーク調のインテリアが人気。伝説のコロナの玉子サンドイッチも味わえる。

🏠 京都市中京区三条木屋町通東入ル中島町103 フジタビルB1F ☎ 075-211-7533 ⏰ 15:00〜23:00（土・日曜、祝日は12:00〜）※変動あり 🈺 水曜 🚃 地下鉄三条京阪駅・京阪三条駅から徒歩約3分

`河原町` ▶MAP 別 P.13 E-1

洋食店コロナの味を受け継ぐ玉子サンド

サンドした特製ダシの玉子焼きのフワとろコクに脱帽。800円

ワインとスイーツの素敵なコンビ

Lilou
リル

〜26:00 OPEN

自然派ワインを中心とした隠れ家のようなワインバー＆ダイニング。パティシエの店主自慢のスイーツは必食。

🏠 京都市中京区松本町161 先斗町ウエノビル2F奥 ☎ 090-9219-1360 ⏰ 18:00〜翌2:00（LO翌1:00）🈺 月曜 🚃 京阪祇園四条駅から徒歩約3分

`河原町` ▶MAP 別 P.13 E-3

自然派ワインで楽しむ絶品スイーツ

季節のパフェ1,500円〜はフルーツがいっぱい

川床バーでカクテルを

BAR Atlantis
バーアトランティス

〜25:00 OPEN

500種以上のお酒を楽しめるショットバー。5月〜9月には川床が出るため、鴨川の涼風を感じながらカクテルを。

🏠 京都市中京区先斗町四条上ル松本町161 ☎ 075-241-1621 ⏰ 18:00〜翌1:00 🈺 無休 🚃 京阪祇園四条駅から徒歩約3分

`河原町` ▶MAP 別 P.13 E-2

星空の下、古都に酔いしれる

アトランティス、鴨川レモンなどカクテル900円〜（チャージ1,000円）

ファンが多いディープな焼き肉

ホルモン千葉
ホルモンちば

〜LO23:00 OPEN

赤身と白のホルモン、シメに麺のコースが人気。丸腸のぷりっとした食感と旨みは一度食べたらやみつきに。

🏠 京都市下京区船頭町234-1 ☎ 075-352-6162 ⏰ 17:00〜LO23:00 🈺 火曜（変動あり）🚃 阪急京都河原町駅から徒歩約2分

`河原町` ▶MAP 別 P.13 E-3

絶品ホルモンのフルコースに舌鼓

香ばしい香りが漂う店内はいつも満員状態。千葉のコース3,080円

🌸 4月上旬頃、高瀬川沿いのソメイヨシノの桜並木が一斉に咲き誇り、夜のライトアップは幻想的。

京みやげのド定番
差がつく八ッ橋をお買い上げ

京都の代表銘菓で不動の人気を誇る「八ッ橋」は、昔ながらのベーシックな味わいから、洋菓子のような変わりダネの生八ッ橋などバラエティ豊か。ニッキのほのかな香りと共に新感覚を味わって。

GET! New Style from 老舗

八ッ橋の老舗「聖護院八ッ橋総本店」から生まれた新ブランド。伝統の味を守りつつ、かわいらしい見た目も人気

カレ・ド・カネール
100円〜

自由に組み合わせて自分だけのコンフィに

季節の生菓子
1個 324円〜

季節によってデザインが変わる。何度も通う価値あり

キュートなルックスの生八ッ橋

nikiniki
ニキニキ

京都の四季をモチーフにした新感覚の生八ッ橋。カレ・ド・カネールは生地と餡、コンフィを自分好みに組み合わせてみて。

🏠 京都市下京区四条西木屋町北西角 ☎ 075-254-8284 🕐 11:00〜18:00 🈺 火〜木曜 🚃 阪急京都河原町駅から徒歩約1分
取り寄せ不可 日持ち 1日
河原町 ▶MAP 別 P.13 E-3

GET! 和×洋のコラボレーション

新しい味を追求して生み出された新食感八ッ橋

プチクレープ生八ッ橋
12個入り780円

程よい甘さのクリームは年齢を問わず喜ばれる

クレープの風味が広がる生八ッ橋

白心堂
はくしんどう

やわらかい生八ッ橋の生地にチョコやバナナのクリーム、イチゴのゼリーを包んだクレープ風味の新食感が口に広がる。

🏠 京都市下京区御幸町通仏光寺下ル橋町町432 ☎ 075-351-1310 🕐 9:00〜17:00 🈺 日曜・祝日 🚃 阪急京都河原町駅から徒歩約4分
取り寄せ可 日持ち 30日
河原町 ▶MAP 別 P.10 A-2

GET! 八ッ橋がクランチに?!

生八ッ橋の新しい可能性を感じるNEWな一品

八ッ橋クランチ
16個入り594円

カリカリ食感の八ッ橋とチョコレートがベストマッチ!

新新な生八ッ橋が続々

おたべ本館
おたべほんかん

京都銘菓のおたべのほか、ここでしか買えない商品もおみやげに人気。季節の洋生菓子なども取り扱う。

🏠 京都市南区西九条高畠町35-2 ☎ 075-681-8284 🕐 10:00〜17:00 🈺 木曜 🚃 近鉄十条駅から徒歩約10分
取り寄せ可 日持ち 30日
京都駅 ▶MAP 別 P.6 C-3

SHOPPING

八ッ橋
京菓子
洋菓子
スイーツBOX
ご飯のお供
京の調味料
老舗の逸品
雑貨・文具
コスメ
京都駅

WHAT IS 八ッ橋

琴(箏)の形を模した堅焼き煎餅で豊かなニッキの風味が特徴。米粉や砂糖、ニッキを混ぜた生地を蒸し、薄くのばして焼き上げている。

八ッ橋食べ比べ

聖護院八ッ橋 24枚入り
500円

| ニッキ | 弱 | | 強 |
| かたさ | やわらかい | | かたい |

八ッ橋発祥の地で営む老舗
聖護院八ッ橋総本店
しょうごいんやつはしそうほんてん

1689(元禄2)年、聖護院の地に創業。当時と変わらず独自の製法で八ッ橋を製造販売。ニッキが香る。

🏠 京都市左京区聖護院山王町6　☎075-752-1234　🕘9:00～17:00　休 無休　🚃京阪神宮丸太町駅から徒歩10分
取り寄せ可　日持ち 90日
平安神宮 ▶MAP 別P.18 A-3

八ッ橋ニッキ 30枚入り
540円

| ニッキ | 弱 | | 強 |
| かたさ | やわらかい | | かたい |

世界博覧会で受賞歴を誇る八ッ橋
本家西尾八ッ橋 本店
ほんけにしおやつはし ほんてん

元禄年間(1687年)の八ッ橋屋梅林茶店に始まり、1689年から八ッ橋を製造販売。店頭では八ッ橋の試食も可能。

🏠 京都市左京区聖護院町西町7　☎075-761-0131　🕘8:00～17:00(季節により変動)　休 無休　🚃京阪神宮丸太町駅から徒歩約10分
取り寄せ可　日持ち 60日
平安神宮 ▶MAP 別P.18 A-3

八ッ橋 24枚入り(8袋)
540円

| ニッキ | 弱 | | 強 |
| かたさ | やわらかい | | かたい |

後を引くおいしさがクセになる
おたべ本館
おたべほんかん

薄く焼き上げた八ッ橋は、パリッとした食感とニッキの風味が香る素朴な味。おたべや、洋菓子なども販売する。

取り寄せ可　日持ち 約45日
→P.50

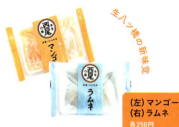

京名物 井筒八ッ橋
短冊 30枚入り432円～

| ニッキ | 弱 | | 強 |
| かたさ | やわらかい | | かたい |

祇園の地で人気を博した八ッ橋
井筒八ッ橋本舗 祇園本店
いづつやつはしほんぽ ぎおんほんてん

1805年の創業当時から祇園で人気を博していた八ッ橋が代表銘菓。素朴な甘みと香りはコーヒーとも相性バツグン。

🏠 京都市東山区川端通四条上ル　☎075-531-2121　🕘11:00～18:00　休 無休　🚃京阪祇園四条駅から徒歩約2分
取り寄せ可　日持ち 120日
祇園 ▶MAP 別P.10 B-1

 まだある

変わりダネ 生八ッ橋

見た目はいつもの生八ッ橋。でも中身はちょっと違う?
そんな「変わりダネ生八ッ橋」をピックアップ。
おみやげに持って行けば驚かれること間違いなし!

生八ッ橋の新味覚

(左)マンゴー
(右)ラムネ
各250円

マンゴーとラムネは夏限定の味。ひと夏の思い出に味わいたい

新商品に挑み続ける老舗
本家西尾八ッ橋 本店
ほんけにしおやつはし ほんてん

口あたり爽快なラムネ味やジューシーなマンゴー味の生八ッ橋など、季節によって変わる旬の味覚を楽しんで。

取り寄せ可　日持ち 10日

ぶどうの豊かな風味にうっとり
東山八ッ橋本舗 高台寺店
ひがしやまやつはしほんぽ こうだいじてん

ポリフェノールが豊富な赤ワインを主原料にした生八ッ橋。アルコールは入っていないので安心。

🏠 京都市東山区高台寺南門通下河原東入桝屋町362-12　☎075-744-1960　🕘10:00～17:00　休 木曜　🚃市バス東山安井から徒歩約5分
取り寄せ可　日持ち 21日
清水寺 ▶MAP 別P.11 E-2

気分はほろ～ン!

東山赤ワイン
生八ッ橋
9個入り550円

おやつの八ッ橋も、ワインが入ればちょっぴり大人の気分♪

🐜 1689(元禄2)年に箏曲の開祖、八橋検校の墓所がある森の黒谷(金戒光明寺)参道の茶店で供されたのが起源。

思わずまとめ買い！
愛されスイーツでほっこりする

老舗の和菓子もいいけれど、彩も鮮やかな新感覚の京菓子はおみやげにぴったり。
小さなお菓子に込められた京都ならではのセンスにときめきが。

Ⓐ 菓実の福
1個370円〜
[取り寄せ可] [日持ち]
出荷から2日
フルーツのおいしさ
を最大限に引き出し
た大福

旬のフルーツと、
白餡やホイップクリームが
絶妙にマッチ

和でもない洋でもない
京の個性派ネオスイーツ

Ⓑ あんぽーね
5個入 1,728円
[取り寄せ可] [日持ち] 30日
最中にあんことマスカルポー
ネチーズを挟んでいただく

Ⓒ 苺フラワー最中
1個385円
[取り寄せ不可] [日持ち] 当日
苺と抹茶ショコラクリーム、
白餡をサンドした最中

Ⓓ シュークリーム
1個280円〜
[取り寄せ不可] [日持ち] 当日
直径6cmのプチシュー
クリーム。抹茶など常時
8種がそろう

**Ⓐ むしやしない処
祇をん ににぎ 本店**
むしやしないどころ
ぎをん ににぎ ほんてん

「むしやしない」とは小腹を満
たすこと。そんな時にぴったり
の創作和菓子を取りそろえる。

🏠 京都市東山区祇園町北側
347-115　☎ 075-541-2120
🕐 月・火・木曜11:00〜22:00、
金・土曜11:00〜24:00、日曜、
祝日10:00〜18:00　休 水曜
🚃 京阪祇園四条駅から徒歩約
8分
[祇園] ▶MAP 別P.10 C-1

- - - - - - - - - - - - - - - - - - - -

**Ⓓ 京都祇園
あのん 本店**
きょうとぎおんあのんほんてん

あんこを使った和菓子で知られ
る「サザエ食品」が手掛けるス
イーツショップ。カフェも併設。

🏠 京都市東山区清本町368-2
☎ 075-551-8205　🕐 12:00〜
18:00　休 火曜　🚃 京阪祇園四
条駅から徒歩約5分
[祇園] ▶MAP 別P.10 C-1

- - - - - - - - - - - - - - - - - - - -

**Ⓒ 茶寮 FUKUCHA
四条店**
さりょうフクチャしじょうてん

老舗茶舗・福寿園が、日本茶の
味わいを次世代へ伝えること
をコンセプトに展開する。

🏠 京都市下京区四条通小路
角 福寿園京都本店2F　☎ 050-
3152-2902　🕐 11:00〜19:00
(LO18:30)※変動あり　休 水曜
🚃 阪急烏丸駅から徒歩約10分
[四条] ▶MAP 別P.12 C-3

- - - - - - - - - - - - - - - - - - - -

Ⓓ Amagami Kyoto
アマガミ キョウト

名バリスタ・岡田章宏氏が手掛
けるシュークリーム店。曲げわ
っぱに詰めてもらうこともできる。

🏠 京都市下京区仏光寺通烏丸
東入上柳町315-11　☎ 075-
351-2011　🕐 11:00〜18:00
休 水・木曜　🚃 地下鉄四条駅か
ら徒歩約1分
[四条] ▶MAP 別P.12 A-3

E 果朋 -KAHOU-

かほう

旬の果実を生かした人気の創作和菓子店。

⌂ 京都市中京区西ノ京職司町67-99 ☏ 075-821-0155 🕐 10:00〜18:00 ⊗火曜 JR二条駅から徒歩約3分

二条城 ▶ MAP 別 P.14 A-3

- - - - - - - - - - - - - - - - - - -

F 田中長 奈良漬店

たなかちょう ならづけてん

江戸時代から続く京の奈良漬け専門店。

⌂ 京都市下京区童侍者町160 ☏ 075-351-3468 🕐 8:30〜17:30 ⊗無休 🚇地下鉄四条駅から徒歩約3分

烏丸 ▶ MAP 別 P.7 D-1

- - - - - - - - - - - - - - - - - - -

G BonbonROCKett 京都店

ボンボンロケット きょうとてん

常時20種の手作りバターサンドを置く専門店。

⌂ 京都市北区小山西大野町82-2 ☏ 075-432-7520 🕐 10:00〜18:00 ⊗月・火・木曜 🚇地下鉄北大路駅から徒歩約10分

上賀茂神社 ▶ MAP 別 P.4 C -2

- - - - - - - - - - - - - - - - - - -

H 御室和菓子 いと達

おむろわがし いとたつ

京菓子の伝統を踏まえた創作和菓子の数々が秀逸。

⌂ 京都市右京区龍安寺塔ノ下町5-17 ☏ 075-203-6243 🕐 10:00〜17:00 ⊗水・日曜 🚌市バス御室から徒歩約2分

金閣寺 ▶ MAP 別 P.20 A-2

- - - - - - - - - - - - - - - - - - -

I パティスリー洛甘舎

パティスリーらっかんしゃ

缶入りのケーキ「洛缶CAKE」が斬新。持ち運びも楽ちん♡

⌂ 京都市中京区三文字町227-1 ☏ 075-708-3213 🕐 11:00〜20:00 ⊗水曜（祝日の場合は営業）🚃阪急烏丸駅から徒歩約6分

烏丸 ▶ MAP 別 P.12 A-2

京都のいろどりを小瓶に詰めて

E 果ルフェ -抹茶-
626円
取り寄せ可 日持ち 3日

E 果ルフェ -温州蜜柑-
594円
取り寄せ可 日持ち 3日

E 果朋だんご みたらし
561円
取り寄せ可 日持ち 3日

白玉や羊羹、みたらし団子がボトルスイーツに

素朴だけど奥が深いはさみもの

F 奈良漬バターサンド
6個入2,376円
取り寄せ可
日持ち 解凍後5日
白うりの奈良漬けをサンド

G kyoto Branch set
2個入1,050円
取り寄せ可
日持ち 冷蔵保管で5日
ほうじ茶、抹茶、餡バタークリームのサンド

H いと達のもなか（竜王戦バージョン）
1個400円
取り寄せ可
日持ち 1日
かわいいクマさんにひと目惚れ♡

お持ち帰り生シュー缶に入れても可愛い♪

I 洛缶CAKE
1個864円
取り寄せ不可 日持ち 1日

＼ 缶の中からプチシューが!! ／

シュー抹茶
抹茶カスタードに散りばめられた桜がかわいい

シューストロベリー
ピンクの苺カスタードに三角の苺の断面が映える

シュープレーン
青もみじは、なんと京名物の生麩

素材にこだわり手作りの味わいを大切にするお店が多いのは、本物にこだわる京都の精神が根付いているから。

SHOPPING

八ツ橋

京菓子

洋菓子

スイーツBOX

ご飯のお供

京の調味料

老舗の逸品

雑貨・文具

コスメ

京都駅

コレは押さえておきたい！
京都人御用達の京銘菓に舌鼓

歴史と伝統に彩られた老舗の生菓子は、京都の四季を盛り込んだデザインとそこはかとない上品な味わいで、思わずうっとり。季節ごとに旬を愛でて味わう喜びと、美意識の真髄にふれてみよう。

御用達 季節を閉じ込めて

1月 梅にほふ
1棹 1,404円
春にさきがけて咲く梅のめでたさ。新年の手みやげにも。

2月 桃きらら
1棹 1,296円
ほんのり桃の香りがして、ピンクの桃の花がかわいらしい。

3月 花はらり
1棹 1,296円
桜の花びらが舞う姿に春の訪れが感じられる。

4月 青かえで
1棹 1,296円
見目麗しい青かえでを表した風流な一品。

5月 感謝の花
1棹 1,404円
感謝を込めて贈るカーネーションを表した棹物。

6月 紫陽花
1棹 1,296円
きらきらと雨露に光る紫陽花の花むらを表現。

7月 七夕
1棹 1,296円
薄紫の天の川に向かい合う彦星と織姫。夏の手みやげに。

8月 華華火
1棹 1,296円
思わず「たまや〜」と言いたくなる、大輪の花火に心躍る。

9月 秋桜の小径
1棹 1,296円
コスモスが揺れる秋の野の情景を琥珀と挽茶羊羹で。

10月 栗蒸羊羹
1棹 2,160円
秋といえば栗。蒸し羊羹独特の、しっとりモチモチとしたおいしさ。

11月 秋襲
1棹 1,296円
京都の山々を彩る赤、黄、緑を模した格調高い意匠。

12月 干支菓
1棹 1,620円
新春を祝う、栗入り染め分け羊羹。干支をあしらった箱もおめでたい。

京の季節を巧みに描いた棹菓子
鶴屋吉信
つるやよしのぶ

1803年創業の、京都の地にちなんだ京観世や柚餅など代表銘菓を多く持つ老舗。素材と美しさを極めた芸術品ともいえる季節の和菓子をおみやげに。

京都市上京区今出川通堀川西入ル ☎075-441-0105 ◯9:00〜18:00 ㊡水曜（不定休）◯市バス堀川今出川から徒歩約1分
取り寄せ可 日持ち 商品により異なる
京都御苑 ▶MAP 別P.14 B-1

WHAT IS 棹菓子
細長い棹形の切り分けていただける和菓子で、羊羹やういろうがその代表。その中でも、羊羹の上に、寒天で閉じ込めた桜や青かえでなどの模様が浮かび上がり、一枚の絵のように美しい棹菓子は京都らしい逸品。

松風 16枚入り 1,100円
お店の前から漂う香ばしい香りにノックアウト

かつては兵糧の代わりにも

白味噌が素朴な甘みを生む松風
亀屋陸奥
かめやむつ

1421年創業の本願寺御用達店。松風は生地に白味噌を混ぜて発酵させて焼き上げた和菓子。もっちりした食感と香ばしい味わいがクセになる。

📍京都市下京区堀川通七条上ル菱屋町153　☎075-371-1447　🕐8:30～17:00　❌水曜　🚌市バス七条堀川から徒歩約1分

取り寄せ可 | 日持ち 10日
京都駅 ▶MAP 別P.8 B-2

古来の唐菓子を唯一作る和菓子店
亀屋清永
かめやきよなが

1617年の創業以来、遣唐使と共に日本に伝わった唐菓子の味を守り続ける。「団喜」は7種の香りを餡に練り込み生地を胡麻油で揚げた秘伝の味。

📍京都市東山区祇園石段下南　☎075-561-2181　🕐8:30～17:00　❌水曜、不定休あり　🚌市バス祇園から徒歩約1分

取り寄せ可 | 日持ち 20日
祇園 ▶MAP 別P.11 D-1

奈良時代より伝わる唐菓子

清浄歓喜団 5個入り 3,078円
揚げ菓子ならではのボリューム感に大満足

夏のお楽しみ

夏柑糖 1個 1,404円（4～7月販売）
夏といえばコレ、というほどの京都人の定番菓子

爽やかに香り立つ夏柑糖
老松 北野店
おいまつきたのみせ

希少な夏みかんを使用した「夏柑糖」は、手作業でしぼった果汁と寒天のプルンとした舌触りで、自然の甘みと酸味が口いっぱいに広がる。

取り寄せ可 | 日持ち 4日
→P.146

京都の名所が描かれた干菓子
亀屋則克
かめやのりかつ

一年を通して楽しめる干菓子「京めぐり」は、八坂の塔、金閣寺、龍安寺の石庭などの名所が描かれ、上品な甘さと優しい口溶けにホレボレ。

📍京都市中京区堺町通三条上ル　☎075-221-3969　🕐9:00～17:00　❌日曜・祝日、第3水曜　🚌地下鉄烏丸御池駅から徒歩約7分

取り寄せ可 | 日持ち 90日
河原町 ▶MAP 別P.12 B-1

京都の名所を頬張る

干菓子 30個入り 1,600円
次はどれにしよう♪ と柄を選ぶのも楽しい

洋菓子かて、はずせへん

ロシアケーキ 1個 205円
美しい見た目で、1個からでも贈り物にしたい

京都最古のレトロな洋菓子店
村上開新堂
むらかみかいしんどう

代々昔ながらの製法で焼き上げる「ロシアケーキ」は、フレッシュバターの素朴な甘さと口あたりのよいしっとり食感が心温まる懐かしい味わい。

取り寄せ可 | 日持ち 14日
→P.59・142

🌼 旬の素材を贅沢に使った季節限定菓子は、四季を満喫できるみずみずしい味わい。予約してでも手に入れたい。

SHOPPING
八ッ橋
京菓子
洋菓子
スイーツBOX
ご飯のお供
京の調味料
老舗の逸品
雑貨・文具
コスメ
京都駅

キラメキ女子に捧ぐ
洋菓子 & 最新チョコをプレゼント

もはや京都は和だけじゃない。洋スイーツの人気店も続々登場。あまりの美しさに目を奪われる洋菓子や手作りのチョコレートなど、この店でしか味わえない趣向を凝らしたスイーツに大注目。

① ふわっしゅわチーズケーキ

パティスリー菓攣
パティスリーからん

人気のチーズケーキは、しっとりとしていて軽い口あたりのスフレタイプ。2種類のチーズを混ぜ合わせた濃厚な風味が後を引く。

🏠 京都市北区西賀茂坊ノ後町15 ☎ 075-495-0094 🕐 10:00〜18:30 ㊡ 火曜、不定休あり 🚏 市バス神光院前から徒歩約1分
取り寄せ可 日持ち 3日（※要冷蔵、販売日含む）
西賀茂 ▶MAP 別P.4 C-1

② タルト・タタン
1個793円

50年以上愛され続ける味は、ほかでは味わえない

洋菓子
季節のフルーツを盛り込んだ生菓子や素材と製法にとことんこだわったタルトなど、心ときめく洋菓子が満載。

④ ナッツの焼きタルト
ホール 1,760円

ゴロゴロッと贅沢に敷き詰められたナッツに脱帽

① 西賀茂チーズ
1個108円

口の中でフワッととろける繊細な食感がたまらない

③ ティラミス
1個500円

多様な味わいも、ホワイトチョコがしっかりと包み込んでくれる

⑤ 苺のミルフィーユ
1個778円

あまりのかわいさに見惚れて、時間を忘れてしまいそう

---

② フランスでも認められた珠玉の味

La Voiture
ラ ヴァチュール

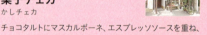

先代から孫へと受け継がれるタルトタタンは、じっくり煮詰めた肉厚りんごの深い甘みと酸味がクセになる味。

🏠 京都市左京区聖護院円頓美町47-5 ☎ 075-751-0591 🕐 11:00〜18:00（LO17:30）㊡ 月曜 🚏 市バス熊野神社前から徒歩約3分 取り寄せ可 日持ち 3日
平安神宮 ▶MAP 別P.16 C-1

③ ドーナツ型ティラミスがキュート

菓子チェカ
かしチェカ

チョコタルトにマスカルポーネ、エスプレッソソースを重ね、ホワイトチョコで仕上げたもの。甘さとほろ苦さが絶妙。

🏠 京都市左京区岡崎法勝寺町25 ☎ 075-771-6776 🕐 10:00〜18:00（なくなり次第終了）㊡ 月・火曜 🚏 市バス岡崎法勝寺町から徒歩約1分 取り寄せ不可 日持ち 1日
平安神宮 ▶MAP 別P.17 D-2

④ 素材の魅力が凝縮されたタルト

Comme Toujours
コム トゥジュール

サクッと香ばしく焼き上げた生地に数種類のナッツのヌガーをたっぷり盛り付けたタルトは安定の人気。

🏠 京都市北区小山元町50-1 ☎ 075-495-5188 🕐 10:00〜18:00 ㊡ 火・水曜 🚏 地下鉄北大路駅から徒歩約10分 取り寄せ可 日持ち 1日
上賀茂神社 ▶MAP 別P.25 E-1

⑤ イチゴを贅沢に味わえるスイーツ

苺のお店 MAISON・DE・FROUGE
いちごのおみせ メゾン ド フルージュ

完熟イチゴがたっぷり詰まったミルフィーユは、豊かな香りと甘み、酸味がカスタードと溶け合い爽やかな一品。

🏠 京都市中京区東洞院通三条下ル三文字町201 1F ☎ 075-211-4115 🕐 11:00〜18:00 ㊡ 月曜（祝日の場合は翌日）※HP要確認 🚏 地下鉄烏丸御池駅から徒歩約3分 取り寄せ不可 日持ち 1日
烏丸 ▶MAP 別P.12 A-1

チョコレート

カカオ豆から手作りする専門店のチョコレートや海外発信の洗練されたガナッシュなど名店の味を満喫して。

ガナッシュ
3,024円

NY本店で手作りされたアートに一目惚れ
MARIEBELLE 京都本店
マリベルきょうとほんてん

一粒ごとにお洒落な絵が描かれたガナッシュは、パイナップルやバナナ、バニラなど豊かな味わいが楽しめる。

取り寄せ可 日持ち 14日
→P.141

美しい絵柄のガナッシュはマリベルの人気商品

京都を代表する名酒と合わせた日本酒ショコラ
ショコラ ベル アメール京都別邸三条店
ショコラ ベル アメール きょうとべっていさんじょうてん

枡型のショコラの中に日本酒のジュレを注いだ芳醇な逸品。国産のお茶や果実、蜂蜜ジュレのシリーズも人気。

瑞穂のしずく
1粒281円(4粒より販売)

日本酒入りなので大人の贅沢を味わえる

🏠 京都市中京区三条通堺町東入ル桝屋町66　☎ 075-221-7025　🕐 10:00〜20:00　不定休　🚉 地下鉄烏丸御池駅から徒歩約5分
取り寄せ不可 日持ち 約30日(冷暗所)
河原町 ▶MAP 別 P.12 B-1

---

 kimono
8個入り 3,672円

吉祥模様のプチケーキ
京纏菓子 cacoto
きょうまといがし カコト

京都の老舗貸衣装店に嫁いだ女性による、「纏う」をテーマにしたスイーツの店。ケーキの模様一つひとつに意味があるのも粋。

着物柄をプリントしたプチケーキ。一口で食べられるサイズ感も

🏠 京都市下京区東洞院通松原下ル大江町553-5　☎ 075-351-2946　🕐 10:00〜18:00　日曜、不定休あり　🚉 地下鉄五条駅から徒歩約3分
取り寄せ可 日持ち 4日(要冷蔵)
五条 ▶MAP 別 P.7 D-1

Rosine
8個入り 4,320円

ベルギー王室御用達の歴史あるショコラトリー
マダム ドリュック 京都
マダム ドリュックきょうと

日本初上陸、ベルギーの老舗チョコレートショップ。町家をリノベーションした店舗にはカフェも併設する。

おしゃれでかわいいパッケージ。季節ごとに中身が変わる

🏠 京都市東山区上弁天町435-1　☎ 075-531-2755　🕐 10:00〜19:00(カフェはL018:00)　不定休　🚉 市バス東山安井から徒歩約2分
取り寄せ可 日持ち 30日
清水寺 ▶MAP 別 P.11 D-2

京桜
350円

和洋の美を兼ね備えた宝石のようなチョコレート
サロンドロワイヤル京都
サロンドロワイヤルきょうと

桜の塩漬けと宇治抹茶のガナッシュが二層仕立てになった京桜は、和と洋の味わいが絶妙に調和。

桜をイメージしたグラデーションに京都の雅さが感じられる

🏠 京都市中京区木屋町通御池上ル上樵木町502 1F　☎ 075-211-4121　🕐 11:00〜19:00(5〜9月は変動あり)　無休　🚉 地下鉄京都市役所前駅から徒歩約3分
取り寄せ不可 日持ち 10日程度
京都御苑 ▶MAP 別 P.15 F-3

ボンボンショコラ
6個入り 2,700円

今までにない風味はぜひ食べておきたい
カカオ本来の濃密な味わいのローチョコレート
Cacao ∞ Magic
カカオ マジック

エクアドル産のオーガニック・ローカカオと天然甘味料で手作りされるヴィーガンスイーツ。カカオの風味を堪能。

🏠 京都市左京区浄土寺石橋町41-1　☎ 075-757-0216　🕐 12:00〜16:00　火〜金曜　🚉 市バス銀閣寺前から徒歩約3分
取り寄せ可 日持ち 90日
銀閣寺 ▶MAP 別 P.19 E-1

WHAT IS ローチョコレート

非加熱製法で天然素材のみで作られるナチュラルフードとして注目されているローチョコレート。カカオ豆を焙煎せずに、挽くところから手掛ける「ビーン・トゥ・バー」製法。全工程を48℃以下の低温で行うことで、カカオの栄養分が失われない。

サロンのようなチョコレート店や京町家の店など、味もスタイルもこだわり抜いた専門店が続々お目見え！

SHOPPING

八ッ橋 / 京菓子 / 洋菓子 / スイーツBOX / ご飯のお供 / 京の調味料 / 老舗の逸品 / 雑貨・文具 / コスメ / 京都駅

57

何があるかはお楽しみ！
お菓子の詰め合わせにときめく

一箱の中に表現された、多彩なお菓子たちが並ぶ景色にうっとり。フタを開ける瞬間や、
「どれを食べよう？」と選ぶ時のワクワク感がたまらない。おみやげにもぴったり。

落雁
口に含んだ途端、
ホロッとくずれる
食感が絶妙

松露
外側には砂糖のコーティ
ング、中にはしっとりした餡
が入っている。見た目もキ
ュート

求肥
ポリポリとしたそぼ
ろ飴がまぶされたむ
っちりと甘い求肥餅

金平糖
優しい口あたりが
特徴（打ち物にな
る場合あり）

四畳半の木箱に季節の
景色を詰め込んで

京のよすが
3,700円

所狭しと並んだ和菓子たちは、贅沢
にも二段仕立て

京のよすが
何が入ってる？
茶室に見立てた杉箱に半生菓子、干
菓子、金平糖（菓子は季節によって変
わる）などが並ぶ。色や形で季節を表
現する京菓子の奥ゆかしさを感じる。

どれから食べようか
迷っちゃう

（左から）
干菓子、有平糖、州浜
菊形の干菓子に赤い有平
糖、正方形の州浜。季節に
合わせたあしらいにため息

WHEN IS
おもたせや贈り物に

和菓子はお茶席でいただくのが
通例だが、最近では洋菓子同様、
お呼ばれの際のおもたせや贈り
物としても喜ばれる。和洋どちら
も、大勢でワイワイといただけば
おいしさもひとしお。

菓子職人の手仕事の味
亀末廣
かめすえひろ

創業200年を超える老舗菓子
司。繊細な感性で季節を巧み
に表現する意匠には定評が。対
面販売が基本のため、ここでし
か買えない味をぜひ楽しんで。

🏠 京都市中京区姉小路烏丸東入ル
☎ 075-221-5110 🕘 9:00〜17:00
休 日曜・祝日 🚇 地下鉄烏丸御池
駅から徒歩約1分
取り寄せ可　日持ち 7日
烏丸 ▶MAP 別 P.12 A-1

SHOPPING

八ッ橋

京菓子

洋菓子

スイーツBOX

ご飯のお供

京の調味料

老舗の逸品

雑貨・文具

コスメ

京都駅

よねむら オリジナルクッキー
何が入ってる？

抹茶や七味など京都らしい味覚を盛り込んだクッキーが12種類。箱に描かれたレストランの風景の中にはシェフの姿も。電話での予約がおすすめ。

あまから・しょっぱ 多彩な味にサプライズ

よねむら オリジナルクッキー
5,500円

あれもこれもと、クッキーの味を確かめてたらあっという間になくなりそう

フレンチレストランの名物みやげ
新門前 米村
しんもんぜん よねむら

取り合わせの妙技が光るフレンチの人気店。名物のクッキーは、料理と同じく個性豊かな素材使いが魅力。

🏠 京都市東山区新門前通花見小路東入梅本町255 ☎ 075-533-6699 🕐 12:00〜LO12:30、17:30〜LO18:30 🈺 火・水曜 🚃 京阪祇園四条駅から徒歩約10分 [取り寄せ可] [日持ち] 30日

[祇園] ▶MAP 別P.11 D-1

予約必須の心ときめく一箱

クッキー（大缶）
7,538円

6カ月以上待ちになることもあり、食卓に登場すれば歓声が上がる

クッキー（大缶）
何が入ってる？

レトロで端正な佇まいのクッキーは11種類あり、昔ながらの素朴な味わい。手作りのため量産ができず予約必須だが、その価値は十分。

京都で一番古い洋菓子店
村上開新堂
むらかみかいしんどう

創業時の面影を残すクラシカルな洋菓子店。「ロシアケーキ」や「ダックワーズ」など単品で求められるお菓子もいろいろ。1個からでも手みやげにしたい。

[取り寄せ可] [日持ち] 45日
→P.55・142

京スイーツの詰め合わせ

京都北山倶楽部S
1,944円

サイズはS・Mと用途に合わせて選べる（時期により内容は異なる）

京都北山倶楽部
何が入ってる？

お濃茶ラングドシャ「茶の菓」をはじめとするバラエティ豊かなマールブランシュの焼き菓子がそろう。Mサイズには、バターの香りたっぷりのクッキーも。

京のスイーツならおまかせ
マールブランシュ京都北山本店
マールブランシュきょうときたやまほんてん

銘菓お濃茶ラングドシャ「茶の菓」や、京都らしい素材使いとアイデアさまざまな洋菓子を提案する、北山の人気店。

🏠 京都市北区北山通植物園北山門前 ☎ 075-722-3399 🕐 9:00〜18:00（サロンは10:00〜LO17:30） 🈺 無休 🚃 地下鉄北山駅から徒歩約2分 [取り寄せ可] [日持ち] 15日

[上賀茂神社] ▶MAP 別P.25 E-1

🌱 「おもたせ」とは「お持ちいただいたもの」の意。持参してくれた手みやげを、その場でいただく時に使う。

やっぱりお米が好き！
ご飯のお供を大研究

食卓に1つあると重宝する「ご飯のお供」。京都には上品で素材の旨みが生きた逸品がたくさん。
お気に入りは自宅用にはもちろん、おみやげにすれば喜ばれること間違いなし。

❶ 梅つつみ京じまん
3,456円

ハチミツ漬けの「京一輪」と酸味のまろやかな「献上梅」の2種類5粒ずつのセット

❷ ほたるこ
140g 1,080円

山椒の青い実を夜空の蛍に見立て、肉厚の茎わかめとちりめんじゃこを一緒に炊き上げた佃煮

❸ お漬物
上から千枚漬640円、寿々しろ500円、旬かさね700円

自家農園の採れたての旬野菜を漬け込んだ一品

❹ 一わんみそ汁
1個195円

お椀に麩焼を割り入れると、フリーズドライの味噌と具が。お湯を注げば老舗の味の出来上がり

---

❶ 職人達が一粒一粒丹念に漬け込んだ梅干し

おうすの里 祇園本店
おうすのさと ぎおんほんてん

創業以来、梅一筋にさまざまな銘柄の梅作りを続け、低塩やハチミツ漬けなど多彩な風味に仕上げている。

🏠 京都市東山区四条通祇園町 北 側 262 ☎ 075-525-6222 🕙 10:00～19:00 📅 無休 🚃 京阪祇園四条駅から徒歩約3分

取り寄せ可　日持ち 180日

祇園 ▶MAP 別P.10 C-1

---

❷ 慶長年間創業の呉服商から続く佃煮店

五條長兵衛
ごじょうちょうべえ

名物「ほたるこ」をはじめ、京佃煮や漬物、ちりめん山椒など、国産の厳選素材を使った食卓の友が豊富。

🏠 京都市下京区高倉通五条上ル亀屋町159-2 ☎ 075-361-8553 🕙 10:00～18:00 日曜（中元・歳暮期は無休） 🚃 地下鉄五条駅から徒歩3分

取り寄せ可　日持ち 30日

五条 ▶MAP 別P.9 D-1

---

❸ お箸が進む上品な旨みのお漬物

京つけもの もり 本社三条店
きょうつけもの もりほんしゃさんじょうてん

自家農園で育てた野菜の旨みや歯触りを生かしながら、京都らしい上品で後を引く味わいに漬け込んだ漬物。

🏠 京都市右京区西院金槌町 15-7 ☎ 075-802-1515 🕙 9:00～18:00 📅 無休 🚃 地下鉄西大路御池駅から徒歩約8分

取り寄せ可　日持ち 商品により異なる

西院 ▶MAP 別P.6 B-1

---

❹ プロも認める京都のお味噌の味

本田味噌 本店
ほんだみそ ほんてん

「西京味噌」の由来になった歴史ある老舗味噌店。料理人にはもちろん、京都人の食卓でも広く愛用されている。

🏠 京都市上京区室町通一条 558 ☎ 075-441-1131 🕙 10:00～18:00 📅 日曜 🚃 地下鉄今出川駅から徒歩約6分

取り寄せ可　日持ち 180日

京都御苑 ▶MAP 別P.14 C-1

いただきまーす

SHOPPING

八ッ橋

京菓子

洋菓子

スイーツBOX

ご飯のお供

京の調味料

老舗の逸品

雑貨・文具

コスメ

京都駅

WHAT IS 京都三大漬物

しば漬け
樽の中で長期熟成させた茄子、シソの鮮やかな色と酸味が特徴。大原地方の名産でもある。

すぐき
すぐき菜とカブを漬け込んだ京漬物の代表。免疫力を上げる植物性乳酸菌が豊富で注目されている。

千枚漬け
薄く切った聖護院かぶらを昆布、唐辛子で漬け込んだ、冬の名物。しゃっきりとした歯触りが美味。

⑥ 佃煮2点セット
3,440〜5,040円
椎茸昆布、とり味噌、花山椒ちりめんなどの佃煮から、好みの2点を選んでセットにできる

⑤ 小松こんぶ
45g 1,350円
細切りの昆布が、繊細な口あたりながら濃厚な味わい。桐箱入りで高級感もたっぷり

⑦ くみあげ湯葉
1,296円
職人が丹念に引き上げたくみ上げ湯葉は、とろける食感で大豆の豊かな風味が凝縮

⑧ 限定玉露「滴の院」 40g缶 2,160円
限定煎茶「翠の院」 40g缶 1,188円
濃厚なお茶の旨みを味わえる玉露や香り爽やかな煎茶の西洞院店限定銘柄

⑤ 懐石料理の名店が手掛ける自慢の味

御所 雲月
ごしょ うんげつ

御所東の懐石料理店。お茶請けとして提供する細切り昆布やわらび餅などの物販コーナーもある。

🏠 京都市上京区寺町通今出川下ル真如堂前町118
☎ 075-223-5087 ⏰ 10:00〜18:00 休 不定休 🚃 京阪出町柳駅から徒歩約10分
取り寄せ可 日持ち 90日
京都御苑 ▶ MAP 別 P.15 E-1

⑥ 花脊の自然に抱かれた山荘の味わい

美山荘
みやまそう

野趣あふれる摘草料理で知られる料理旅館。花脊の自然の恵みを堪能できる手みやげは、料理同様に滋味深い。

🏠 京都市左京区花背原地町大悲山375 ☎ 075-746-0231 ⏰ 9:00〜21:00（販売） 休 無休 🚌 京都バス大悲山口から送迎バスあり
取り寄せ不可 日持ち 30日（要冷蔵）
美山 ▶ MAP 別 P.3 B-1

⑦ 天保年間創業の湯葉の老舗

湯葉弥
ゆばや

厳選した国産大豆と京都の名水を使い、一枚一枚丁寧に引き上げた湯葉は、料理人の愛用者も多い逸品。

🏠 京都市下京区中堂寺庄ノ内町54-6 ☎ 075-314-5788 ⏰ 8:30〜17:30 休 日曜、水曜・祝日不定休 🚃 JR丹波口駅から徒歩約5分
日持ち 製造日含む5日（要冷蔵）
西院 ▶ MAP 別 P.6 C-2

⑧ 香り高いお茶を多彩に味わう

丸久小山園
西洞院店
まるきゅうこやまえん にしのとういんてん

元禄年間創業の茶舗。西洞院店は茶房「元庵」を併設し、限定銘柄のお茶やスイーツなども楽しめる。

🏠 京都市中京区西洞院通御池下ル西側 ☎ 075-223-0909 ⏰ 10:30〜17:00 休 水曜（祝日の場合は営業） 🚃 地下鉄烏丸御池駅から徒歩約6分
取り寄せ不可 日持ち 150日
二条城 ▶ MAP 別 P.14 C-3

☀ 左にご飯、右に汁物、左上に副菜、右上に主菜が和食の配膳。ご飯の供など副々菜は中央に。

プロの味を家庭でも！
京の調味料でワンランクアップ

和食をおいしく、美しく仕上げることにかけては、京都の調味料に勝るものはありません。基本の調味料から隠し味、かけるだけで本格的な味になるお助けアイテムまで、お気に入りを見つけてみて。

ゆずの陶器でそのまま食卓へ

八百三
やおさん

🏠 京都市中京区姉小路通東洞院西入ル
☎ 075-221-0318
🕐 9:00〜18:00（祝日は10:00〜17:00）
🈺 木・日曜 🚇 地下鉄烏丸御池駅から徒歩約3分
[取り寄せ可] [日持ち] 40日
[烏丸] ▶MAP 別P.12 A-1

八百三の
柚味噌
陶器入り・中 3900円

二子相伝で作る柚味噌は、田楽やあえ物の味付けに活躍。

野菜スティックに！
ディップとして野菜と一緒に食べれば簡単おつまみに。

HOW TO

京の調味料の使い方

和食の基本の調味料は「さしすせそ」。まず、砂糖や塩から味付けし、続いて酸味、旨みや香りを付ける醤油や味噌などで仕上げるのが一般的。合わせ調味料や加工調味料も、これを応用して使えば料理上手に。

❶ 和食の要、醤油選び
京料理では、素材の味や色を生かす淡口しょうゆを用いることが多い。コクを出すには濃口、刺身には溜まり醤油など用途に応じて使い分けて。

❷ 上品なコクでプロの味
ゆず味噌やねりゴマなど、家庭ではなかなか作ることができない加工調味料こそ上質な専門店のものを取り入れたい。一品で本格的な味わいに。

❸ 繊細な味覚を隠し味に
京都人は、山椒、ゆず、ゴマなど、香りや舌に訴えかける繊細な味にとても敏感。仕上げに加えるだけで季節感やアクセントをプラスできる。

昔ながらの樽仕込み醤油

澤井醤油
さわいしょうゆ

🏠 京都市上京区中長者町通新町西入ル仲之町292 ☎ 075-441-2204 🕐 9:00〜17:00（日曜・祝日10:30〜15:30）
🈺 不定休 🚌 市バス堀川下長者町から徒歩約6分
[取り寄せ可] [日持ち] 1年2カ月
[京都御苑] ▶MAP 別P.14 C-1

和食に！
素材の色を引き立たせ、彩りを大切にする京料理には欠かせない。

澤井醤油の
京料理淡口醤油
510円

素材の色を引き立てる淡い色は京料理の名脇役。プロの愛用者も多い逸品。

料理にコクと香ばしさをプラス

祇園むら田
ぎおんむらた

🏠 京都市東山区祇園下河原町478
☎ 075-561-1498 🕐 10:00〜17:00 🈺 日曜・祝日、水曜不定休 🚉 京阪祇園四条駅から徒歩約10分 [取り寄せ可] [日持ち] 1年
[祇園] ▶MAP 別P.11 D-2

祇園むら田の
ねりゴマ
特小瓶 820円

濃厚な風味とクリーミー！な舌触りが絶妙。これ1つで本格的な味に。

トーストに！
少量のハチミツを加えて、トーストしたパンに塗ればゴマトーストの出来上がり！

香り高く飲めるほどまろやか

山田製油 本店
やまだせいゆ ほんてん

山田製油の
一番絞り 金ごま油
972円

昔ながらの製法で職人が丁寧に仕上げた、豊かな風味を味わうにはぜひ生で

🏠 京都市西京区桂巽町4
☎ 0120-157-508 🕐10:00～19:00 ㊡無休 🚃阪急桂駅から徒歩約8分
取り寄せ可 日持ち 2年
桂 ▶MAP 別P.3 A-2

サラダに！
芳醇な香りと深みのある一番絞り金ごまは、サラダにかけることでより風味が増す。

原了郭の
黒七味
四角
1210円

独特の色は、材料を丁寧に揉み込んでいるため

しびれるおいしさがやみつきに

原了郭
はらりょうかく

🏠 京都市東山区祇園町北側267
☎ 075-561-2732 🕐10:00～18:00 ㊡無休 🚃京阪祇園四条駅から徒歩約4分
取り寄せ可 日持ち 90日
祇園 ▶MAP 別P.10 C-1

ラーメンに！
唐辛子、粉山椒のピリリとしたアクセントに、思わずお代わりしちゃうかも？

味付けやドレッシングに

村山造酢
むらやまぞうす

村山造酢の
Cochidori
518円

まろやかな味と香りの米酢。小さな醤油さしのボトルに入れられている。

🏠 京都市東山区三条通大橋東入ル3-2 ☎ 075-761-3151 🕐8:30～17:00 ㊡日曜、祝日 🚃地下鉄東山駅から徒歩約3分
取り寄せ不可 日持ち 1年
三条 ▶MAP 別P.16 B-2

料理やドレッシングに！
寿司や酢の物の料理にはもちろん、サラダのドレッシングとしてもおいしくいただける。

甘味好きの必需品

北尾 丹波口本店
きたお たんばぐちほんてん

🏠 京都市下京区西七条南中野町47 ☎ 075-312-8811 🕐9:00～17:00 ㊡土・日曜・祝日 🚃市バス七条御前通前から徒歩約2分
取り寄せ可 日持ち 製造日から1年
京都駅 ▶MAP 別P.6 B-2

北尾の
くろみつ・しろみつ
しろみつ378円・くろみつ486円

1862（文久2）年より続く豆・砂糖店の逸品。

アイスやかき氷に！
甘さ控えめにいただきたい時は「しろみつ」を、ガッツリいただきたいときは「くろみつ」で。

モミポンの
モミポン
300ml
1200円

果汁を使った手作りのポン酢専門店の看板商品。まろやかな酸味。

かけてよし煮てよしの万能調味料

モミポン
取り寄せ可 日持ち 1年
→P.145

鶏肉に！
鶏の胸肉ソテーや蒸し鶏にかければさっぱりと食べられ、箸が止まらない。

SHOPPING
八ッ橋
京菓子
洋菓子
スイーツBOX
ご飯のお供
京の調味料
老舗の逸品
雑貨・文具
コスメ
京都駅

老舗の料亭から販売される調味料はもちろん一級品。お店の味を家庭でも再現してみよう。

SHOPPING 08

職人のワザを見よ！
老舗の逸品を自分みやげに

受け継がれてきた技術で惜しみない手間をかけて作られる、京都の手仕事の品々。
職人の細やかな技術や老舗の歴史を知ると、もっと大切にしたくなるはず。

使うほどに味が出る。その人の一生ものになるように作っています

熟練の技によって美しいフォルムが完成する

日を追って味わいを増す錫製品

清課堂
せいかどう

江戸後期に錫師が創業以来、京都の錫・銀工芸を代表する老舗。一枚板から打ち出したとは思えないほど精巧なフォルムに職人の技が光る。

🏠 京都市中京区寺町通二条下ル妙満寺前町462 ☎ 075-231-3661 [営] 10:00～18:00 [休] 月曜 [交] 地下鉄京都市役所前駅から徒歩約7分 [取り寄せ可]

[京都御苑] ▶MAP 別 P.15 E-3

錫総鎚目ぐいのみ
各8,100円

金づちを使い分けて文様を表現。鎚跡の手触りがよい

一生ものの台所道具に出合う

有次
ありつぐ

京の台所・錦市場に店を構え、プロ・アマ問わず包丁や料理道具を求めて客が集う。包丁や鍋などに名入れをしてくれるのもうれしい。

🏠 京都市中京区錦小路通御幸町西入ル鍛冶屋町219 ☎ 075-221-1091 [営] 10:00～17:00 [休] 無休 [交] 阪急京都河原町駅から徒歩約8分 [取り寄せ可]

[河原町] ▶MAP 別 P.12 C-3

手入れをすれば何十年と長持ちします。修理などもお任せください

店内で包丁を研ぐ姿が見られる

1 平常一品 ツバ付 三徳牛刀18cm 2万460円
2 平常一品 ツバ付 ペティナイフ15cm 1万4,300円
3 平常一品 ツバ付 ペティナイフ12cm 1万3,200円

さまざまな種類の包丁がそろう。自分に合うものを相談してみよう

素朴なデザインで老若男女問わず使えます

ニーズに合わせた種類豊富な鞄がそろう

1 木季のうつろい N-13
6,600円
2 168(中)
1万2,100円

仕上げまで職人が一貫して行っているので、耐久性抜群

機能的でシンプルな鞄

一澤信三郎帆布
いちざわしんざぶろうはんぷ

1905(明治38)年に創業した一澤帆布を前身とする鞄専門店。丈夫な天然素材の帆布を職人が裁断から縫製まで手作りする。海外にも根強いファンが。

🏠 京都市東山区東大路通古門前上ル高畑町602 ☎ 075-541-0436 [営] 10:00～18:00 [休] 火曜(季節により無休) [交] 地下鉄東山駅から徒歩約5分 [取り寄せ可]

[祇園] ▶MAP 別 P.16 B-3

SHOPPING

八ツ橋

京菓子

洋菓子

スイーツBOX

ご飯のお供

京の調味料

老舗の逸品

雑貨・文具

コスメ

京都駅

摺り上がるまでどんな作品になるか分かりません。それも木版画の魅力だと思います

摺り上がるまでは常に緊張感があるという

WHO IS 京職人

老舗や作家に弟子入りするなどして、工芸品の制作に携わる人。近年は若手の職人によるモダンな製品を出す店も多い。

路地奥に佇む町家の木版画店

竹笹堂
たけざさどう

モダンで愛らしい図案を、一枚一枚手摺りで仕上げる木版画の老舗。ぽち袋やブックカバーなど普段使いできる紙雑貨が豊富にそろう。 取り寄せ可（オンラインショップ） →P.134

ブックカバー
880円〜

読書が楽しくなるブックカバーは柄も豊富

一つひとつ丁寧に編み上げた逸品がそろう

伝統産業を次世代にとっての憧れの仕事になるようにしたいと思います

とうふすくい 八角
7,700円

茶こし 銅（大・小）
6,600円〜

とうふすくいは丸型や角型も人気

京料理を支える金網工芸品

高台寺 一念坂 金網つじ
こうだいじ いちねんざか かなあみつじ

京金網の名店。「現代の生活に溶け込む商品づくり」をコンセプトに作られる製品は、美しさと使い心地のよさを兼ね備えている。長く使えるのも◎。

🏠 京都市東山区高台寺南門通下河原東入桝屋町362 ☎ 075-551-5500 🕙 10:00〜18:00 休 水曜 🚌 市バス清水道から徒歩約5分 取り寄せ可

清水寺 ▶MAP 別 P.11 E-2

貴重な地張り提灯を伝え継ぐ

小嶋商店
こじましょうてん

数少なくなった地張り提灯の技術を守り、南座の大提灯など格式ある提灯を製作。日々の暮らしの中で、照明やオブジェとしても使用できる。

🏠 京都市東山区今熊野椥ノ森町11-24 ☎ 075-561-3546 🕙 9:00〜18:00 休 日曜・祝日 🚃 JR／京阪東福寺駅から徒歩約5分 取り寄せ可

京都駅 ▶MAP 別 P.9 E-2

京提灯の伝統を守りつつ、新たな可能性を模索中です

工房では和やかな雰囲気で作業が行われる

本物の京提灯と同じ製法で作られているためとっても丈夫（受注生産）

☀ 後継者不足と言われる伝統工芸。製品を買ったり使うことで、伝統工芸を応援するアクションにもなる。

オシャレさんは持っている
ハイセンス雑貨を入手

はんなり愛らしいモチーフや奥ゆかしい色使いなど、持っているだけで
女っぷりをアゲてくれる雑貨たち。お部屋やデスク、持ち物に取り入れてみて。

詩的でカラフルな
香りのパレット

スタイリッシュな空間で展開される
インセンスは美しい。感覚を研ぎすませ
て香りを選んでみよう

That's
good!

WHAT IS インセンス

スティック型のインセンス
は、気軽に香りを楽しめる。
先端に点火したのち炎を消
し、ホルダーにセット。まず
は玄関などがおすすめ。

スタイリッシュな店内

お気に入りを見つけて

香りで彩るライフスタイル
Lisn Kyoto
リスン キョウト

イメージに基づいて作られた多彩な
インセンスを展開。色とりどりの香
りから、好みや気分に合わせてお気
に入りを探す楽しみがある。詩情豊
かな世界観を持つテーマで毎年発表
される、新作シリーズにも注目。

🏠 京都市下京区烏丸通四条下ル
COCON KARASUMA 1F ☎ 075-
353-6468 🕐 11:00〜19:00
㊡ 不定休 🚇 地下鉄四条駅／阪急
烏丸駅から徒歩約1分
取り寄せ可

烏丸 ▶MAP 別P.12 A-3

NO.222
RHYTHM

RHYTHM(スコールと白い花)
10本入り 550円

雨上がりに咲く花をイメージ

インセンスは全てイメージストーリ
ーに基づいて作られている

印鑑ケース
1個 1,100円

ジャガード織は光沢があり、プチ贅沢気分

バッグに1つ、本格京扇子

宮脇賣扇庵
みやわきばいせんあん

手描きの絵付けや柿渋染めなど、繊細な手仕事が施された扇子。丈夫で開け心地もなめらか。

🏠 京都市中京区六角通富小路東入ル大黒町80-3　☎ 075-221-0181
🕙 10:00〜18:00(夏季は〜19:00)
㉔ 無休　🚇 地下鉄烏丸御池駅から徒歩約7分　取り寄せ可
河原町　▶MAP 別 P.12 C-2

てぬぐい
(上)ビッグアップル 1,760円
(中)(下)だるま、パンダ 各1,800円

種類豊富なモダン柄がそろう

京都発のがま口ブランド

ぽっちり

「ぽっちり」とは舞妓さんの帯留めのこと。レトロなモチーフが愛らしい印鑑ケースは朱肉付きなのもうれしい。

🏠 京都市東山区祇園北側 254-1
☎ 075-531-7778　🕙 10:30 〜20:30　㉔ 無休　🚇 京阪祇園四条駅から徒歩約2分　取り寄せ可
祇園　▶MAP 別 P.10 C-1

扇子(ケースセット)
(上)京しらべ扇「レモン」5,500円
(下)　　〃　「朝顔」5,500円

季節やシーンに合わせた扇子がそろう

個性豊かな手ぬぐいがずらり

細辻伊兵衛美術館
ミュージアムショップ
ほそつじいへえびじゅつかんミュージアムショップ

手ぬぐい美術館に併設のミュージアムショップ。ポップな図案を友禅の技法で染めた手ぬぐいは、200種類以上。インテリアとして飾っても素敵。

🏠 京都市中京区室町通三条上ル役行者町367　☎ 075-256-0077　🕙 10:00〜19:00(最終入館18:30)　㉔ 無休　🚇 地下鉄烏丸御池駅から徒歩約3分　取り寄せ可
烏丸　▶MAP 別 P.7 D-1

ほうき
(右から)棕櫚の小 1,870円
桐わら 1,870円
ロング桐わら 3,080円

デスクやキッチンをサッとひと掃き

カラフルな和柄を楽しんで

鈴木松風堂
すずきしょうふうどう

色鮮やかな型染紙が愛らしい、A4サイズがぴったり収まる収納箱。耐久性に優れ、書類などの整理に活躍。

🏠 京都市中京区柳馬場通六角下ル井筒屋町 409・410　☎ 075-231-5003
🕙 10:00〜18:00　㉔ 水曜、不定休あり　🚇 地下鉄四条駅/阪急烏丸駅から徒歩約10分　取り寄せ可
烏丸　▶MAP 別 P.12 C-2

ええよん箱
各 2,800円

A4サイズの書類などがぴったり入る

たまご箱
各 6,050円

へその緒入れとしても人気。生まれ月に合わせた絵柄を選んでみて

棕櫚ほうき専門店

内藤商店
ないとうしょうてん

コンパクトな棕櫚ほうきやタワシは、ちょっとしたおそうじに重宝。用の美を極めた質実なデザインが魅力。

🏠 京都市中京区三条大橋西詰北側
☎ 075-221-3018　🕙 9:30〜19:30
㉔ 無休　🚇 京阪三条駅から徒歩約2分　取り寄せ可
河原町　▶MAP 別 P.13 E-1

桐の手触りが心地よい小箱

箱藤商店
はことうしょうてん

一つひとつ手描きの絵柄は、季節の花や干支などさまざま。由来のあるモチーフに大切なものをしまいたい。

🏠 京都市下京区堀川通五条下ル柿本町580-8　☎ 075-351-0232
🕙 10:00〜18:00
㉔ 日曜・祝日　🚌 市バス堀川五条から徒歩約1分　取り寄せ可
京都駅　▶MAP 別 P.8 B-1

🛒
SHOPPING

八ツ橋

京菓子

洋菓子

スイーツBOX

ご飯のお供

京の調味料

老舗の逸品

雑貨・文具

コスメ

京都駅

💐 日本古来の色彩が和雑貨の魅力。朱鷺色、芥子色、浅葱色など、繊細な色合いからお気に入りを見つけて。

目立たない、それでも好きだ

ステーショナリーにこだわる

老舗の紙ものやスタンプから、個性的なデザインのもの、社寺のオリジナルグッズまで。
文房具好きのハートをつかむアイテムが勢ぞろい。

STATIONERY
01
収　納

レターホルダー
4,950円
手紙が待ち遠しくなるデザイ
ンはどこにもない逸品

手紙好きの
あの人に贈ろう

TISSUE BOX
2,970円
買ってきたままよりも、ひと
手間かけることで華やかに

LETTER BOX
1,980円
大切な葉書も磁石付きだ
から、きちんとしまえる

無垢材の経年変化を楽しむ
KIJIRUSHI
キジルシ

シンプルで使い心地のよい家具が評判
のKIJIRUSHIが作る、家具と同じ上質
な無垢材を使ったレターホルダー。おお
らかな木目の存在感は、小物ながら
も家具さながらの佇まい。

⌂ 京都市北区紫竹上緑町26-1
☎ 075-406-7206　🕙 11:00〜17:00
㊡ 月・火・日曜不定休　🚌 市バス下緑町
から徒歩約5分　取り寄せ可
上賀茂神社　▶MAP 別 P.25 D-1

多彩な色・柄・形の貼り箱がずらり
WORK&SHOP by BOX&NEEDLE
ワーク アンド ショップ バイ
ボックス アンド ニードル

輸入ペーパーやオリジナルのペーパー
を使い、一点ずつ手貼りで仕上げる貼
り箱の専門店。マグネット付きやティ
ッシュケースなど、「あったらいいな」
と思うサイズや用途の箱がそろう。

⌂ 京都市下京区五条高倉角堺町21
Jimukino-Ueda bldg.3F　☎ 075-
748-1036　🕙 12:00〜18:00（金曜
は13:00〜）　㊡ 月〜木曜、祝日
地下鉄五条駅から徒歩約3分
取り寄せ不可
五条　▶MAP 別 P.9 D-1

SHOPPING

八ッ橋

京菓子

洋菓子

スイーツBOX

ご飯のお供

京の調味料

老舗の逸品

雑貨・文具

コスメ

京都駅

STATIONERY 02
紙もん

綴る、贈る、手渡す。
京の手紙文化と共に
鳩居堂
きゅうきょどう

創業350余年の書・紙・香を扱う老舗。便箋や封筒、文香など、上品で温かみのある品が豊富にそろう。

小さな紙に思いを託して
裏具
うらぐ

和や吉祥のモチーフをベースに、オリジナルユーモアを交えてデザインされた紙ものは、使う楽しみがたっぷり。

まめも
各451円
手のひらサイズのメモ帳。便箋として使ってもかわいい

🏠 京都市東山区塩小路通大和大路東入三丁目本瓦町672　☎075-744-6540　🕐11:00〜17:00　㊡月・火曜（祝日の場合は営業）　🚃市バス東山七条から徒歩約3分　取り寄せ可

京都駅　▶MAP 別 P.9 E-2

🏠 京都市中京区寺町通姉小路上ル下本能寺前町520　☎075-231-0510　🕐10:00〜18:00　㊡無休　🚃地下鉄京都市役所前駅から徒歩約3分　取り寄せ可

河原町　▶MAP 別 P.13 D-1

マル鳩ノートA6
各429円
持ち運びにも便利な薄型ノート。柄も豊富

STATIONERY 03
ペン

**オリジナル
木軸ボールペン**
418円
「NOTHING BUT THE BOOKS」（何はなくとも本があれば）というメッセージ付き

本はもちろん雑貨やイベントも
恵文社一乗寺店
けいぶんしゃいちじょうじてん

個性豊かな選書が人気の書店のオリジナルアイテム。ほかにマスキングテープやバッグなどもある。

取り寄せ可
→P.148

京友禅の繊細さを表現
岡重
おかじゅう

京友禅を和小物やテキスタイルに展開し、新たな魅力を発信する老舗。友禅のバッグやハンカチ、懐中時計なども。

🏠 京都市中京区木屋町通御池上ル上樵木町502　☎075-221-3502　🕐9:00〜17:30　㊡土・日曜・祝日　🚃地下鉄京都市役所前駅から徒歩約2分　取り寄せ可

河原町　▶MAP 別 P.13 E-1

**唐様三昧
漆塗り携帯用筆ペン**
各7,480円
職人が手作業で塗り上げた漆につい見惚れてしまう

STATIONERY 04
スタンプ

**京うふふ
スタンプ**
330円〜
1つ押せば思わず「うふふ」となってしまうこと間違いなし

ペタリと押せば心が和む
田丸印房 新京極店
たまるいんぼう しんきょうごくてん

創業100年を超える老舗ながら、思わずくすっと微笑んでしまうユーモアにあふれたスタンプが人気。

🏠 京都市中京区新京極通四条上ル中之町537　☎075-221-2496　🕐10:00〜20:00　㊡無休　🚃阪急京都河原町駅から徒歩約3分　取り寄せ可

河原町　▶MAP 別 P.13 D-3

STATIONERY 05
マスキングテープ

マスキングテープ
500円
赤、黒、黄の3色がそろう。それぞれ違う絵柄にも注目

**壬生寺マスキング
テープ 2個入り**
800円
近藤、土方、沖田のかわいらしい絵柄にクギづけ

十円硬貨に描かれたあの世界遺産を堪能
平等院
びょうどういん

鳳凰堂や雲中供養菩薩など、世界遺産ならではの見応え。ミュージアムショップには多彩なグッズが並ぶ。

取り寄せ可
→P.120

新選組ゆかりの歴史ある寺
壬生寺
みぶでら

近藤勇像や新選組隊士の合祀墓など、新選組ファンには外せない名スポット。ユニークなグッズも要チェック。

🏠 京都市中京区壬生梛ノ宮町31　☎075-841-3381　🕐8:30〜17:00、壬生塚・歴史資料室9:00〜16:00　㊡境内自由（壬生塚・歴史資料室300円）　㊡無休　🚃市バス壬生寺道から徒歩約3分　取り寄せ不可

大宮　▶MAP 別 P.6 C-1

お守りやお札が定番だった社寺のアイテムも多様化。文房具やバッグなど、使って楽しいグッズも多数。

SHOPPING 11

天然素材で女をアゲる

洗顔〜メイクアップでFinish

舞妓さんや京美人の美の秘訣は、日本古来のお手入れや自然素材のコスメのチカラ。お肌はもちろん、髪やネイルまで、使っているだけで女性らしさがアップするようなはんなりコスメがそろう。

和菓子のようなかわいい石けん

京都しゃぼんや 奥の工房
きょうとしゃぼんや おくのこうぼう

抹茶、ごま、柚子など和の素材や京都の特産物を使った、自然派で香り豊かなコスメ。おいしそうな色や香りの石けんは、泡立てている時間も癒される。

🏠 京都市中京区松本町567-2 ☎ 075-257-7774 🕚 11:00〜18:00（土・日曜、祝日は〜17:00）※季節により変動あり ㊗ 無休 🚇 地下鉄丸太町駅から徒歩約13分 取り寄せ可
御所南 ▶MAP 別 P.15 E-3

舞妓石鹸
20g 550円
90g 1,760円

舞妓さんも愛用する洗顔石けん

STEP 1

洗 顔

心地よい香りを選べば、毎日のお手入れが癒しタイムに。

憧れの名旅館のアンテナショップ

ギャラリー遊形
ギャラリーゆうけい

老舗旅館・俵屋のアメニティやグッズを販売。女性らしい香りの石けんは、一つひとつ丁寧に包まれた個包装や俵屋のロゴがポイント高し。

🏠 京都市中京区姉小路通麩屋町東入ル ☎ 075-257-6880 🕙 10:00〜18:00 ㊗ 不定休 🚇 地下鉄京都市役所前駅から徒歩約5分 取り寄せ可（オンラインストア）https://shop.yukei.jp/
河原町 ▶MAP 別 P.12 C-1

Savon de Tawaraya
6個入り 1,430円

天然香料を含む200種以上の香りをブレンドしたこだわりが詰まった一品

WHAT IS

京都の天然素材のコスメ

敏感肌の人、赤ちゃんと一緒に暮らす人にとって、気になるのが化粧品の素材。京コスメには、天然の美容成分や和の素材、古来から日本の女性がお手入れに取り入れてきたものなどが多く使われている。お気に入りを見つけて、毎日のお手入れとメイクを楽しもう。

日本古来のチカラでスキンケア

京乃雪
きょうのゆき

古くから美容・健康に用いられてきた和漢植物エキスを使った、自然派のスキンケアやコスメが豊富。

🏠 京都市中京区二条通油小路東入ル西大黒町331-1 ☎ 075-256-7676 🕙 10:00〜18:00 ㊗ 水・木曜 🚇 地下鉄二条城前駅から徒歩約3分 取り寄せ可
二条城 ▶MAP 別 P.14 C-3

STEP 2

保 湿

上質な素材でお肌にたっぷりの潤いをチャージ。

リカバリィジェルクリーム
60g 6,380円

天然の保湿成分たっぷり。マッサージ（クリーム）との併用で効果アップ

SHOPPING

八ッ橋

京菓子

洋菓子

スイーツBOX

ご飯のお供

京の調味料

老舗の逸品

雑貨・文房

コスメ

京都駅

STEP3

ヘアケア

艶やかな美髪の秘訣は、昔ながらのお手入れにあり。

特製つばき油
2,145円

ベタつかず、さらりとした使い心地で潤いキープ

創業150余年の髪まわりの老舗

かづら清老舗
かづらせいろうほ

長崎の五島列島の自然に育まれた椿の実を使った、自社製純粋椿油を筆頭に、ヘアケアからコスメ、かんざしなどの和小物まで豊富。

取り寄せ可 →P.86

油専門店ならではの高品質オイル

山中油店
やまなかあぶらてん

江戸後期より油一筋に歩んできた老舗。食用油のほか、椿油やスキンケアコスメなど「きれいになる油」も展開している。

お手入れ用椿油
1,650円

伝統的な玉締め製法で作られたナチュラルな椿油

🏠 京都市上京区下立売通智恵光院西入ル下丸屋町508 ☎ 075-841-8537 🕐 8:30〜17:00 🈺 日曜、祝日 🚃 市バス丸太町智恵光院から徒歩約3分 取り寄せ可

二条城 ▶MAP 別 P.14 A-2

STEP4

メイクアップ

お肌と髪を整えたらいよいよメイク。爪の先まで忘れずに。

日本画絵具の胡粉がネイルに

上羽絵惣
うえばえそう

天然成分の「胡粉」を配合したネイルは、奥ゆかしい色からビビッドカラーまで多彩。爪に優しく匂いが控えなのもうれしい。

🏠 京都市下京区東洞院通松原上ル燈籠町579 ☎ 075-351-0693 🕐 9:00〜17:00 🈺 土・日曜、祝日 🚃 地下鉄四条駅／阪急烏丸駅から徒歩約10分 取り寄せ可

四条 ▶MAP 別 P.7 D-1

胡粉ネイル
各1,452円〜

貝殻から作られる胡粉を使用した爪に優しいネイル

Finish

夜のお手入れも忘れずに…

京都エステサロン発 ナチュラルアロマコスメ

Spa〜 Nursery Japan
スパ〜ナーセリージャパン

京町家の店内にフレッシュなゆず系のアロマが漂う。水尾産柚子など香り豊かなコスメがそろう。

Wクレンジングジェル 京ゆず
180ml 1,980円

これ1本でダブル洗顔いらず。水尾ゆずは京都限定

🏠 京都市下京区仏光寺通柳馬場西入 ☎ 075-343-0358 🕐 11:00〜19:00 🈺 水・木曜 🚃 地下鉄四条駅／阪急烏丸駅から徒歩約5分 取り寄せ可

四条 ▶MAP 別 P.7 D-1

バス＆ シャワージェル
各2,750円（250ml）

ソープとしてはもちろんバブルバスでも楽しめる

ラグジュアリーな香りと泡に包まれて

Derbe 京都本店
デルベ きょうとほんてん

フィレンツェに伝わる薬草のレシピを基に作られた、香り高くリッチなボディケアアイテムがそろう。

🏠 京都市中京区麩屋町六角上ル坂井町473 ☎ 075-708-8356 🕐 11:00〜18:30 🈺 火曜、年末年始 🚃 阪急京都河原町から徒歩約8分 取り寄せ可

河原町 ▶MAP 別 P.12 C-2

続々リニューアル完了！
京都駅で最新みやげをGET

老舗や名物みやげから注目の新店の味まで、一挙に集う京都駅は、
時間のない時のショッピングの救世主。買い忘れはココでGET！

🅜 は友達用に
🅜 は目上の方に
mine は自分用に
オススメ！

SIZUYAPAN 🅜 🅜 mine
シズヤパン
WAGURI 290円
MACCHA OGURA 270円
コロンとかわいいあんパンは栗
入りや抹茶生地など、常時10
類以上用意している
取り寄せ不可 ｜ 日持ち 7日

❶ 新幹線乗車前にお立ち寄り
ASTY 京都
アスティ きょうと

新幹線京都駅構内にあり、駆け込み
ショッピングに最適。帰りの新幹線内のおや
つや食事を調達するのもあり。

🏠 新幹線京都駅構内 ☎ 075-662-0741
（JR東海関西開発㈱／問い合わせ：土・日
曜・祝日を除く月〜金曜）㊡ 店舗により
異なる ㊡ 無休 ㊡ JR京都駅直結
京都駅 ▶ MAP 別 P.8 C-2

鶴屋吉信IRODORI 🅜 🅜 mine
つるやよしのぶイロドリ
琥珀糖 10本入り1,080円
IRODORIようかん 4個入り1,026円
優しい色合いや繊細な味のオリジナル
菓子がそろう（商品変更の場合あり）
取り寄せ可 ｜ 日持ち 25日／6カ月

❷ 最旬ラインナップがそろう
京都タワーサンド
きょうとタワーサンド

京都タワービルB1F〜2Fの商業施設。フー
ドホール、マーケット、ワークショップの
3フロアには京都人気店約45店が集結。

🏠 京都市下京区烏丸通七条下る東塩小路
町721-1 ☎ 075-746-5830（10:00〜19:00）
㊡ 1・2Fは11:00〜19:00（一部店舗は異な
る）、B1Fは11:30〜22:00 ㊡ 無休 ㊡
JR京都駅から徒歩約2分
京都駅 ▶ MAP 別 P.8C-2

京あめ クロッシェ 🅜 🅜 mine
きょうあめ クロッシェ
白絹手鞠 1箱 540円
見た目も華やかな京飴専門店。斬新
な味の組み合わせに注目
取り寄せ可 ｜ 日持ち 製造日より約1年

JR京都駅
デリバリーサービス

八条口

新幹線中央口

ホテルグランヴィア京都

JR京都駅鉄道案内所

JR線中央改札
JR京都駅キャリーサービス

烏丸中央口

京都駅前市バス・
地下鉄案内所

❏ HOW TO 荷物預かりサービス

とかく荷物が増えがちな旅行中。荷物を預
けたり送ったりして身軽に移動できる、キャ
リーサービスを活用してみては。

荷物を預けて身軽にお出かけ
JR京都駅キャリーサービス
ジェイアールきょうときゃりーさーびす

駅と宿泊先間の手荷物配送や京都駅での一時預
かり、自宅までの宅配など、旅行中の荷物のお助
けサービス。

🏠 京都駅ビルB1F ☎ 075-352-5437 ㊡ 8:00〜
20:00（受付：キャリーサービスは〜14:00、宅配は〜
20:00）※交通事情により変動あり ㊡ 無休
京都駅 ▶ MAP 別 P.8 C-2

都松庵 🅜 🅜 mine
みやこしょうあん
ひとくちようかん 6本入り1,404円
フレーバーは抹茶、小倉、こし餡、栗、
柚子、黒糖の6種
取り寄せ可 ｜ 日持ち 製造日より1年

Cocolo Kitchen 🅜 🅜 mine
ココロ キッチン
KYOTO
祇園黒七味ナッツ30g 700円、
65g 1,290円
京都発のグラノーラ・ナッツ専門店。
体に優しいオーガニック素材を使用
取り寄せ可 ｜ 日持ち 製造日より120日

SHOPPING

八ツ橋

京菓子

洋菓子

スイーツBOX

ご飯のお供

京の調味料

老舗の逸品

雑貨・文具

コスメ

京都駅

❸ 話題の人気店が勢ぞろい
京都駅ビル専門店街 The CUBE
京名菓・名菜処 京
きょうとえきビルせんもんてんがい ザ キューブ
きょうめいか・めいさいどころ みやこ

老舗の和菓子や人気の洋菓子、弁当、惣菜など豊富な品揃え。新幹線中央口からも近くて便利。

🏠 京都市下京区烏丸通塩小路下ル東塩小路町901 JR京都駅西口 ☎075-371-2134（ザ・キューブクラブ事務局）　⏰8:30〜21:00（店舗により異なる）　㊡不定休　🚃JR・近鉄京都駅直結
`京都駅` ▶MAP 別 P.8 C-2

PRESS BUTTER SAND 京都駅店
バターサンド〈宇治抹茶〉
5個入り 1,296円
コクのあるバターとすっきりとした苦みの宇治抹茶が好相性
`取り寄せ可` `日持ち` 7日
☎0120-319-235

こうぼうにしり
酵房西利
乳酸発酵甘麹ドリンク
250円〜
西利のラブレ乳酸菌で発酵させたすっきりとした甘みの甘麹ドリンク
`取り寄せ不可` `日持ち` 当日
☎075-344-0008

（地図）
近鉄電車
改札口
ホテル近鉄京都駅
N
京都総合観光案内所 京なび
ビックカメラ
JR京都駅店
京都駅ビルインフォメーション
中央郵便局

❹ 旬のセレクトが信頼のデパ地下
ジェイアール京都伊勢丹
ジェイアールきょうといせたん

京都の今を押さえた出店がずらり。手軽に名店の味を堪能できるお弁当は要チェック。2022年には25周年を迎え、リフレッシュ＆ニューオープンが続々登場。

🏠 京都市下京区烏丸通塩小路下ル東塩小路町 ☎075-352-1111（ジェイアール京都伊勢丹・大代表）　⏰10:00〜20:00　㊡不定休　🚃各線京都駅直結
`京都駅` ▶MAP 別 P.8 C-2

ひさご寿し
祇園 2,106円
寿司の名店のちらし寿司と箱寿司を一度に味わえる贅沢弁当
`取り寄せ不可` `日持ち` 当日中

いとうけん／ソウ・ソウ
伊藤軒／SOU・SOU
SO-SU-U・羊羹カステイラ（和三盆）
10個入り 1,296円
テキスタイルブランドSOU・SOUの代表的なデザインがモチーフのカステラ
`取り寄せ可` `日持ち` 製造より30日

❺ 名店から話題店まで幅広い！
京都駅前地下街 ポルタ
きょうとえきまえちかがい ポルタ

地下鉄京都駅直結の便利な地下街。おみやげや食事処だけでなく、雑貨やファッションなどのショップも豊富。

🏠 京都市下京区烏丸通塩小路下ル東塩小路町902 ☎075-365-7528（ポルタインフォメーション）　⏰店舗により異なる　㊡不定休　🚃JR京都駅直結
`京都駅` ▶MAP 別 P.8 C-2

「カレーパンだ。」の
sexyカレーパン 313円

ポルタキッチン
2021年7月にオープンしたテイクアウト専門店街。スイーツはもちろん、お弁当から京都の鉄板みやげまでがそろう。

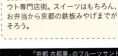

ダリ ケー
Dari K
カカオサンドクッキー2枚入り500円
厚めのビターチョコをサクサクのラングドシャでサンド
`取り寄せ不可` `日持ち` 150日

「京都 古都果」のフルーツサンド各種

「玄米 京都ぎゃへ」の
ひめいなり詰め合わせ
（8個入り）
1,000円

まんげつ
満月
阿闍梨餅 1箱10個入り 1,296円
モチモチ食感の生地に優しい甘さの粒餡が詰まった京銘菓
`取り寄せ不可` `日持ち` 5日

京都の 花街と 芸舞妓

たおやかな京都の象徴
芸舞妓さんに出会える花街

京都特有の「はんなり」とした風情が最も感じられる花街。祇園甲部、宮川町、先斗町、上七軒、祇園東からなる5つの花街を総称して五花街といい、それぞれに異なる歴史や文化を持って形成されている。夕闇が迫る頃、格子戸から漏れるほのかな灯りの中を行き交う芸舞妓さんの姿は、まさに京都を象徴するようなワンシーン。舞妓さんの修業の場であり家でもある置屋や、宴席を設けたお茶屋が立ち並ぶ花街では、そんな光景を目にすることもしばしば。華やかさと伝統が織り成す独特の雰囲気が、千年の都の時代から多くの人々を魅了してきた。舞や踊りといった舞台のほかにも一年を通してさまざまな行事が行われ、季節の節目と共に重んじられてきたしきたりが今もなお息づいている。一方で、お座敷などへ向かう途中の芸舞妓さんの足を止めて無理に写真撮影を求めたり、いきなり手を触れるといったマナー違反も増加している近年。節度を守って、歴史ある花街の文化を楽しみたい。

花街 MAP

京都市街地の中心部である三条・四条・五条間で、鴨川から東大路通までのエリアに集中している、祇園甲部、宮川町、先斗町、祇園東の花街。上七軒のみ少し離れ、上京区に位置する。

歴史背景にもそれぞれ特徴を持つ五花街。はんなり京風情漂う、花街をご紹介。

 祇園甲部 (ぎおんこうぶ)

歴史ある「都をどり」の街

南北は建仁寺通から新橋通、東西は東大路通から縄手通までのエリア。応仁の乱で焼け野原となった後、徐々に芸能の街として発展していった。

 宮川町 (みやがわちょう)

歌舞伎と深い関わりも持つ

鴨川の東側、四条通から五条通までのエリア。四条通の鴨川南で、毎年祇園祭の神輿洗いが行われていたことから「宮川」と名付けられた。

 先斗町 (ぽんとちょう)

千鳥モチーフの紋章がかわいい

四条から三条の間で木屋町と鴨川に挟まれた通り。「ポント」とはポルトガル語に由来する説が一般的。夏には風物詩である納涼床が出る。

 上七軒 (かみしちけん)

7軒のお茶屋から始まった

北野天満宮の門前。室町時代の北野天満宮の造営時に用いた木材で造った7軒の休憩所でのもてなしを豊臣秀吉が気に入り、茶屋として発展。

 祇園東 (ぎおんひがし)

八坂神社の門前町

四条通北側、花見小路から東大路までのエリアで、昭和30年頃より祇園甲部と分かれて祇園東と呼ばれるようになった。

舞妓さんの装い

美しさとかわいらしさを兼ね備えた舞妓さん。その美しさの秘密はどこにあるのだろう？そんな舞妓さんの気品あふれるスタイルの一つひとつを徹底解剖！

髪型
最初の仕込みを終え、見習いとしてお座敷に出る頃から結う舞妓さんの初期の髪型・割れしのぶ。

化粧
鮮やかな着物も映える白塗りの肌に、おちょぼ口に見えるよう紅を小さくさすのがポイント。

着物・ぽっちり
華やかな図柄をあしらった明るい色の色紋付。舞妓さんの帯留め「ポッチリ」は大きめが主流。

だらり帯
舞妓さんのシンボルでもある「だらり帯」は約5.5メートルという長さ！帯の裾には置屋の家紋が。

おこぼ
歩くとこぼこぼ音がするからなど、由来は諸説あり。出たての舞妓さんのおこぼは鈴が付いている。

よう見ておくれやす

かんざし
舞妓さんのかんざしは「花かんざし」と呼ばれ月ごとに替わる。祭りなどに合わせ特別なものを挿すことも。

1月
松竹梅や、正月には本物の稲穂に白い鳩の付いたものを挿す。

7月
団扇や渦潮を配し、10〜28日は祇園祭用のかんざしに替わる。

12月
南座のミニチュアまねきに、役者のサインをもらうのが慣わし。

籠
巾着の底が籠になったもので、着物同様に季節によって生地や図柄を替える。小脇に抱えた姿も優雅。

写真協力：PIXTA
※写真はイメージです

WHAT IS

芸妓と舞妓の違い

舞妓は、芸や教養を身に付け芸妓となるために修業中の15〜20歳の少女をさす。芸妓になると年齢制限はなく、基本的には置屋を出てひとり立ちをする。見た目の特徴も、華やかなかんざしや着物を身に付ける舞妓に対し、芸妓の装いはシンプルかつシックにまとまっている。

WHERE IS　舞妓さんをもっと身近に

©祇園甲部歌舞会

京に春を呼ぶ風物詩
都をどり みやこおどり
4月1日から約1カ月、祇園甲部の芸舞妓による舞踊公演が開催される。

🏠 京都市東山区花見小路四条下ル 祇園甲部歌舞練場　☎ 075-541-3391　🕐公式HPを確認　🚃 京阪祇園四条駅から徒歩約5分　祇園 ▶ MAP 別P.10 C-2

舞妓さんと楽しい時間を
舞妓花の席 まいこはなのせき
舞妓さんと話したり、舞を見たりできる。記念撮影が自由にできるのもうれしい。※詳細は要問合せ

🏠 京都市東山区祇園南側　☎ 075-451-1881　🕐 相席の開催は公式HPを確認。貸切は電話にて要予約。　🚃 京阪祇園四条駅から徒歩約5分　祇園 ▶ MAP 別P.10 C-2

ひと味違った時間を
上七軒ビアガーデン かみしちけんびあがーでん
上七軒歌舞練場で開催されるビアガーデン。おそろいの浴衣に身を包んだ芸舞妓さんがおもてなし。

🏠 京都市上京区今出川通七本松西入真盛町742　☎ 075-461-0148　🕐 7月上旬〜9月上旬の17:30〜22:00（予定）8月14〜16日（予定）　🚃 市バス上七軒から徒歩約3分※最新情報は公式HPを確認　北野天満宮 ▶ MAP 別P.21 E-3

花街ではお茶屋以外でも芸舞妓さんを間近に見ることができる機会がいっぱい。季節の行事をチェックしよう。

TOURISM
清水寺周辺
祇園
嵐山
金閣寺周辺
銀閣寺周辺
二条城周辺
京都駅周辺
郊外

清水寺周辺
(きよ みず でら)

KIYOMIZUDERA AREA

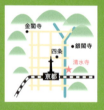

昼：◎ 夜：○

世界文化遺産・清水寺を中心に京都らしいショップ、飲食店などが軒を連ねる。

「京都さんぽ」にふさわしい 今昔の魅力満載のエリア

　「京都といえば」な観光名所である清水寺。さまざまな時代を見届けた歴史ある寺社がこのエリアには点在する。参道には多彩なグルメや京小物のお店が並び、立ち寄りたいスポットが盛りだくさん。趣深い石畳の道をじっくり散策してみよう。

京都駅からのアクセス

京都駅	市バス 206 🚌	五条坂・清水道	徒歩 🚶	清水寺
	15分・230円		10分	
	JR 🚆	京阪電車 🚆	徒歩 🚶	
	東福寺駅	清水五条駅		
	2分・150円	3分・160円	25分	

どう回る？

▶歩いて
五条坂から祇園まで坂道も多いけれど、見どころ満載なので楽しく歩ける。のんびり歩くことで、まだ見ぬ新しい京都に出会えるかも！

▶人力車で
人力車で巡るのも魅力的。メジャーどころのみならず穴場スポットまで知り尽くした俥夫さんが、楽しいお話を交えて案内してくれる。

他のエリアに行くなら？

▶祇園へすぐ
祇園へは、MAPのとおり参道から円山公園に出るパターンと、東大路通へ出て北へまっすぐ行き八坂神社正面に着くパターンの2つがある。

▶銀閣寺周辺へ足をのばして
清水寺と並ぶ観光名所といえば銀閣寺。銀閣寺へは、祇園から203系統などのバスを利用すると約15分で到着するので、どちらも行きたい人はぜひ。

清水寺周辺MAP

祇園
四条通
GOAL
八坂神社
しだれ桜
南楼門
円山公園
桜の名所
下河原通
坂本龍馬・中岡慎太郎像
長楽寺
知恩院・青蓮院門跡
ギオンコーナー
祇園甲部歌舞練場
圓徳院
西行庵
芭蕉堂
高台寺 →P.79
4
石塀小路 →P.79
5
ねねの道
霊山観音
京都霊山護國神社
安井北門通
安井金比羅宮
東山安井
維新の道
坂本龍馬の墓
八坂通
八坂の塔
3
→P.78
六道珍皇寺
清水道
2 二年坂
→P.79
六波羅蜜寺
清水道
食べ歩きも楽しい
東大路通
2 産寧坂
→P.78
東山区総合庁舎
START
東山警察署
五条坂
みやげ物店がズラリ
清水寺
→P.77
1
地主神社
五条坂
茶わん坂
五条通
鳥辺山
音羽の滝
京阪清水五条駅
N 1.5分 3分 0 100 200m

▶モデルコース

🕐 約4時間／🚶 約4km

| 五条坂 | → | 🚶徒歩約10分 | ① 清水寺 ↓P.77 | → | 🚶徒歩約5分 | ② 産寧坂・二年坂 ↓P.78・79 | → | 🚶徒歩約3分 | ③ 八坂の塔 ↓P.78 | → | 🚶徒歩約8分 | ④ 高台寺 ↓P.79 | → | 🚶徒歩約5分 | ⑤ 石塀小路 ↓P.79 | → | 🚶徒歩約10分 | 祇園 |

SEE

平成の大改修を終えてキレイになった！

清水寺へいざ参拝！

所要時間 1時間

平安京遷都以前からの古い歴史を持つ清水寺。広い境内には、文化財となっているスポットも多い。舞台の覆いが取れて生まれ変わった清水寺の本堂を見に行こう！

必ず押さえたい屈指の観光名所

清水寺

きよみずでら

世界遺産

日本有数の観音霊場として、平安時代より多くの参拝者でにぎわう。境内には約30の堂宇があり、そのスケールに驚く。2020年に「平成の大修理」が完了し、屋根も舞台も新しくなった本堂は必見！

⌂ 京都市東山区清水1-294 ☎ 075-551-1234 [営] 6:00～18:00(季節により変動あり) [料] 400円 [休] 無休 [交] 市バス清水道／五条坂から徒歩約10分

▶MAP 別 P.11 F-3

→P.12

檜皮葺の屋根

ヒノキの樹皮をずらしながら重ねて葺き固定する。多くの文化財の屋根に用いられる手法で、重厚感が特徴。

HOW TO

清水寺の攻略テク

①早朝が狙い目

拝観は午前6時から。早朝は比較的人が少ないのでゆっくり拝観できる。

②ライトアップも注目

期間限定のライトアップは春、夏、秋に開催。幻想的な眺めは一見の価値あり。

2022年3月26日～4月3日・8月14～16日・11月18～30日 [営] 春:18:00点灯予定、21:00受付終了、夏:18:30点灯予定、21:00受付終了、秋:17:30点灯予定、21:00受付終了 [料] 400円

清水寺の見どころ 4

1 仁王門

赤門とも呼ばれる清水寺の正門。幅約10m、奥行約5m、棟高約14mの迫力ある門。両脇には京都最大級の仁王像が。

2 本堂(清水の舞台)

もとはご本尊の観音様に芸能を奉納するための場所。平安時代から現在に至るまで舞台奉納が行われている。

3 阿弥陀堂

法然上人二十五霊場第十三番札所として、多くの参拝者が訪ねる。建築は重要文化財に指定。

4 音羽の滝

創建時より途切れることなく流れる滝は、寺名の由来にもなっている。霊験ある清らかな水はおみやげにもいい。

音羽霊水 500円

清水寺MAP

広い境内にはさまざまなご利益スポットがあちこちに点在。音羽山の爽やかな空気を感じながら、心願成就の旅へ出発！

春と秋に限定公開される
成就院庭園
成就院
首振地蔵
N
400m
有料区域
1 仁王門
入口
START
鐘楼
随求堂
地主神社
(修復のため拝観休止)
西門
3 阿弥陀堂
本堂(清水の舞台) 2
三重塔
出口
GOAL
出世大黒
拝観受付
濡れ手観音
奥の院
舌切茶屋
4 音羽の滝
お茶屋でひと休みも
子安塔へつながる

山の上の立地で起伏があり、境内はとても広い。歩きやすい靴や服装で参拝するのがおすすめ！

WALK

産寧坂・二年坂からねねの道へ
清水寺参道をぶらりさんぽ

清水寺へ続く参道には、京都らしさを味わえるスポットがたくさん。美しい景観だけでなくおみやげやおいしいグルメも充実！ ショッピングも楽しもう！

START
まずは清水坂！
清水寺の参道として栄え、さまざまなおみやげ店が立ち並ぶ

抹茶クリーム！八ッ橋しゅー330円[A]

総本家 ゆどうふ 奥丹清水の名物のとうふまんじゅう250円→P.31

京都らしさあふれる!
産寧坂へ！
石畳が続く京情緒たっぷりの景観。ゆっくりじっくり歩きたい

お座敷でコーヒーが粋！[B]

築約100年の風格漂う日本家屋[B]

八坂の塔も
正式名称は法観寺。石畳の街並みと相まった景色は絶好の撮影スポット

多彩な「くくり猿」に願いを込めて[C]

[A] クリームとろーりできたてを楽しむ

清水 京あみ

きよみず きょうあみ

看板の「八ッ橋しゅー」はニッキがアクセント。味は抹茶、カスタードの2種から選べる。

⌂ 京都市東山区清水1-262-2 ☎ 075-531-6956 [営] 10:00～18:00（清水寺ライトアップ中は延長） [休] 不定休 [交] 市バス清水道／五条坂から徒歩約10分

▶MAP 別 P.11 E-3

[B] 世界初！ 座敷のあるスターバックス

スターバックス コーヒー 京都二寧坂ヤサカ茶屋店

スターバックス コーヒー きょうとにねいざかヤサカちゃやてん

東山・二寧坂にある暖簾のかかるスターバックス。日本家屋を改装した店内には、靴を脱いでくつろげる座敷席も。

⌂ 京都市東山区高台寺南門通下河原東入桝屋町349 ☎ 075-532-0601 [営] 8:00～20:00 [休] 不定休 [交] 市バス清水道から徒歩約5分

▶MAP 別 P.11 E-2

[C] 日本最古の歴史ある庚申堂

八坂庚申堂（金剛寺）

やさかこうしんどう（こんごうじ）

庚申信仰の霊場で、「庚申さん」と親しまれている。くくり猿は欲望を封じて心をコントロールするお守り。

⌂ 京都市東山区金園町390 ☎ 075-541-2565 [営] 9:00～17:00 [料] 無料 [休] 無休 [交] 市バス清水道から徒歩約5分

▶MAP 別 P.11 D-2

TOURISM

清水寺周辺

祇園

嵐山

金閣寺周辺

銀閣寺周辺

二条城周辺

京都駅周辺

郊外

清水寺参道MAP

↑安井金比羅宮
↑建仁寺・祇園
↑八坂の塔
撮影などでもおなじみ
五条坂
徒歩1分
清水坂
石塀小路
円山公園
八坂神社
→
産寧坂
ねねの道
N
おみやげ屋さんいっぱい
二年坂
京都霊山護國神社
卍清水寺
卍高台寺

ココは**二年坂**！
産寧坂から続く坂道。立ち並ぶ京町家の風情にふれながら歩こう

Beautiful

竹久夢二の寓居跡も！

おともだちほうずい9個入り1,080円

舞妓さんに会えるかも!?

町屋を改装した和モダンな空間 E

ねねの道へ
ねねにちなんで命名された、高台寺門前にのびる石畳の道

小堀遠州作の庭園は素晴らしい眺め F

フルーツサンドイッチ千重1,950円、とカプチーノ500円 E

石塀小路も！
ねねの道と下河原通を結ぶ、少し入り組んだ石畳の路地

GOAL

雰囲気あるね〜

京都らしさを味わい大満足

D 京都の素材を使ったかわいいお菓子

二年坂まるん
にねんざかまるん

見た目も愛らしいおともだちほうずいは和風マシュマロ。ほかにもカラフルなお菓子や雑貨、京の地酒がそろう。

🏠 京都市東山区八坂通二年坂西入 ☎075-533-2111 ⏰10:00〜18:00（季節により変動あり）🈺不定休 🚌市バス清水道から徒歩約5分
▶MAP 別 P.11 E-2

E 京都の伝統的建造物でコーヒーを

The Unir coffee senses
ザ ウニール コーヒー センシズ

高台寺近くの一念坂にある京都市指定伝統的建造物を生かした空間で、スペシャルティコーヒーを楽しめる。

🏠 京都市東山区桝屋町363-6 ☎075-746-6353 ⏰11:30〜17:30（LO17:00）、土・日曜、祝日は11:00〜18:00（LO17:30）🈺水曜、第3木曜 🚌市バス東山安井から徒歩約5分
▶MAP 別 P.11 E-2

F 北政所ねねが眠る寺院

高台寺
こうだいじ

1606（慶長11）年創建。秀吉とねねゆかりの堂宇が多く残る。春夏秋にはライトアップ期間がある。

🏠 京都市東山区高台寺下河原町526 ☎075-561-9966 ⏰9:00〜17:00（夜間拝観時〜21:30）🈺無休 💴600円 🚌市バス東山安井から徒歩約7分
▶MAP 別 P.11 E-2

「産寧坂」は清水寺の子安塔へ向かう安産祈願に由来。それに連なり二年坂は「二寧坂」とも言われる。

EAT

食べるのがもったいない！
見目麗しい華やかスイーツ探し

坂道に疲れたら参道脇でひと休み。清水寺周辺は情緒あふれる名店が軒を連ねており、近頃は
乙女心くすぐる素敵なビジュアルのスイーツやドリンクがいっぱい！

桃といちご
のパルフェ
2,300円

まるでアートな
リッチパフェ

砂糖漬けレモンを
トーストにのせて

レモントースト
500円

八坂の塔を望むパフェ専門店
DORUMIRU yasakanotou
ドルミール ヤサカノトウ

金沢発のおしゃれカフェ。季節ごとに
変わる宝石のようなパフェは味はもち
ろん見た目も◎。事前予約がベター。

🏠 京都市東山区金園町388-3　☎ 075-
366-5000　⏰ 12:00～18:00 (LO16:30)
❌ 水曜　🚌 市バス清水道から徒歩約5分
▶ MAP 別 P.11 D-2

レトロムードの路地奥喫茶店
菊しんコーヒー
きくしんコーヒー

高台寺そばの路地に佇む喫茶店。香り高
い自家焙煎珈琲に程よい酸味のレモン
トーストが合う。

🏠 京都市東山区下弁天町61-11菊しんア
パート101　☎ 075-525-5322　⏰ 8:00～
18:00　❌ 日曜　🚌 市バス東山安井から徒
歩約3分
▶ MAP 別 P.11 D-2

カラフル＆ポップな
新感覚の和菓子

串和菓子
各500円

立体的な
フルーツトースト

オープントースト
(写真は柿1,550円)

※季節により内容や価格が変わる

京ファブリックのSOU・SOUが和菓子とコラボ
伊藤軒／SOU・SOU 清水店
いとうけん／ソウソウきよみずみせ

SOU・SOUのテキスタイルデザインが
老舗の伊藤軒の和菓子と融合！ 4種
の和菓子がワンハンドスイーツに。

🏠 京都市東山区清水3丁目315　☎ 012
0-929-110　⏰ 10:00～18:00　❌ 無休
🚌 市バス清水道から徒歩約8分
▶ MAP 別 P.11 E-3

フルーツを使ったおしゃれトーストが人気のカフェ
カフェアットモス

祇園の和食割烹が手掛ける。ドライフラ
ワーが配された店内では、華やかな
オープントーストをいただける。

🏠 京都市東山区下馬町490 ELLA490 1F
☎ 070-1847-8818　⏰ 10:00～17:00(公
式インスタグラムにて要確認)　❌ 不定
休　🚌 市バス馬町から徒歩約4分
▶ MAP 別 P.9 F-1

ここも見逃せない！

まだある立ち寄りSPOT

注目の社寺や龍馬ゆかりのスポットなど見どころはほかにも！

SPOT 1 悪縁を切る！ご利益スポット

☞ 悪縁を断ち、良縁を呼び込む

安井金比羅宮

やすいこんぴらぐう

主祭神・崇徳天皇が四国へ流された際、讃岐の金刀比羅宮で欲を断ち切って祈願したことから、断ち物の神社としての信仰を集める。

🏠 京都市東山区下弁天町70
☎ 075-561-5127 [営][料] 境内自由（授与所9:00～17:30） [休] 無休
[交] 市バス東山安井から徒歩約1分
▶MAP 別 P.10 C-2

卓上御神札 1,200円

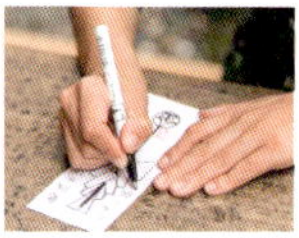

❶ 本殿参拝後、身代わりのお札に願い事を書く

❷ 縁切り縁結び碑を往復でくぐって祈願

❸ 最後にお札を碑の好きなところに貼る

良縁の願いを込めて

SPOT 2 ミステリアスな魔界六波羅へ

☞ 小野篁（おののたかむら）の不思議な伝説が残る

六道珍皇寺

ろくどうちんのうじ

現世と冥界の境「六道の辻」にある寺院。小野篁が冥土へ通った2つの井戸がそれを物語る。

🏠 京都市東山区松原通東大路西入小松町
☎ 075-561-4129
[営] 9:00～16:00
[料] 境内自由、堂内800円（要予約） [休] 無休 [交] 市バス清水道から徒歩約5分
▶MAP 別 P.10 C-2

夜は閻魔庁の冥官だった

☞ 平家一門ゆかりの寺院

六波羅蜜寺

ろくはらみつじ

平清盛坐像をはじめ、鎌倉期の彫刻を多く有する。ご本尊の十一面観世音菩薩像は国宝で12年に一度公開の秘仏。

🏠 京都市東山区五条大和大路上ル東 ☎ 075-561-6980 [営] 8:00～17:00 [料] 600円（宝物館） [休] 無休 [交] 市バス清水道から徒歩約7分
▶MAP 別 P.10 C-3

開祖・空也上人立像も

SPOT 3 幕末ファン必見！維新の英雄に会える

☞ 幕末へタイムスリップ！

幕末維新ミュージアム 霊山歴史館

ばくまついしんミュージアム りょうぜんれきしかん

幕末・明治維新期にスポットを当てた専門博物館。西郷隆盛や坂本龍馬、新選組の関連資料など見どころ多数。

🏠 京都市東山区清閑寺霊山町1 ☎ 075-531-3773
[営] 10:00～17:30（最終受付17:00） [料] 900円 [休] 月曜（祝日の場合は翌日） [交] 市バス清水道／東山安井から徒歩約7分
▶MAP 別 P.11 E-2

☞ 激動の時代を奔走した志士が眠る

京都霊山護國神社

きょうとりょうぜんごこくじんじゃ

幕末に活躍した志士たちを祀るべく、明治天皇の勅命により創建。坂本龍馬など勤皇の志士のお墓がある。

🏠 京都市東山区清閑寺霊山町1
☎ 075-561-7124 [営] 9:00～17:00
[料] 300円 [休] 無休 [交] 市バス東山安井から徒歩約10分
▶MAP 別 P.11 E-2

坂本龍馬と中岡慎太郎

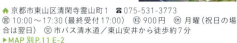

霊山護國神社、歴史館と巡り、そのまま円山公園の坂本龍馬像まで足をのばし、幕末に思いを馳せてみても！

祇園
ぎ おん

GION AREA

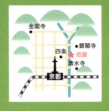

昼夜とも見どころ満載

昼:◎ 夜:◎

風情ある石畳の街並みやグルメ、ショッピングスポットなど見どころが目白押し。

伝統的な街並みが続く京都を代表する花街

　"祇園さん"の呼び名で親しまれている八坂神社の門前として発展したエリア。現在も芸妓さんや舞妓さん達が出入りするお茶屋さんをはじめ、伝統的な街並みが残っている。カフェやレストラン、バーなど飲食店が軒を連ね、昼夜を問わず多くの人でにぎわう。

京都駅からのアクセス

	JR	京阪電車	徒歩	
京都駅	2分・150円 東福寺駅	5分・160円 祇園四条駅	5分	八坂神社
	市バス206系統 16分・230円	祇園	徒歩 すぐ	

どう回る?

▶歩いて

八坂神社から祇園新橋にある巽橋へ。石畳と町家の街並みを堪能したら、花見小路を歩いて風神雷神図屏風で有名な建仁寺を参拝しよう。

▶夜遅くなったら

京都駅行きの終バスは23:30頃が目安。またバス停の「祇園」は複数あるので、事前に場所の確認をしておくのがベター。

他エリアに行くなら?

▶銀閣寺エリアの平安神宮へ

平安神宮へは市バス46系統と86系統、銀閣寺へは市バス203系統が利用できる。春秋の観光シーズンは混むので、時間の余裕をもって。

▶街なかもすぐ近く

京都の中心部・四条河原町エリアとは隣接。途中にある鴨川の流れを眺めたり、先斗町や木屋町通の街歩きを楽しんだりするのもおすすめ。

祇園MAP

① 辰巳大明神 →P.83
② 祇園白川 →P.83
ここが巽橋
GOAL
START
よしもと 祇園花月
お茶屋や料亭が軒を連ねる
④ 花見小路 →P.83
八坂神社 ① →P.83
建仁寺 ⑤ →P.18
弥栄会館ギオンコーナー
祇園甲部歌舞練場
東山安井

モデルコース　⏱約2時間／🚶約2.3km

祇園	→ ① 八坂神社	→ ② 祇園白川	→ ③ 辰巳大明神	→ ④ 花見小路	→ ⑤ 建仁寺	→ 京阪祇園四条駅
	🚶徒歩すぐ	🚶徒歩約5分	🚶徒歩すぐ	🚶徒歩約7分	🚶徒歩すぐ	🚶徒歩約5分
	↓P・83	↓P・83	↓P・83	↓P・83	↓P・18	

SEE

着物でやまとなでしこ気分に
祇園で憧れの京さんぽ

所要時間 2時間

祇園をさんぽするなら、憧れの着物スタイルで。ヘアセットから着付けまでお願いできるレンタルは、初めてでも安心。好きな柄の着物と帯をまとったら、やまとなでしこ気分で出かけよう。

祇園の美しい風情を色濃く残す
祇園白川
ぎおんしらかわ

石畳に町家が立ち並ぶ祇園は、国の伝統的建造物群保存地区にも指定されている。春はしだれ桜やソメイヨシノが咲き乱れ、さらに趣が増す。夜桜もまた美しい。

▶MAP 別 P.10C-1

HOW TO
祇園の攻略テク

① 舞妓さんに会うなら夕方

一度は会ってみたいホンモノの舞妓さん。お座敷に出かける夕方なら、会える確率も高まる。

② 春は桜の名所に！

春は白川沿いの桜が満開になり、多くの花見客が訪れる祇園白川。しっとりとした雰囲気が漂う夜も京都らしくておすすめ。

ここにもより道

祇園の芸舞妓さん御用達カフェ
切通し 進々堂
きりとおし しんしんどう

祇園で50年以上愛される喫茶店。名物の「ういきゅうトースト」350円〜や、ゼリーの「みどり〜の」「あかい〜の」各350円などが人気。店内に舞妓さんの千社札が飾られているのも花街ならではの趣。

⌂ 京都市東山区祇園町北側254 ☎ 075-561-3029 [営] 10:00〜LO15:30（季節により変動あり） [休] 月曜、不定休あり [交] 京阪祇園四条駅から徒歩約2分

▶MAP 別 P.10 C-1

祇園の見どころ 4

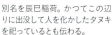

1 八坂神社
やさかじんじゃ

京都を代表する古社で、境内には美人祈願で知られる美御前社もある。

⌂ 京都市東山区祇園町北側625 ☎ 075-561-6155 [営] 境内自由（授与所9:00〜17:00） [料] 無料 [休] 無休 [交] 市バス祇園から徒歩約1分

▶MAP 別 P.11 D-1

2 巽橋
たつみばし

小さな石橋ながら、白川と玉垣、町家の風情が見事に調和した景観が人気。テレビドラマや雑誌撮影の定番スポット。

▶MAP 別 P.10 C-1

3 辰巳大明神
たつみだいみょうじん

別名を辰巳稲荷。かつてこの辺りに出没して人を化かしたタヌキを祀っているとも伝わる。

⌂ 京都市東山区新橋通花見小路西入ル元吉町 [営][料] 境内自由 [休] 無休 [交] 京阪祇園四条駅から徒歩約5分

▶MAP 別 P.10 C-1

4 花見小路
はなみこうじ

四条通以南は石畳が整備され、付近には老舗の料亭やお茶屋などが立ち並び、京都らしい情緒を感じさせる通りになっている。

▶MAP 別 P.10 C-1

EAT

1日中おいしいもんづくし！

花街グルメを堪能する

古くから舌の肥えた旦那衆が通っていた花街にはおいしいものがたくさん。近年は抹茶をはじめとした和スイーツのお店も続々誕生。とっておきのグルメスポットへご案内。

9:00 MORNING

レトロな喫茶店でいただけるモーニングセットは、焼きたまごサンドが人気。歴史ある建物で至福の時間を過ごそう。

玉子サンド 800円

卵の濃厚な旨みを感じられる。味付けは塩とマヨネーズのみ

南座の役者達が愛する老舗喫茶店

コーヒーショップ ナカタニ

1972（昭和47）年創業。名物の玉子サンドは、南座やお茶屋への出前が多かったことから、長時間おいしく食べられるゆで卵タイプ。

🏠 京都市東山区縄手通四条上ル廿一軒町236 鴨東ビル1F ☎075-525-0823 [営]9:00〜17:00 [休]無休 [交]京阪祇園四条駅から徒歩約1分

▶MAP 別P.10 B-1

12:00 LUNCH

ランチは祇園のメインストリート花見小路で京都らしさを満喫。プチ贅沢なランチもいいけれど、普段着の京都を感じるうどんも見逃せない。

伝統の京料理を手軽にいただく

祇をん 豆寅

ぎをん まめとら

愛らしい豆皿で京料理を供するお店。旬の素材を生かした料理は、どれからいただこうか迷う美しさ。

🏠 京都市東山区祇園町南側570-235 ☎075-532-3955 [営]11:30〜14:00、17:00〜21:00 [休]無休 [交]京阪祇園四条駅から徒歩約5分

▶MAP 別P.10 C-2

彩りも美しく、華やかな名物の豆すしが15貫いただける

豆すし膳 4、800円

パクリといただける大きさ

ネギでうどんが見えない！

ねぎうどん 1、400円

九条ネギがたっぷりと入っている

九条ネギの風味際立つ祇園の人気うどん

祇をん 萬屋

ぎをん よろずや

京野菜の九条ネギは契約農家から仕入れたもの。甘みが強く、カツオでとった風味豊かなうどんダシとの相性も抜群。

🏠 京都市東山区花見小路四条下ル二筋目西入ル小松町555-1 ☎075-551-3409 [営]12:00〜15:00、17:30〜19:00、日曜・祝日は〜16:00（15:00〜17:30は仕込みで閉店） [休]不定休 [交]京阪祇園四条駅から徒歩約3分

▶MAP 別P.10 C-2

TOURISM

清水寺周辺

祇園

嵐山

金閣寺周辺

銀閣寺周辺

二条城周辺

京都駅周辺

郊外

🕒 15:00 **SWEETS**

ティータイムはパフェにしようか、ケーキにしようか。それともわらび餅!?祇園には和スイーツの名店がずらり。甘味のハシゴもありかもね。

2種の謹製ブラウニーとお薄のセット 1,650円

ブラウニーのほか、季節のスイーツやモンブランも人気

町家空間でいただく手作りスイーツ
万治カフェ
まんじカフェ

江戸時代の商家をカフェにリノベーション。履物を脱いでくつろげる店内では、その場で点ててもらえる抹茶のほか、洋スイーツを楽しめる。
🏠 京都市東山区南側570-118 ☎ 075-551-1111 🕐 11:00〜18:30(LO18:00) 🈺 火・水曜 🚉 京阪祇園四条駅から徒歩約3分
▶ MAP 別P.10 C-2

ブルルン白玉団子

レモン風味のプリン

恋する檸檬の抹茶パフェ 1,310円

甘酸っぱいレモン風味に、初恋を思い出すかも？

わらび餅のとろりとした食感

上質の本わらび粉と和三盆で作られたわらび餅

こだわり食材の甘味をどうぞ
ぎおん徳屋
ぎおんとくや

とろけるようななめらかな食感の「本わらびもち」や、網で餅を焼く「もちやきぜんざい」などの甘味が人気。
🏠 京都市祇園町南側570-127 ☎ 075-561-5554 🕐 12:00〜18:00 🈺 不定休 🚉 京阪祇園四条駅から徒歩約5分
▶ MAP 別P.10 C-1

本わらびもち 1,250円

酸いも甘いもお手のもの！
家傳京飴 祇園小石
かでんきょうあめ ぎおんこいし

老舗の京飴店の甘味処。秘伝の黒糖蜜を使った甘味や季節限定のパフェは素材の味わいを生かしたおいしさ。
🏠 京都市東山区祇園町北側286-2 ☎ 075-531-0331 🕐 10:30〜18:00 🈺 不定休 🚉 京阪祇園四条駅から徒歩約5分 ▶ MAP 別P.11 D-1

🌱 わらび餅に使うわらび粉は、植物のわらびからとるデンプンのこと。加熱して練ると黒っぽくなる。

SHOPPING

京美人のお気に入り
はんなり和小物をゲットする

着物文化が根付いている京都には、今も和装小物や和雑貨のお店が多い。
老舗の逸品なら大切な人への贈り物にもぴったり。喜ばれること間違いなし。

い 花ピン
500円

舞妓さんの花かんざしと同じく、正絹で丁寧に作った花びらを用いた花のピン留め。乙女心をくすぐる愛らしさとプチプラが人気の理由。

ろ 特製つばき「油香る椿」
3,630円

つばき油は肌にも髪にも優しい日本伝統の美容オイル。5種類のオーガニック精油を配合しているので、アロマ効果も期待できるとか。

ろ 本つげ櫛 赤絵桜本蒔絵 ちりめんケース入り

4,290円

静電気のダメージから髪を守ってくれる本つげ櫛は女性の強い味方。地肌へのマッサージ効果もあるので、使うごとに美髪になれそう。

は 京七宝・懐中時計
1万9,800円

京七宝の細工の美しい懐中時計。もともとは着物の帯に挟んで使うものだが、ポーチにそっと忍ばせても。時間を見るたびに楽しい気分に。

は 大判 あぶらとり紙 **330円**

大正14年に日本で初めて発売された元祖あぶらとり紙は、使いやすい大きさから現在まで続くロングセラー。モダンなデザインも当時のまま。

ろ 香る椿 フェイシャルソープ

2,640円

特製つばき油、国産のはちみつ、オーガニック植物エキスなどを配合したフェイシャルソープ。たっぷりの泡がきめ細かい肌へ導いてくれる。

い 舞妓さんの花かんざしはいかが？
金竹堂
きんたけどう

江戸時代から祇園の芸舞妓さんや島原の花魁の髪飾りを作ってきたお店。伝統技法で作ったかんざしなどを扱う。

🏠 京都市東山区祇園町北側263
☎ 075-561-7868 🕐 10:00〜20:00
🈺 木曜 🚃 京阪祇園四条駅から徒歩約3分
▶ MAP 別P.10 C-1

ろ 女性の髪を守って155年！
かづら清老舗
かづらせいろうほ

慶応元年に創業して以来、女性の髪に関する品物を扱ってきた祇園の老舗。舞妓さん愛用のコスメも人気。

🏠 京都市東山区四条通祇園北側285
☎ 075-561-0672 🕐 10:00〜19:00
🈺 水曜（祝日の場合は営業） 🚃 京阪祇園四条駅から徒歩約5分
▶ MAP 別P.10 C-1 →P.71

は 和装美人御用達店といえばここ
井澤屋
いざわや

京都を代表する和装小物店として全国にファンを持つ老舗。和装に必要なコーディネイトがひと通りそろう。

🏠 京都市東山区大和大路西入ル中之町211-2 ☎ 075-525-0130 🕐 10:30〜18:00 🈺 不定休 🚃 京阪祇園四条駅から徒歩約1分
▶ MAP 別P.10 B-1

ここも見逃せない！

まだある立ち寄りSPOT

人気の観光地から路地のお店まで徒歩圏のおすすめスポットを紹介。

SPOT 1 祇園の東にある二大寺院へ

迫力ある三門(楼門)は現存する楼門として最大級のもの。その圧倒的な大きさに驚くこと間違いなし。

徳川家が庇護した寺

知恩院

ちおんいん

浄土宗総本山。徳川家の信仰が篤く、境内の壮大な伽藍の数々は家康、秀忠、家光らによって整えられた。

🏠 京都市東山区林下町400
☎ 075-531-2111 [営] 9:00～16:00 [料] 境内自由（方丈庭園400円、友禅苑300円、庭園共通券500円） [休] 無休 [交] 市バス知恩院前から徒歩約5分
▶MAP 別P.16 C-3

ミッドナイト念仏 in 御忌

御忌大会中、三門楼上内にて夜通し行われる念仏会。暗闇での貴重な体験に注目度アップ。

[日] 4/18 20:00～翌朝7:00
[料] 無料 ※詳細はHPで確認

格式高い門跡寺院

青蓮院門跡

しょうれんいんもんぜき

古くから皇室と関わりのある由緒ある寺院として知られ、優美で上品な御殿建築を見学できる。春と秋には庭園のライトアップも。

🏠 京都市東山区粟田口三条坊町69-1
☎ 075-561-2345 [営] 9:00～16:30（季節により夜間拝観あり） [料] 500円 [休] 無休
[交] 地下鉄東山駅から徒歩約5分
▶MAP 別P.16 C-3 →P.19

ビビッドな蓮が描かれた60面にもわたる華頂殿の襖。アクリルガッシュなど現代の画材を用いている

SPOT 2 注目急上昇のあじき路地

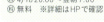

アーティストが集う隠れ家風路地

あじき路地

あじきろじ

あじき路地は、ものづくりに携わる若手のアーティスト達が暮らす小さな路地。週末限定で作品を売る店もある。詳しくは、www.ajikiroji.com/。
▶MAP 別P.10 B-3

カラフルなアイスクリーム♪

種類豊富なフレーバー

PICARO EIS

ピカロ アイス

ドイツのベルリンでマイスターを取得したパティシエが作る本場のアイスクリーム店。

🏠 京都市東山区大黒町松原下ル山城町284 あじき路地南2
☎ 075-746-4487 [営] 12:00～16:00（季節により変動あり）
[休] 月～水曜 [交] 京阪清水五条駅から徒歩約4分
▶MAP 別P.10 B-3

日々の暮らしから少しヨリミチを

Maison de Yorimichi

メゾン ド ヨリミチ

「日常を豊かに生きる」をコンセプトに焼菓子、ジャム、オリジナルブレンドティーを販売。

🏠 京都市東山区大黒町松原下ル山城町284あじき路地北5 ☎ 非公開 [営] 11:00～18:00（平日は予約制） [休] 月～木曜 [交] 京阪清水五条駅から徒歩約4分
▶MAP 別P.10 B-3

京都みやげに焼菓子や茶葉を♥

平安貴族も愛した景勝地

嵐山
ARASHIYAMA AREA

昼：◎ 夜：△

渡月橋や竹林の道などおなじみの風景が目の前に。飲食店やおみやげ店も充実。

「これぞ京都」な景色に
グルメや体験も充実

　ほぼ水平に優雅な弧を描く渡月橋がランドマーク。平安貴族の別荘地だったというだけあって、四季折々の景色は見事なもの。歴史ある社寺はもちろん、食事やショッピングにも事欠かない。少し足をのばせば、トロッコ列車や保津川下りなども楽しめる。

京都駅からのアクセス

京都駅	JR嵯峨野線 16分・240円	嵯峨嵐山駅	徒歩 12分	渡月橋
	京都バス72・73系統 45分・230円	嵐山	徒歩 すぐ	

どう回る?

▶歩いて
渡月橋周辺から天龍寺、野宮神社、竹林の小径などは徒歩5〜10分程度。嵐山らしい景色を楽しみながら、ゆっくり散策してみよう。

▶レンタサイクルで
祇王寺やトロッコ列車などがある嵯峨野方面へと向かうなら、レンタサイクルがお役立ち。豊かな自然の中、自転車を走らせるのは爽快!

他エリアに行くなら?

▶嵐電で金閣寺エリアへ
嵐山から四条大宮、北野白梅町へとつながる「嵐電」。帷子ノ辻駅で北野線に乗り換えれば、御室仁和寺や龍安寺、金閣寺などへもラクラク。

▶地下鉄に乗り換えて二条城へ
嵐電嵐山本線では、地下鉄東西線への乗り換えも可能。平安の世の景勝地から江戸時代の二条城へ、タイムスリップしてみては。

嵐山MAP

旧嵯峨御所 大本山大覚寺 →P.91
石畳が続く保存地区
鳥居本
弁天神社
町並み保存館
化野念仏寺
祇王寺 →P.91
滝口寺
二尊院
小倉山
大河内山荘庭園
常寂光寺
清滝・高雄←
清凉寺
嵯峨釈迦堂前
宝篋院
落柿舎
名古曽滝跡
大沢池
大覚寺
広沢池
秋には観月の夕べが
GOAL
嵯峨嵐山
JR嵯峨野線(山陰本線)
トロッコ嵯峨
嵐電嵯峨
鹿王院
車折神社
小倉池
野宮神社
野々宮
広隆寺
保津川
トロッコ嵐山
嵐山天龍寺前
宝厳院
嵯峨福田
嵐山
嵐電嵐山本線
鹿王院
大悲閣(千光寺)
亀山公園
船のりば
文華館
嵐山のランドマーク
竹林の小径 →P.13・89・90
START
天龍寺 →P.17・89
渡月橋 →P.89
嵐山公園
桂川
松尾大社・桂離宮↓
N 0　200　400m　3分　6分

モデルコース　🕐約4時間／🚶約5.5km

嵐山公園	🚶徒歩すぐ	❶渡月橋 ↓P.89	🚶徒歩約5分	❷天龍寺 ↓P.17・89	🚶徒歩約5分	❸竹林の小径 ↓P.13・89・90	🚶徒歩約18分	❹祇王寺 ↓P.91	🚶徒歩約26分	❺旧嵯峨御所大本山大覚寺 ↓P.91	🚶徒歩約20分	嵯峨嵐山駅

SEE

渡月橋から天龍寺へ散策

風光明媚な嵐山を満喫

所要時間 3時間

四季の色に彩られた山を背景に、のびやかに川岸をつなぐ渡月橋。平安時代より数多くの和歌に詠まれ、今も昔も変わらずに訪れる人を魅了する景勝地を、存分に堪能しよう。

嵐山（あらしやま）
渡月橋の西にそびえる山。桜や紅葉の名所で四季折々の表情を見せる。山腹には嵐山モンキーパークいわたやまや法輪寺も。

桂川（大堰川）（かつらがわ（おおいがわ））
亀岡盆地から淀川へと注ぐ、京都最大の河川のひとつ。中流部は保津川と呼ばれ、渡月橋は保津川下りの終点。

嵐山のパノラマビューのシンボル

渡月橋

とげつきょう

鎌倉時代に在位していた亀山天皇が、「くまなき月の渡るに似る」と詠んだことが名前の由来。月までも橋を渡ってきたとたとえられるほど美しい、名勝・嵐山の象徴だ。

▶MAP 別 P.22 C-3

HOW TO 嵐山の攻略テク

①舟遊びで貴族気分

嵐山通船（あらしやまつうせん）

▶MAP 別 P.22 C-3

⌂ 京都市右京区嵯峨天龍寺芒ノ馬場町
☎ 075-861-0302
[営] 詳細はHP参照　[料] 貸切2人4,000円～、以降1人1,500円　[休] 無休（気象状況により欠航）　[交] 嵐電嵐山駅から徒歩約10分

②自然と日本美術を楽しむ

福田美術館（ふくだびじゅつかん）

▶MAP 別 P.22 C-3

⌂ 京都市右京区嵯峨天龍寺芒ノ馬場町3-16　☎ 075-863-0606　[営] 10:00～17:00（最終入館16:30）　[料] 1,300円　[休] 火曜（祝日の場合は翌日）　[交] 嵐電嵐山駅から徒歩約4分

嵐山の見どころ 3

1 キモノフォレスト

嵐電嵐山駅直結の京友禅の生地を使ったポールの小径。夜はLEDでライトアップされ、幻想的な雰囲気に。

▶MAP 別 P.22 C-2

撮影スポット！

2 天龍寺（てんりゅうじ）

世界遺産

1339（暦応2）年、足利尊氏が建立した禅寺。嵐山や亀山、小倉山を借景とした、夢窓疎石作庭の庭園が見どころ。

⌂ 京都市右京区嵯峨天龍寺芒ノ馬場町68
☎ 075-881-1235　[営] 8:30～17:00、法堂「雲龍図」は春・夏盆・秋の特別参拝と土・日曜・祝日9:00～16:30　[料] 庭園500円、諸堂参拝は別途300円、法堂は別途500円　[休] 無休　[交] JR嵯峨嵐山駅から徒歩約13分、嵐電嵐山駅／市バス嵐山天龍寺前から徒歩約1分

▶MAP 別 P.22 C-2 →P.17

天井の龍雲図は迫力満点

3 竹林の小径（ちくりんのこみち）

頭上高くまで緑一色に染まる、野宮神社から大河内山荘までの小道。葉ずれの音にも癒される。

▶MAP 別 P.22 B-2 →P.13・90

天高くのびる青竹のトンネル

映画やテレビドラマなどのロケ地になることにも多い嵐山。運がよければ、撮影現場に出くわすかも？

嵐山

WALK

緑一面の嵯峨野で森林浴！

竹林の道を人力車&てくてく

嵐山名物の人力車に乗って竹林の道を爽やかな風に吹かれて行けば、すっかりハイカラ気分。
縁結びの神社やカフェをハシゴして、ロマンあふれる嵐山散策を楽しもう。

START

渡月橋や竹林
周辺でお気軽に
声をかけてね！

穴場やおすすめ情報もおまかせ

えびす屋 嵐山總本店
えびすや あらしやまそうほんてん

嵐山で25年以上続く観光人
力車。町の魅力を知り尽く
した俥夫さんの軽快なトー
クも楽しみ。

🏠 京都市右京区嵯峨天龍
寺芒ノ馬場町3-24
☎ 075-864-4444　⏰ 9:30
〜日没（季節により変動あ
り）　休 無休　🚃 JR嵯峨嵐山
駅、他人力車待機所あり
▶ MAP 別P.22 C-3

料金
1名3,000円〜／2名4,000円〜／3名6,000円〜
※3名は人力車2台で案内

5分

人力車で
駆け抜けると
気持ちいい〜

撫でて
開運！

1年以内に願い
が叶うと言われ
るお亀石

すぐ

素敵なご縁に
恵まれます
ように☆

すぐ

おもてなし
に感激

乗降車も俥夫さんが優しく
エスコート

大国主命（おおくにぬしのみこと）を祀る

光源氏も訪ねた縁結びの社

野宮神社
ののみやじんじゃ

源氏物語にも登場する、開運や縁結
びの神様として知られる神社。境内
のパワースポットも要チェック。

🏠 京都市右京区嵯峨野宮町1
☎ 075-871-1972　⏰ 9:00〜
17:00　💴 境内自由　休 無休
🚃 市バス野々宮から徒歩約5分
▶ MAP 別P.22 C-2
→P.20

緑一面の竹のトンネル

竹林の小径
ちくりんのこみち

まっすぐ空にのびた竹が両側を
覆い尽くす小道。体感温度は5℃
ほど涼しく、夏でもひんやりと
心地よい。

▶ MAP 別P.22 B-2 →P.13・89

WHAT IS 嵯峨野の竹林

江戸時代の書物にも観光名所として紹介さ
れているほど、竹林は嵯峨野の名物。テレビ
や映画のロケ地になることも多く、誰もが一
度は目にしたことがあるのでは。

開運のお守り　1,000円

源氏物語がモチーフのお
守りは、絵巻物のような繊
細な描写にうっとり

紅葉に彩られる
山門は必見

15分

TOURISM

清水寺周辺

祇園

嵐山

金閣寺周辺

銀閣寺周辺

二条城周辺

京都駅周辺

郊外

WHAT IS 小倉百人一首

歌がるたとしておなじみの小倉百人一首は、平安末期〜鎌倉初期の公家・藤原定家が選んだ秀歌選。100人の歌人による和歌が、1人につき1首ずつ収録されている。

しっとりと緑に
覆われた
神秘的な世界

秋には紅葉して、また別の美しさが　　山腹に佇む自然豊かな名刹

常寂光寺
じょうじゃっこうじ

塀のない寺との別名どおり、小倉山の中腹にあり四季の自然が美しい山寺。12m以上ある多宝塔がシンボル。

🏠 京都市右京区嵯峨小倉山小倉町3 ☎ 075-861-0435 🕐 9:00〜16:30（受付） 💴 500円 🈺 無休 🚃 JR嵯峨嵐山駅から徒歩約15分
▶ MAP 別P.22 B-2

7分

一面の緑の絨毯にうっとり

ツルッとした食感を楽しんで

MOMICAFE
モミカフェ

緑に囲まれた一軒家カフェ。吉野の本葛粉を注文を受けてから練り上げる葛餅は、黒蜜ときな粉をたっぷりかけて。

🏠 京都市右京区嵯峨二尊院門前北中院町15 ☎ 075-882-6982 🕐 11:00〜17:00 🈺 月・水・金曜、不定休あり 🚃 JR嵯峨嵐山駅から徒歩約20分
▶ MAP 別P.22 B-2

葛餅と好きな
飲み物のセット
990円

平家物語に登場する悲恋の寺

祇王寺
ぎおうじ

竹林と青もみじに囲まれた静かな尼寺。平清盛の寵愛を受けた祇王が出家・隠棲した寺としても知られる。

🏠 京都市右京区嵯峨鳥居本小坂町32 ☎ 075-861-3574 🕐 9:00〜16:30 💴 300円 🈺 無休 🚌 市バス嵯峨釈迦堂前から徒歩約15分
▶ MAP 別P.22 A-1

15分

周囲が約1kmある大沢池は水鏡の光景も風雅

GOAL

格式高いいけばな発祥の寺

旧嵯峨御所 大本山大覚寺
きゅうさがごしょ だいほんざんだいかくじ

嵯峨天皇の離宮に始まる門跡寺院。境内には日本最古の庭池・大沢池があり、いけばな嵯峨御流の家元としても知られる。

🏠 京都市右京区嵯峨大沢町4 ☎ 075-871-0071 🕐 9:00〜16:30（受付） 💴 お堂エリア500円、大沢池エリア300円 🈺 無休 🚌 市バス／京都バス大覚寺から徒歩約1分
▶ MAP 別P.22 C-1

大沢池で龍頭鷁首
（げきしゅ）舟から月
を観賞する「観月の
夕べ」

🌅 ちょっとリッチに人力車の貸切プランを利用する手も。コースに合わせて組み合わせてみて。

嵐山

SHOPPING & EAT

ごはんもおみやげもぬかりなく

古都グルメ&ショッピングを網羅

京都屈指の観光地だけあって、京都らしさ満点のお食事やおみやげが勢ぞろい。
風情たっぷりの空間や見た目にも楽しい和のスイーツで、お腹も心も満たされて。

LUNCH

食事から禅の精神を学ぶ

精進料理 篩月
しょうじんりょうり しげつ

天龍寺内にある精進料理店。動物性食材を使用せず、昆布やシイタケなどのダシと旬の野菜を使った料理は、しみじみと味わい深い。

⌂ 京都府右京区嵯峨天龍寺芒ノ馬場町68 ☎ 075-882-9725 🕐 11:00～14:00 💴 3,300円～、別途天龍寺参拝料500円 休 無休 🚃 JR嵯峨嵐山駅から徒歩約13分、嵐電嵐山駅／市バス嵐山天龍寺前から徒歩約3分
▶ MAP 別P.22 C-3

❶ 名庭を眺めながら「いただきます」
❷ 境内にあり、天龍寺直営の本格的な味
❸ 素材を生かした上品な味わいに心身が整う

CAFE

古民家の趣をそのままに

パンとエスプレッソと嵐山庭園
パンとエスプレッソとあらしやまていえん

東京で人気のカフェが京都に上陸。築210年以上の歴史ある空間で、庭園の緑を眺めながら、ゆっくりと手作りパンを味わえる。

⌂ 京都市右京区嵯峨天龍寺芒ノ馬場町45-15 ☎ 075-366-6850 🕐 8:00～18:00 休 無休 🚃 嵐電嵐山駅から徒歩約4分
▶ MAP 別P.22 C-3

カフェでの利用も

❶ パンやデザートがセットになったブランティーセット（松）2,500円 ❷ 同じ敷地内には販売のみの「パンと」も ❸ 店内は座敷席とテーブル席

SHOPPING

京の老舗が一堂に会す複合施設

嵐山昇龍苑
あらしやましょうりゅうえん

お漬物から和菓子、お茶など、京都を代表する老舗の味が勢ぞろい。ショップスペースのほか、2階では工芸体験なども実施している。

⌂ 京都市右京区嵯峨天龍寺門前 ☎ 075-873-8180 🕐 10:00～17:00 休 無休 🚃 嵐電嵐山駅から徒歩約1分
▶ MAP 別P.22 C-3

かわいいお漬物のお寿司

❶ お抹茶アイスエクレア「茶茶棒」401円 ❷ 京つけもの西利のお漬物もいろいろ ❸ ベンチでテイクアウトをいただいても

92

ここも見逃せない！

まだある立ち寄りSPOT

少し足をのばせば、貴重な自然や文化にふれられる体験がたくさん。

SPOT 1 迫力のアトラクション！ トロッコ&川下り

オープン車両も設置されている

レトロな列車で渓谷をガタゴト

嵯峨野トロッコ列車

さがのトロッコれっしゃ

保津川の渓谷美を間近に感じながら、ゆっくりと走る観光列車。ノスタルジックな気分に浸りつつ、約25分の列車の旅を楽しもう。

🏠 京都市右京区嵯峨天竜寺車道町（トロッコ嵯峨駅） ☎ 075-861-7444（自動音声案内） [営][休] 運行時間・運休日はHP参照 https://www.sagano-kanko.co.jp/ [料] 880円（全席指定） [交] JR嵯峨嵐山駅から徒歩約1分

▶MAP 別 P.23 D-2

水しぶきが迫力満点

舟に乗って渓谷をGO！

保津川下り

ほづがわくだり

船頭さんによる熟練の竿さばきと渓谷の風景を楽しみながら、丹波亀岡から嵐山までの約16kmを下る。

🏠 亀岡市保津町下中島2 ☎ 0771-22-5846（保津川遊船企業組合） [営][休] 出船時間・運休日はHP参照 http://www.hozugawakudari.jp/ [料] 4,100円（損害賠償保険付） [交] JR亀岡駅から徒歩約8分／トロッコ亀岡駅から京阪京都バスで約15分

▶MAP 別 P.22 A-2

SPOT 2 個性的なご利益社寺と庭園

お酒のご利益

松尾大社

まつのおたいしゃ

701（大宝元）年に現在の地に社殿が建立されたと伝わる。酒の神様として酒造家から篤い信仰を集める。

🏠 京都市西京区嵐山宮町3 ☎ 075-871-5016 [営] 9:00～16:00（日曜、祝日は～16:30） [休] 無休 [交] 阪急松尾大社駅から徒歩約1分

▶MAP 別 P.3 A-2

日本庭園美の集大成

桂離宮

かつらりきゅう

17世紀に皇族の八条宮の別邸として創設された、宮廷建築・庭園の傑作。観月を想定した庭園の構成から建築のディテールまで隈なく堪能したい。

🏠 京都市西京区桂御園 ☎ 075-211-1215（宮内庁京都事務所参観係） [営][休] 要申し込み※詳細はHPで確認 [料] 1,000円 [交] 市バス・京阪京都交通バス桂離宮前から徒歩約15分

▶MAP 別 P.6 A-2

SPOT 3 嵐電で一足のばして太秦へ

時代劇の世界へワープ

東映太秦映画村

とうえいうずまさえいがむら

江戸時代の町並みを再現したオープンセットは、まさに和製ハリウッド。変身体験や忍者体験など、アトラクションがてんこ盛り。エヴァンゲリオン初号機にも乗れる。

🏠 京都市右京区太秦東蜂岡町10 ☎ 0570-06-4349 [営] 10:00～16:00※季節により変動 [料] 2,400円 [休] 1月中旬 [交] 嵐電太秦広隆寺駅から徒歩約5分

▶MAP 別 P.3 A-2

登場人物になりきろう

嵐電は東映太秦映画村とのセット券なども発売している。詳しくはホームページを確認しよう。

世界遺産が連なる豪華エリア

金閣寺周辺

きんかくじ

KINKAKUJI AREA

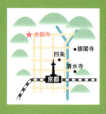

昼：◎　夜：△

きぬかけの路沿いに3つの世界遺産が連なる、贅沢な古刹巡りが叶うエリア。

華やかな金閣寺を筆頭に世界に誇る名刹が点在

　3つの世界遺産が連なり、古都京都の実力をひしひしと体感できるエリア。足利幕府の栄華を伝える金閣寺、天神信仰の発祥の地の北野天満宮、禅の名刹、高貴な門跡寺院、そして花街の艶やかさをまとう北野界隈と、さまざまな表情に出合えるのも魅力だ。

京都駅からのアクセス

| 京都駅 | 市バス205系統 🚌 40分・230円 | 金閣寺道 | 徒歩 🚶 3分 | 金閣寺 |
| | 地下鉄烏丸線 13分・260円 | 北大路駅・北大路バスターミナル | 市バス204・205系統 🚌 11分・230円 | 金閣寺道 徒歩 🚶 3分 金閣寺 |

どう回る?

▶歩いて
市バスで金閣寺まで行ったら、そこからは「きぬかけの路」を徒歩で、龍安寺、仁和寺へ。妙心寺では、時間の許す限り塔頭巡りも楽しもう。

▶嵐電で
沿線に観光名所が集まる嵐電。なかでも北野線は仁和寺、妙心寺、龍安寺の最寄駅がそろう。また、北野天満宮は北野白梅町駅から歩いてすぐ。

他エリアに行くなら?

▶嵐電で嵐山へ
北野白梅町駅から帷子ノ辻駅で嵐山本線に乗り換え、終点嵐山まで18分。本線沿線にも車折神社、鹿王院など名刹があり駅名にもなっている。

▶バスで二条城エリアへ
北野天満宮から二条城にかけては西陣と呼ばれる地域。移動は市バスで。北野天満宮前から二条城前までは50系統で約15分。

金閣寺周辺MAP

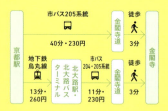

龍安寺 →P.16・96

仁和寺 →P.96

妙心寺 →P.97

N　3分　6分
0　200　400m

鷹峯
千本通
佛教大学
不思議不動院
北山文化のシンボル
金閣寺 →P.95 ①
START
大徳寺
北大路通
金閣寺道
平野通
わら天神宮
わら天神前
堂本印象美術館
鏡容池
きぬかけの路
立命館大学前
立命館大学
上立売通
北野天満宮 →P.98 ⑤
龍安寺前
等持院
史跡御土居
五智山蓮華寺
回遊式庭園が有名
嵐電北野線
御室仁和寺
龍安寺・等持院
北野白梅町
今小路通
今出川通
北野白梅町
北野天満宮前
妙心寺
一条通
GOAL
仁和寺街道
御前通
大法院
法門
桂春院
大雄院
西大路通
妙心寺 →P.97 ④
東林院
4つの庭を楽しめる
養源院
退蔵院
紙屋川
嵐山
円町駅

▶モデルコース　🕐約4.5時間／🚶約11km

金閣寺道	① 金閣寺	② 龍安寺	③ 仁和寺	④ 妙心寺	⑤ 北野天満宮	北野天満宮前
	🚶徒歩約3分	🚶徒歩約24分	🚶徒歩約15分	🚶徒歩約15分	🚶徒歩約20分	🚶徒歩約1分
	↓P.95	↓P.16・96	↓P.96	↓P.97	↓P.98	

SEE

まるで別世界のような美しさ！

金閣寺の輝きに魅了

所要時間 1時間

水面にもその美しさを映す舎利殿、金閣寺。国内外から観光客が訪れるその魅力は、緑や紅葉、雪の日の神がかった美しさにある。季節ごとのコントラストにもうっとり。

鹿苑寺 蔵

鳳凰
鳳凰は縁起がいいとされる伝説上の鳥。公家、武家社会にも君臨する義満自身とも。南向きに翼を広げる。

究竟頂
「究竟頂」とは仏教用語で究極を意味する。中にはお釈迦様の遺骨、仏舎利が安置されている。

潮音堂
鎌倉時代の武家屋敷に使われた書院造りの様式。ここから上が金箔貼りで、武家の優位性を表すとも。

法水院
平安貴族の屋敷に倣った寝殿造り。目を凝らすと、池畔から足利義満像とお釈迦様の姿が見られる。

鏡湖池
義満は舟で島を巡ったという。晴れた日には水面にくっきりと「逆さ金閣」が映り込み、水鏡のよう。

HOW TO

金閣寺の攻略テク

写経ができる

四弘誓願文（約15分）、延命十句観音経（約20分）、般若心経（約60分）の3つの写経ができる。各1巻1,000円。受付は庫裡で。不動堂近くには一字写経場も。

金閣寺MAP

参道を通って唐門を抜ければ目の前に舎利殿が。じっくり堪能したら夕佳亭や不動堂も忘れずに回ろう。

ここで祈ると出世するとか
後水尾天皇を迎えるために造られた茶室
境内最古の建物
安民沢
不動堂
売店
銀河泉
龍門滝
WC
夕佳亭
不動堂茶所
陸舟の松
抹茶で一服できる
舎利殿(金閣)
方丈
参道
拝観受付
鏡湖池
鐘楼
義満手植えの松と伝わる
N
50m
有料区域
GOAL
出口→
←入口
START

世界遺産

夢の別邸にして高級文化サロン

金閣寺（鹿苑寺）

きんかくじ（ろくおんじ）

足利義満が西園寺家の別荘を譲り受け、極楽浄土を模して築いた山荘に始まる。ここで五山文学や水彩画など北山文化が花開いた。義満の死後、遺言により禅寺に。

⌂ 京都市北区金閣寺町1 ☎ 075-461-0013 [営] 9:00～17:00 [料] 400円 [休] 無休 [交] 市バス金閣寺道から徒歩約3分

▶MAP 別P.20 C-1

不動堂のご本尊は弘法大師作の石不動明王。2月3日と8月16日のみ開扉。

金閣寺から龍安寺、仁和寺をつなぐ
きぬかけの路で 世界遺産巡り

山裾の道を歩いた先に待つのは、世界を魅了する名庭や重厚な建造物群。世界遺産はもちろん、法堂や塔頭など見どころは満載。四季折々の麗しい風景にも心が震える体験をぜひ。

油土塀は南北の塀が北から南へ傾斜。遠近法の原理で庭を広く見せており、見る場所によって見え方が異なる

※写真は油土塀修復前のものです

神秘の石庭と対峙する

Ⓐ

一面桜色の雲海に五重塔が浮かぶよう

Ⓓ

咲き競う御室桜は国の名勝。背が低く、目線の位置で花が楽しめる

平安時代へいざなわれる

Ⓑ

廊下の両側に美しい庭が広がる

Ⓐ 謎がいっぱい、世界に名高い枯山水の庭　【世界遺産】

龍安寺
りょうあんじ

室町時代、細川勝元の創建。白砂に15の石を配した枯山水の庭は「虎の子渡し」など諸説あり、どこから見ても全ての石が見えない仕掛けも謎に満ちている。徳川光圀寄進の知足のつくばいや季節の花々が美しい鏡容池など見どころ多数。

🏠 京都市右京区龍安寺御陵ノ下町13　☎ 075-463-2216
🕐 8:00～17:00（12～2月末は8:30～16:30）　💴 500円
🚫 無休　🚃 嵐電龍安寺駅から徒歩約8分
▶ MAP 別P.20 A-1
→P.16

Ⓓ 雅やかな雰囲気に包まれる旧御室御所　【世界遺産】

仁和寺
にんなじ

888（仁和4）年、宇多天皇の創建。宇多天皇が落飾し御室（住房）を設けたことから御室御所とも呼ばれた。国宝金堂は京都御所の紫宸殿から移築されたもの。御所風の造りの御殿は壮麗な障壁が彩られる。京都一遅咲きの御室桜でも有名。

🏠 京都市右京区御室大内33　☎ 075-461-1155　🕐 9:00～
17:00（12～2月は～16:30）※受付終了は30分前　💴 御殿
800円　🚫 無休　🚃 市バス御室仁和寺から徒歩約1分
▶ MAP 別P.20 A-2

TOURISM

清水寺周辺

祇園

嵐山

金閣寺周辺

銀閣寺周辺

二条城周辺

京都駅周辺

郊外

きぬかけの路MAP

五智山蓮華寺 卍
仁和寺 卍
⒟ 至 大覚寺 →

きぬかけの路 石碑
徒歩10分

⒜ 龍安寺
きぬかけの路

開 住吉大伴神社
⒞ Kew
⒟ 妙心寺
⒠ 退蔵院
東林院

安産祈願で知られる

金閣寺 →P.95 卍
立命館大学前
堂本印象美術館
至 大徳寺

開 わら天神宮
立命館大学
等持院

N

金閣寺 →P.95

WHAT IS きぬかけの路

宇多天皇が、真夏に雪見をするため山に絹をかけたという故事がある衣笠山の麓。3つの世界遺産を結ぶ緑豊かなルート。

店内にはカウンター席が7席。早めの来店を ⒞

口いっぱいに広がる 幸せの味

がぶりと大口でどうぞ

墨色の躍動を魅せる 天井の「雲龍図」

法堂の鏡天井には狩野探幽筆の雲龍図が。どこから見ても目が合う八方睨み ⒟

カスタードドーナツ(ドリンク付き)1,000円〜 ⒞

色彩鮮やか 余香苑の美景

昭和の名庭をじっくり観賞

重要文化財の三門は山内で唯一の朱塗り ⒟

日本最古の梵鐘も必見 ⒟

おみやげはこれ 桜石鹸400円

正面から見渡すと奥行きを感じる庭。1年を通して花や紅葉が美しい ⒠

⒞ 粋なシンプルスイーツ

Kew
キュー

ロンドンの「セント・ジョン」でお菓子作りの腕を磨いた店主・大木さんによる、できたてのチーズケーキやドーナツが話題。

🏠 京都市右京区龍安寺五反田町15 ☎ 075-406-0763 🕐 事前予約制 🈺 月・火・金曜、不定休(要問合せ) 🚶 嵐電龍安寺駅から徒歩約3分
▶MAP 別P.20 B-2

⒟ 禅宗様の伽藍配置も壮観な大本山

妙心寺
みょうしんじ

広大な敷地に重文の建物が一直線に並び、46の塔頭を擁する臨済宗妙心寺派の大本山。大庫裏(禅宗寺院の台所)、雲龍図のある法堂は一般公開。

🏠 京都市右京区花園妙心寺町1 ☎ 075-461-5226 🕐 境内自由、法堂・大庫裏9:00〜12:00・13:00〜16:00(受付は〜15:30) 🈺 法堂・大庫裏700円 🈚 無料 🚶 嵐電妙心寺駅から徒歩約3分
▶MAP 別P.20 B-3

⒠ 美しい庭園など見どころ多数

退蔵院
たいぞういん

北山文化の頃に描かれ日本最古の水墨画とされる国宝「瓢鮎図」(模本)、室町時代の「元信の庭」、紅枝垂れ桜の「余香苑」は必見。

🏠 京都市右京区花園妙心寺町35 ☎ 075-463-2855 🕐 9:00〜17:00 🈺 600円 🈚 無料 🚶 市バス妙心寺前から徒歩約3分
▶MAP 別P.20 B-3

 仁和寺の「御室八十八ヶ所霊場」は約2時間の巡拝コース。四国八十八ヶ所のお砂を埋めた上にお堂が立つ。

金閣寺周辺

WALK

花も団子も！
北野天満宮と門前名物巡り

京都最古の花街・上七軒を擁する北野は天神信仰のお膝元。また西陣と言われる地域でもあり、ちょっとレトロな町並みも一緒に楽しめる。

なで牛さんがたくさん

太陽と月の彫刻があるよ

三光門。星が刻まれていないのは、真上に北極星が瞬くためと言われ、星かけの三光門の信仰がある

受験生必須の学業守 1,000円

菅原道真公をお祀りする「天神さま」の総本社
北野天満宮
きたのてんまんぐう

全国約1万2000社の天満宮の総本社。学業成就のほか芸能や厄除けの信仰を集める。豊臣秀頼公寄進の御本殿は国宝。また京都随一の梅の名所。

🏠 京都市上京区馬喰町 ☎ 075-461-0005 🕐 6:30～17:00（季節により変動あり）🈺 境内自由 🈺 無休 🚃 市バス北野天満宮前から徒歩約1分
▶ MAP 別 P.21 D-3

WHAT IS 天神さま

御祭神の道真公のことを天神さまと呼ぶ。また京都の伝統行事である毎月25日の大規模な御縁日「天神市」のことも天神さま。道真公の誕生日と御命日がどちらも25日だったことに由来。

ぷちぷち食感の粟餅は、少量ずつついて、常にやわらかい状態で提供している

天神さんのお膝元で330年以上
粟餅所・澤屋
あわもちどころ・さわや

北野天満宮の門前で14代続く粟餅専門店。注文を受けてから手作りされる粟餅は、とろけるようにやわらか。夏は粟餅氷も登場する。

🏠 京都市上京区北野天満宮前西入ル南側 ☎ 075-461-4517 🕐 9:00～17:00（売切れ次第終了）🈺 木曜、毎月26日 🚃 市バス北野天満宮前から徒歩約1分
▶ MAP 別 P.21 D-3

甘さ控えめ

紅梅3個 500円は、なめらかなこし餡と香ばしいきな粉の2種類

トッピングが豊富なできたてどらやき
どらやき亥ノメ
どらやきいノメ

老舗和菓子店で修業を積んだ店主によるどら焼き専門店。定番のあずきだけでなく、抹茶味や期間限定の味もある。しっとり＆ふんわりの生地と上品な餡がベストマッチ。

🏠 京都市上京区紙屋川町1038-22 ☎ なし 🕐 10:00～17:00（売り切れ次第閉店）🈺 水・木曜、毎月26日（25日は営業）🚃 嵐電北野白梅町駅から徒歩約3分
▶ MAP 別 P.21 D-3

クリームチーズやラムレーズンのどら焼きもある

カジュアルな店構え。どらやきは、あん240円

ここも見逃せない！

まだある立ち寄りSPOT

金閣寺の北側に広がる鷹峯は琳派発祥の地。山麓に紅葉名所も点在。

SPOT 1

隠れた素敵ホテルが！鷹峯へ

大満足の内容

ウェルカムドリンク付きのアフタヌーンティーセット9,500円（税・サ込）

森の庭に佇む高級リゾート

アマン京都

アマンきょうと

鷹峯三山の麓に佇むプライベートリゾート。客室は日本旅館からインスパイアされている。アフタヌーンティーのみの利用も可能。（要予約）

京都市北区大北山鷲峯町1
☎ 075-496-1333 [営] [IN]15時／[OUT]12時 [料] キング・ツインともに1室14万円（税・サ込）～ [交] 市バス北木ノ畑町から徒歩約12分
[鷹峯] ▶MAP 別P.4 B-1

赤い吉野門が緑に映える

常照寺

じょうしょうじ

琳派の祖・本阿弥光悦が土地を寄進した日蓮宗の寺。天下の名妓・吉野太夫が奉納した吉野門や吉野窓を配した茶室がある。

京都市北区鷹峰北鷹峰町1
☎ 075-492-6775 [営] 8:30～17:00 [料] 400円（秋季特別拝観500円） [休] 無休 [交] 市バス鷹峰源光庵前から徒歩約1分
▶MAP 別P.4 B-1

WHAT IS

鷹峯（たかがみね）の御土居（おどい）

防衛や洪水対策のため、秀吉が京都の町を囲んだ土塁。その北端が鷹峯にあたり、遺構もある。

SPOT 2

見どころたくさん！大徳寺

千利休ゆかりの寺で茶と向き合う

皐盧庵茶舗

こうろあんちゃほ

大徳寺の塔頭・王林院の前に佇む。茶舗直営とあって、供される抹茶や煎茶は有機栽培の上質なもの。初夏には収穫したての新茶が店頭に並ぶ。

京都市北区紫野大徳寺17-1 ☎ 075-494-0677 [営] 9:00～日没頃 [休] 火・水曜 [交] 市バス建勲神社前から徒歩約3分
▶MAP 別P.21F-1

こうろあんちょっと贅沢なお茶セット1,900円

寺町のような伽藍を持つ大寺院

大徳寺

だいとくじ

臨済宗大徳寺派の大本山。応仁の乱後、一休禅師が復興。信長の葬儀以降、戦国武将寄進の塔頭が相次ぎ、隆盛を極めた。

京都市北区紫野大徳寺町53 [営][料][休] 境内散策自由 [交] 市バス大徳寺前から徒歩約1分
▶MAP 別P.21 F-1

大徳寺塔頭のうち、龍源院のほかに大仙院、瑞峯院が通常公開している。いずれも名庭で有名。

わびさびゾーンで日本美を満喫

銀閣寺周辺
GINKAKUJI AREA

昼：◎　夜：◎

わびさびの日本美から現代アートまで幅広い芸術にふれられるエリア。

世界に誇る美を訪ねてのどかな疏水沿いを歩く

琵琶湖疏水に沿って南へ。枯淡の美の走りであり真骨頂ともいえる銀閣寺から華麗な平安神宮、美術館・博物館まで、時代を超えたアートな世界が展開する。落ち着きの中に、現代人の感性を刺激する要素がいっぱいのエリアだ。さらには桜と紅葉の名所も大集結！

京都駅からのアクセス

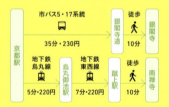

京都駅	市バス5・17系統 🚌 35分・230円	銀閣寺道 徒歩🚶10分	銀閣寺
京都駅	地下鉄烏丸線 5分・220円	烏丸御池駅 地下鉄東西線 7分・220円 蹴上駅 徒歩🚶10分	南禅寺

どう回る？

▶歩いて
市バス銀閣寺道からは、名刹やカフェを巡りながら哲学の道を歩いて。道沿いの疏水分線から岡崎疏水に至れば、平安神宮まであと少し。

▶バスで
歩くのがおすすめだが、市バスを利用するなら平安神宮を起点に。岡崎公園のバス停から32系統で銀閣寺前まで行き、そこから徒歩で。

他エリアに行くなら？

▶清水寺周辺へ足をのばして
市バス岡崎公園美術館・平安神宮前から46系統で祇園へ、202、206、207系統に乗り換え清水道まで約15分。そこからは坂を10分ほど上がる。

▶祇園へ
平安神宮から祇園へは徒歩で20分ほど。神宮道を南へ行き、知恩院や円山公園を抜ける京都らしい散策道だ。市バスなら46系統で。

銀閣寺周辺MAP

銀閣寺 →P.101
①

法然院 →P.102
②

永観堂 →P.103
③

南禅寺 →P.18・103
④

平安神宮 →P.104
⑤

節分祭で有名

約2kmの散策路

春は花見客でにぎわう

START

GOAL

モデルコース　🕐約4時間　🚶約6.7km

| 銀閣寺道 | 徒歩約10分 | 銀閣寺 ① P.101 | 徒歩約10分 | 法然院 ② P.102 | 徒歩約20分 | 永観堂 ③ P.103 | 徒歩約10分 | 南禅寺 ④ P.18・103 | 徒歩約16分 | 平安神宮 ⑤ P.104 | 徒歩約3分 | 岡崎公園美術館・平安神宮前 |

簡素な美しさが詰まった

銀閣寺でアートを発見！

所要時間
1時間

左右の造りが違う銀閣寺垣など参道からもうすでに芸術的。モダンアートを思わせる白砂盛り、モノクロのような色使いの観音殿など、現代に通じるクールな日本の美が凝縮している。

鳳凰（ほうおう）
こけら葺きの屋根の上には青銅製の鳳凰。東向きに羽根を広げ、潮音閣の観音様を守り続けている。

花頭窓（かとうまど）
禅宗と共に中国から渡ってきた梵鐘型の飾り窓。銀閣の風雅な印象を形づくる重要な要素の一つ。

向月台（こうげつだい）
白砂を円錐状にした、高さ約175cmの盛り砂。

潮音閣（ちょうおんかく）
花頭窓を配した禅宗様式でありながら高欄は和様。内部は16畳の広さがあり岩屋観音を安置している。

心空殿（しんくうでん）
1階は住宅風の書院造り。開放的な広縁からは東求堂を望める。その奥が8畳大の仏間になっている。

銀沙灘（ぎんしゃだん）
波紋を思わせる斬新なデザインに注目。一説に、月の光を反射させて銀閣を明るく照らす役割とも。

銀閣寺MAP

長い参道の先に観音殿が。時計回りに回って展望台や特別公開の東求堂にも足を運ぼう。

START
GOAL

江戸時代中期の建物で通常非公開

特別公開時に拝観できる

義政が使ったという水が湧く

50mも続く銀閣寺垣

総門

参道

本堂

東求堂

拝観受付

八幡社

売店

銀沙灘

向月台
・観音殿（銀閣）

お茶の井

展望台

境内全体を京都市街まで見渡せる

N
20m

有料区域

世界遺産

美意識を注いだ山荘がルーツ

銀閣寺（慈照寺）

ぎんかくじ（じしょうじ）

足利義政が、1482（文明14）年に造営を始めた東山山荘が起源。その死後、寺に。観音殿（銀閣）と東求堂は室町期の遺構。庭は下段が池泉回遊式、上段が枯山水の二段から成る。

🏠 京都市左京区銀閣寺町2 ☎ 075-771-5725 ⏰ 8:30〜17:00（12〜2月は9:00〜16:30、特別拝観は10:00〜16:00）💴 500円（春・秋の特別参観は本堂・東求堂・弄清亭別途1500円）🈺 無休 🚌 市バス銀閣寺前から徒歩約10分

▶ MAP 別P.19 F-1

🌼 東求堂の中にある「同仁斎」は四畳半の小間。現存する日本最古の付書院や違い棚があり、草庵茶室の源流と言われる。

WALK

静かな穴場社寺を巡る

哲学の道をのんびり散策

疏水のせせらぎを聞きながら、ゆっくり歩きたい哲学の道。疏水沿いには風雅で絵になる名刹がひっそりと立つ。カフェで休憩したら、永観堂、南禅寺まで、少し頑張って歩こう。

START

雰囲気たっぷりの山門。心静かに参拝しよう

ひなびた趣の茅葺きの山門を高雄楓が彩る

2分

テラス席には爽やかな風が

バスク風チーズケーキ600円(+ドリンク350円〜)

テラス席は春の桜、秋の紅葉の特等席

哲学の道に面したカフェ

10分

静かに佇む法然上人ゆかりの寺

法然院

ほうねんいん

法然上人が念仏行のために結んだ草庵に始まる。2つの白砂壇は水を表し、間を通って浄域へと入る。

🏠 京都市左京区鹿ケ谷御所ノ段町30 ☎ 075-771-2420 [営] 6:00〜16:00 [料] 境内自由(伽藍内特別公開の期間中、伽藍内の拝観は有料) [休] 無休 [交] 市バス南田町から徒歩約5分

▶MAP 別P.19 F-2

哲学の道のオープンテラスカフェ

riverside café GREEN TERRACE

リバーサイドカフェ グリーン テラス

法然院からほど近いテラス席のあるカフェ。バスク風チーズケーキは店の顔ともいえるスイーツ。月替わりのプレートランチも人気。

🏠 京都市左京区鹿ケ谷法然院町72 ☎ 075-751-8008 [営] 10:00〜18:00(LO17:30) [休] 火・水曜(変動あり) [交] 市バス南田町から徒歩約3分

▶MAP 別P.19 F-2

清廉な緑に囲まれた思索に耽る散策の路

神様の使いの動物がいっぱい

大豊神社

おおとよじんじゃ

887(仁和3)年に建立された鹿ケ谷一帯の産土神。大国社、日吉社、稲荷社など末社に奉納された狛巳や狛鷲などの動物像でも人気。四季折々の花や山野草も楽しい。

⌂ 京都市左京区鹿ケ谷宮ノ前町1 ☎ 075-771-1351 [営][料] 境内自由 [休] 無休 [交] 市バス宮ノ前町から徒歩約5分

▶MAP 別P.19 E-3

枝垂れ紅梅、桜、椿と花の名所としても有名

境内の椿で花飾り

狛ネズミは大国社、狛サルは日吉社の眷属

🚶 8分

美しくライトアップされる様子も見事

秋は混雑覚悟で訪れよう

見逃せない、「もみじの永観堂」

永観堂(禅林寺)

えいかんどう(ぜんりんじ)

諸堂が山の斜面に点在して回廊で結ばれ、多宝塔からは市街が一望できる。京都の代表的な紅葉の名所。

⌂ 京都市左京区永観堂町48
☎ 075-761-0007 [営] 9:00～16:00 [料] 600円(秋の寺宝展期間中は1,000円) [休] 無休 [交] 市バス南禅寺・永観堂道から徒歩約3分

▶MAP 別P.17 F-2

🚶 7分

季節ごとにその姿を変える哲学の道は、何度でも歩きたい。自然の美しさに心奪われるひと時を楽しもう

WHAT IS 哲学の道

銀閣寺から熊野若王子神社まで約2kmの散策路。京都学派の哲学者・西田幾多郎が、思索しながら歩いたことが名前の由来。春は桜のトンネル、夏にしたたる緑、秋の紅葉、静寂の冬と、いつ訪れても人の心を惹きつける景色が待つ。

GOAL

「天下竜門」とも呼ばれる日本3大門の一つ

境内にはあの有名な水路閣も

南禅寺

なんぜんじ

臨済宗南禅寺の大本山。三門は石川五右衛門が楼上で言う「絶景かな」の舞台。方丈庭園や水路閣も見ておきたい。

⌂ 京都市左京区南禅寺福地町86 ☎ 075-771-0365 [営] 8:40～17:00(12～2月は～16:30) [料] 境内無料(方丈庭園500円、三門500円) [休] 無休 [交] 市バス南禅寺・永観堂道から徒歩約10分

▶MAP 別P.17 F-2 →P.18

法然院の伽藍内特別公開は4月1～7日、11月18～24日。春は、三銘椿(五色散り椿、貴椿、花笠椿)も見頃。

WALK

京都きっての文化ゾーン・岡崎で

平安神宮とアート巡り

琵琶湖疏水に沿って開けた岡崎は、近代京都の象徴的な場所であり一大カルチャーゾーン。アカデミックな雰囲気に浸りつつ京都ならではの華麗な平安の美や、アートを満喫しよう。

荘厳な応天門
の前でパチリ
[A]
華麗な朱塗りの応天門は重要文化財に指定されている

空から
降り注ぐような桜
[A] 神苑は紅枝垂れ桜の名所。ライトアップ期間の催しも人気が高い

[B] 現代的なデザインの外観が目を引く

[B]

[C]
新館の東山キューブの屋上テラスからは、雄大な東山を望むことができる

現代的な
意匠も♪
[C]

カマンベール＆チェダーチーズのトーストブレッド935円、ケールサラダとベーコンは各330円
[D]

[D]
ナチュラルな店内と大きな窓から差し込む陽光が心地よい

[A] 朱塗りの社殿が平安京へいざなう

平安神宮

へいあんじんぐう

平安遷都1100年の1895(明治28)年に創建。大内裏の政庁を8分の5のスケールで再現する。神苑は七代目小川治兵衛作。

🏠 京都市左京区岡崎西天王町 ☎ 075-761-0221 [営] 6:00～18:00(神苑は8:30～17:30受付終了※季節により異なる) [料] 境内自由(神苑600円) [休] 無休 [交] 市バス岡崎公園美術館・平安神宮前から徒歩約3分

▶MAP 別P.16 C-1

[B] 近現代のアート作品が集結

京都国立近代美術館

きょうとこくりつきんだいびじゅつかん

日本画や陶芸作品など、幅広い作品を所蔵、コレクション・ギャラリーで随時入れ替え展示する。疏水沿いのカフェへも立ち寄ろう。

🏠 京都市左京区岡崎円勝寺町 ☎ 075-761-4111 [営] 9:30～17:00(金・土曜は～20:00)※変動あり [休] 月曜 [交] 市バス岡崎公園美術館・平安神宮前から徒歩約1分

▶MAP 別P.16 C-2

[C] 新たに生まれ変わった話題のスポット

京都市京セラ美術館

きょうとしきょうセラびじゅつかん

2020年春に、京都美術を集めた常設展示、現代アートを満喫できる新館が誕生！

🏠 京都市左京区岡崎円勝寺町124 ☎ 075-771-4334 [営] 10:00～18:00(入場17:30) [料] コレクションルーム730円 [休] 月曜(祝日の場合は開館)、年末年始 [交] 市バス岡崎公園美術館・平安神宮前から徒歩約1分

▶MAP 別P.16 C-2

[D] 自家製トーストブレッドで一日をスタート

Lignum

リグナム

朝早くから営業するスタイリッシュなカフェ。トーストブレッドやオープンサンドのほか、焼きたてのパンも多数そろう。

🏠 京都市左京区岡崎円勝寺町36-1 ☎ 075-771-1711 [営] 8:00～18:00(フードLO17:00、ドリンクLO17:30) [休] 月曜(祝日の場合は翌日) [交] 市バス東山仁王門から徒歩約3分

▶MAP 別P.16 B-2

TOURISM

清水寺周辺

祇園

嵐山

金閣寺周辺

銀閣寺周辺

二条城周辺

京都駅周辺

郊外

ここも見逃せない！

まだある立ち寄りSPOT

百万遍界隈には素敵なカフェが点在。堂々たる名刹にも足をのばそう。

SPOT 1

京大のお膝元！ 百万遍で学生気分

時計台がシンボルのキャンパス

京都大学
きょうとだいがく

レストランやおしゃれなカフェ、総合博物館など一般の人も利用できる施設でキャンパスライフを体験しよう。

京大ショップで名物の総長カレー648円

🏠 京都市左京区吉田本町 ☎ 075-753-7531（代） ⊗ 市バス京大正門前から徒歩約5分
▶ MAP 別 P.18 B-1

吉田山山頂、緑の中でリラックス

季節の食材を使ったピタパンサンド2種 1,400円

茂庵
もあん

森の小道を抜けた先にあるカフェ。緑あふれる景色を楽しみながら、スイーツやランチでひと息。

🏠 京都市左京区吉田神楽岡町8吉田山山頂
☎ 075-761-2100 ⊗ 11:30〜18:00（LO17:00）
⊛ 月・火曜（祝日の場合は営業） ⊗ 市バス浄土寺から徒歩約15分
▶ MAP 別 P.18 C-1

SPOT 2

隠れた紅葉名所へ

紅葉や銀杏などさまざまな色が三重塔と共演

ご本尊は京都六阿弥陀のひとつ

真如堂
しんにょどう

正式名は真正極楽寺。本尊の「うなずきの弥陀」は女性を救うという。秋は多くの人でにぎわう。

🏠 京都市左京区浄土寺真如町82 ☎ 075-771-0915
⊗ 9:00〜15:45 ⊛ 本堂・庭園 500円（特別行事を除く）⊛ 不定休 ⊗ 市バス真如堂前／錦林車庫前から徒歩約8分
▶ MAP 別 P.19 D-2

秋の夜のライトアップも素敵

堂々たる伽藍が広がる「黒谷さん」

金戒光明寺
こんかいこうみょうじ

眺望のよい丘陵地。豪壮な城構えであることで幕末、京都守護職が置かれ、新選組発祥の地となった。

🏠 京都市左京区黒谷町121
☎ 075-771-2204 ⊗ 9:00〜16:00 ⊛ 境内自由（秋の特別公開中は紫雲庭園・御影堂・大方丈ともに山門800円） ⊛ 無休 ⊗ 市バス岡崎道から徒歩約10分
▶ MAP 別 P.18 C-3

SPOT 3

ひと休みはココでキマリ！ 人気のおしゃれスポットへ

ミニカップ MOON上弦と下弦 各 3,300円

物語のある器を楽しむ

SIONE 京都銀閣寺本店
シオネ きょうとぎんかくじほんてん

白を基調とした非日常を感じる空間で、「読む器」をテーマにした物語のある器がそろう。特別な贈り物に最適。

🏠 京都市左京区浄土寺石橋町29 ☎ 075-708-2545 ⊗ 11:30〜17:30 ⊛ 火〜木曜、不定休あり ⊗ 市バス銀閣寺道から徒歩約1分
▶ MAP 別 P.19 E-1

洋館でティータイム

GOSPEL
ゴスペル

ヴォーリズ建築事務所が手掛ける隠れ家カフェ。もとは個人宅だったということもあり、落ち着いた雰囲気。

スコーンセット・ブルーベリージャム付き 1,500円

🏠 京都市左京区浄土寺上南田町36 ☎ 075-751-9380 ⊗ 12:00〜18:00（貸切営業の場合あり、要問合せ）⊛ 火曜 ⊗ 市バス浄土寺から徒歩約3分
▶ MAP 別 P.19 E-2

歴史が動いた場所はココ！

二条城周辺

にじょうじょう

NIJOJO AREA

昼：◎　夜：△

歴史的な出来事や登場人物をリアルに
感じながら、街なかを歩いてみよう。

日本史にその名を刻む
歴史的スポットが集結

　にぎわう街なかから少し北へ上ると、
天皇の御在所であった京都御所や大政
奉還の行われた二条城が。幕末から明
治維新にかけての歴史の舞台に立って
いることを実感できる。老舗の甘味処
を訪ねたり、上賀茂神社まで足をのば
したりするのもおすすめ。

京都駅からのアクセス

地下鉄 烏丸線		地下鉄 東西線		徒歩	
京都駅	6分・220円	烏丸御池駅	2分・220円	二条城前駅	5分	二条城

市バス9・50系統

| 京都駅 | 15分・230円 | 二条城前 | 徒歩 すぐ | 二条城 |

どう回る？

▶歩いて
繁華街とは違った落ち着いた街並みを歩くのが
楽しみ。京都御所や二条城、下鴨神社などどこも
広いので、履き慣れた靴で出かけたい。

▶地下鉄で
地下鉄なら二条城前駅や丸太町駅、今出川駅の
利用を。京都御苑は南北の距離が地下鉄一駅分
あるので、ルートを決めて効率的に乗車しよう。

他エリアに行くなら？

▶銀閣寺エリアへ
二条城から行くなら堀川丸太町からバスに乗車。
下鴨神社から行くなら今出川通の出町柳駅前バス
停に行き、銀閣寺道方面行きに乗車する。

▶京都駅エリアへ
二条城前からバスで京都駅に。京都御所からは
地下鉄が便利。出町柳駅から京阪電車に乗り、
東福寺駅でJR線に乗り換えるという方法も。

二条城周辺MAP

このあたりが
西陣→P.146

下鴨神社→P.110 ④

GOAL 下鴨神社前

法堂天井に
"鳴き龍"が

京都御所
→P.108 ②

③ 京都
迎賓館
→P.108

寺町通には
名店が連なる
→P.142

元離宮二条城
→P.107

① START

モデルコース　　　⏱約4時間／🚶約9km

| 二条城前 | 徒歩約1分 | ① 元離宮二条城 ↓P.107 | 徒歩約38分 | ② 京都御所 ↓P.108 | 徒歩約3分 | ③ 京都迎賓館 ↓P.108 | 徒歩約21分 | ④ 下鴨神社 ↓P.110 | 徒歩約5分 | 下鴨神社前 |

SEE

一流美術の宝庫！

二条城で殿キブン♪

徳川将軍家の栄枯盛衰、そして激動の幕末を見届けた二条城。城内には狩野派による障壁画など見事な装飾芸術が残されている。御殿などの貴重な遺構と共にその美を味わおう。

二の丸御殿
将軍が政務を行い、居住の場でもあったところ。大広間、黒書院、白書院など6棟の建物が連なっている

菊の御紋
徳川家の葵の御紋が掛けられていたが、1884（明治17）年に二條離宮となり天皇家の菊の御紋に替えられた

車寄
檜皮葺の屋根を持つ二の丸御殿の玄関。5羽の鸞鳥を彫った豪華な欄間がある

世界遺産

御殿を飾る狩野派の障壁画が見事

元離宮二条城
もとりきゅうにじょうじょう

1603（慶長8）年に徳川家康が築城、3代将軍家光の時代に改修。京都で唯一、城郭として世界遺産に登録。

🏠 京都市中京区二条通堀川西入ル二条城町541 ☎ 075-841-0096 🕐 8:45～16:00（閉城は17:00） 💴 1,300円（二の丸御殿観覧料含む） 🈺 12月29～31日、1・7・8・12月の火曜、12月26～28日、1月1～3日は二の丸御殿休取 🚃 地下鉄二条城前駅からすぐ

▶ MAP 別P.14 B-3

HOW TO

二条城の攻略テク

① 桜のライトアップ
3月中旬から4月中旬にかけて歴史的空間を生かしたプロジェクションマッピングや、夜桜をライトアップ。

② 収蔵館も要チェック
展示収蔵館では二の丸御殿の障壁画の原画などを展示。（年4回）

🔭 二条城の見どころ3

① 唐門

屋根の前後に優美な曲線を描く唐破風を備えた門。精緻な彫刻やきらびやかな金具による装飾に注目を。

② 二の丸御殿・庭園

二の丸御殿の大広間は最も格式が高い部屋。大政奉還は御殿内で表明された。庭園は1626（寛永3）年に小堀遠州のもとで改修された。特別名勝に指定。

③ 本丸御殿・庭園

雅な雰囲気の建物は明治期に京都御苑内にあった桂宮御殿を移築したもの。本丸庭園は芝庭風の築山式庭園。（改修のため観覧不可）

二条城MAP

二の丸御殿の障壁画はオペラグラスがあればじっくり見られる。築山式の本丸庭園をぐるっと回って堪能しよう。

毎年秋に裏千家、表千家、薮内家各流派による「市民大茶会」を開催。日替わりで各流派によるもてなしが。

WALK

令和にこそ訪れたい！

御所周辺で歴史を感じる

平安京から明治初期まで都として栄えた京都で、天皇が住み政治を行ったのが御所だ。優雅で落ち着いた佇まいの御所を見学した後は、御所周辺で甘味処やカフェ巡りを楽しんで。

即位礼や公事が執り行われる最も格式の高い紫宸殿。玉座から見て左に左近の桜、右に右近の橘が植栽されている

歴代天皇の住居と執務所がこちら

京都御所

きょうとごしょ

1331（元弘元）年から東京遷都までの約540年の間、天皇が居住し政治を行った場所。

🏠 京都市上京区京都御苑 ☎ 075-211-1215（宮内庁京都事務所参観係） [営][休] 事前申し込み不要。HPで要確認 http://sankan.kunaicho.go.jp [料] 無料 [交] 地下鉄今出川駅から徒歩約5分

▶MAP 別P.15 D-1

1867（慶応3）年、王政復古の大号令が発せられた日の夜に「小御所会議」が行われたのがこの小御所

敷地の中央に設けられた、四季を感じられる日本庭園

日本の伝統的技能が集結したおもてなしの場

京都迎賓館

きょうとげいひんかん

東京にある国宝の迎賓館赤坂離宮と並び、心を込めて海外からの賓客を迎える国の迎賓施設。日本の伝統的技能が随所に活用されている建物や調度品は必見。

🏠 京都市上京区京都御苑23 [営] 公開日程や参観方法についてはHPで要確認 https://www.geihinkan.go.jp/kyoto/visit/ [交] 地下鉄今出川駅から徒歩約15分

▶MAP 別P.15 E-1

藤の間。藤の花言葉は「歓迎」。正面の「麗花」は日本画家の鹿見喜陌（しかみきよみち）の下絵をもとに「綴れ織」の技法で織った壁面装飾

TOURISM

清水寺周辺

祇園

嵐山

金閣寺周辺

銀閣寺周辺

二条城周辺

京都駅周辺

郊外

老舗でひと休み@御所周辺

二条城エリアで古都の歴史にふれた後は、和菓子の老舗を訪ねてゆっくり甘味を楽しもう。

自慢のこし餡を味わえるあんみつ1,320円。美しい盛り付けにうっとり

季節ごとに美しい表情を見せる庭を眺めながら憩いのひと時を

上品な甘味は老舗ならではの味

虎屋菓寮 京都一条店

とらやかりょう きょうといちじょうてん

老舗和菓子店の喫茶は庭の眺めも見事。開放的な空間で、四季折々の風情を感じる和菓子(甘味)を楽しみたい。

🏠 京都市上京区一条通烏丸西入広橋殿町400　☎ 075-441-3113　🕘 10:30〜16:30(販売は9:00〜17:30)　休 不定休　🚇 地下鉄今出川駅から徒歩約7分
▶ MAP 別P.14 C-1

虎屋菓寮 京都一条店

季節感あふれるオリジナルかき氷

二條若狭屋 寺町店

にじょうわかさや てらまちてん

創業約100年の和菓子店。寺町店2階の茶寮では季節の生菓子はもちろん、一年を通してかき氷が楽しめる。

かき氷「利休」1,210円

🏠 京都市中京区寺町二条下ル榎木町67　☎ 075-256-2280　🕘 10:30〜16:30(販売は9:00〜17:30)　休 水曜　🚇 地下鉄京都市役所前駅から徒歩約5分
▶ MAP 別P.15 E-3

趣向を凝らしたカフェが続々登場している御所周辺。静かな空間で有意義な時間を。

最新カフェ巡り@御所周辺

クリームソーダ(クッキー付)各726円

ケトルなどのコーヒー用具も販売

コーヒー文化の発信基地

Kurasu Ebisugawa

クラス エビスガワ

自家焙煎したこだわりの豆で一杯ずつ淹れてくれるコーヒー500円〜はイートインで味わえる。豆は常時5種類を用意。

🏠 京都市中京区夷川通東洞院東入ル山中町551　☎ 075-222-5522　🕘 10:00〜18:00　休 無休　🚇 地下鉄丸太町駅から徒歩約5分
▶ MAP 別P.15 D-3

味噌蔵発のレトロ喫茶

喫茶ゾウ

きっさゾウ

味噌を使った料理のほか、見た目がキュートなクリームソーダなど懐かしい喫茶メニューを多数用意する。

🏠 京都市上京区中立売通室町西入三丁町440-3　☎ 075-406-0245　🕘 9:00〜17:00(LO)　休 不定休　🚇 地下鉄今出川駅から徒歩約10分
▶ MAP 別P.14 C-1

洲濱セット 660円(ドリンク付)

伝統の和菓子をコーヒーで

洲濱×COFFEE すはま屋

すはま×コーヒー すはまや

大豆と砂糖、水飴を練り上げて作る洲濱は、シンプルゆえにごまかしがきかないお菓子。北山の人気ショップが焙煎したコーヒーとともに。

🏠 京都市中京区常真横町193　☎ 075-744-0593　🕘 10:00〜18:00(喫茶12:00〜LO17:30)　休 日曜、祝日、水曜(喫茶のみ)　🚇 地下鉄丸太町駅から徒歩約1分
▶ MAP 別P.15 D-2

🌼 フルーツなど旬の素材を使ったシロップがおいしい二条若狭屋 寺町店のかき氷。季節ごとの食べ比べも楽しみ。

WALK

京都屈指のパワースポット
上賀茂＆下鴨神社へ参拝

有史以前からあったと伝わる上賀茂神社と下鴨神社は、古来から人々が崇敬してきた聖地。それぞれに雰囲気の異なる2つの古社を詣でたら門前のおいしい名物も忘れずに。

緑豊かな神山の麓に
抱かれた社
自然との
調和が美しい

糺の森の爽やかな
空気を吸い込んで

① 清らかな立砂には神の依代の役目が ② 上賀茂神社の第一摂社で、賀茂別雷神の母・玉依比売命を祀る ③ 本殿入口には朱塗りの楼門が立つ

① 糺の森の参道を進むと、鮮やかな楼門に ② 女性の守護神を祀る河合神社 ③ 太古の植生を残した糺の森

雷のごとく強い御神威であらゆる厄を祓う

上賀茂神社（賀茂別雷神社）

世界遺産

かみがもじんじゃ
（かもわけいかづちじんじゃ）

ご祭神の賀茂別雷大神は、厄災を祓う神様。御祭神が降臨した神山を背に広がる境内は、神聖な雰囲気が漂う。

⌂ 京都市北区上賀茂本山339 ☎ 075-781-0011 [営] 5:30～17:00（二ノ鳥居内）、特別参拝は10:00～16:00 [料] 境内自由（特別拝観500円） [休] 無休 [交] 市バス上賀茂神社前から徒歩すぐ

▶MAP 別P.25 D-1

必勝に導いてくれる八咫烏みくじ500円

片岡社の縁結絵馬500円で良縁祈願を

神秘的な森に包まれた古社

下鴨神社（賀茂御祖神社）

世界遺産

しもがもじんじゃ
（かもみおやじんじゃ）

賀茂建角身命と玉依媛命を祀り、五穀豊穣や開運、縁結びなどにご利益がある神社。東西2棟の本殿はいずれも国宝。

⌂ 京都市左京区下鴨泉川町59
☎ 075-781-0010 [営] 6:30～17:00（大炊殿10:00～16:00） [料] 境内自由（大炊殿500円） [休] 無休 [交] 市バス下鴨神社前から徒歩約5分

▶MAP 別P.25 E-3

ちりめん生地の媛守り1,000円で柄が多彩

参道の甘味処さるやで「申餅」をどうぞ

WHAT IS 門前名物はコレ

つきたての餅で粒餡を包み、両面をこんがり焼き上げたやきもち。香ばしくのびがよい餅と甘さ控えめな餡の素朴な味わいが魅力。

1個 130円

神馬堂▶MAP 別P.25 D-1

WHAT IS 門前名物はコレ

みたらし団子発祥の老舗で、かわいい5つの団子は下鴨神社の御手洗池に浮かぶ水泡がモチーフ。イートインも持ち帰りも可。

3本 450円

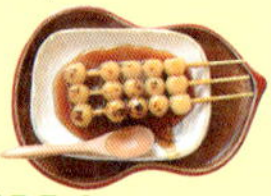

加茂みたらし茶屋▶MAP 別P.25 E-2

まだある立ち寄りSPOT

お参りの後はおいしいものを探しに。日が合えば「市」もおすすめ。

SPOT 1
御苑や鴨川で
食べたい人気パン

☞ 多彩なパンに出合える人気店

Dough
ドウ

香ばしいハード系パンは噛むほどに小麦の風味を感じる。世界各国のパンや旬の素材を使った惣菜パンも豊富。

⌂ 京都市中京区舟屋町424 ふや町ビル1F　☎ 075-212-5036　⏰ 9:00〜18:00　休 水・木・日曜　🚃 地下鉄丸太町駅から徒歩約8分
▶ MAP 別P.15 E-2

SPOT 2
おしゃれ雑貨
集まる**北山へ**

☞ 手作り派さん必見の専門店

La droguerie
京都北山店
ラ ドログリー
きょうときたやまてん

ビンに詰められた色とりどりのビーズやボードに並べられたボタンがずらり。何でも相談できるので手芸ビギナーも安心。

⌂ 京都市北区上賀茂岩ヶ垣内町98-4　☎ 075-724-9711　⏰ 10:00〜19:00　休 第2水曜　🚃 地下鉄北山駅から徒歩約1分
▶ MAP 別P.25 E-1

☞ 毎日食べても飽きないと人気

Radio Bagel
レディオベーグル

卵、バターなどの動物性素材を一切使わずに仕上げたベーグル専門店。月替わりのサンドイッチも楽しみ。

⌂ 京都市北区上賀茂池端町9 久世ハイツ101　☎ 075-724-2274　⏰ 8:00〜15:00　休 月曜　🚃 地下鉄北山駅から徒歩約10分
▶ MAP 別P.25 F-1

ベーコンエッグ540円
（右）

※2022年6月現在、テイクアウトのみ

店は閑静な
御所南に

パンのほか、アメリカンスイーツなど各国の伝統菓子もある

ビーズは1個6円〜、ボタンは1個55円〜

SPOT 3
世界遺産で開催
「市」に行こう

糺の森に
古書が集合

☞ お気に入りの一品を見つけよう

上賀茂手づくり市
かみがもてづくりいち

毎月第4日曜に開催。ガラス、陶器、染色のクラフトや軽食などを販売するブースが一堂に会する。

⌂ 京都市北区上賀茂本山339 上賀茂神社境内　☎ 075-864-6513（株式会社 クラフト）　⏰ 毎月第4日曜 9:00〜16:00 ※雨天決行　🚃 市バス上賀茂神社前から徒歩約1分
▶ MAP 別P.25 D-1

☞ 下鴨神社境内の夏の風物詩がコレ

下鴨納涼古本まつり
しもがものうりょうふるほんまつり

下鴨神社境内の糺の森で毎年夏に開催される。文庫やコミック、児童書など約80万冊の古書が並ぶ青空古本市。

⌂ 京都市左京区下鴨泉川町59 下鴨神社・糺の森内　☎ 075-712-9664（京都古書研究会 萩書房 井上）、080-5850-5153（会期中のみ会場直通）　⏰ 8/11〜16 10:00〜17:30（最終日は〜16:00）　🚃 市バス糺の森から徒歩約5分
▶ MAP 別P.25 E-3

☀ 下鴨神社の甘味処さるやの名物は葵祭にゆかりが深い申餅。一度途絶えたが約140年ぶりに復活させたもの。

TOURISM
清水寺周辺
祇園
嵐山
金閣寺周辺
銀閣寺周辺
二条城周辺
京都駅周辺
郊外

ここも見逃せない！

京都駅周辺
きょうとえき

KYOTOEKI AREA

昼：◎ 夜：◎
歴史からレジャースポットまで見所満載。
さまざまな観光地へもアクセス抜群。

多彩な表情を持つ、京の玄関口

　古い街並みと都会的な機能が共存するエリア。駅周辺は百貨店や飲食店が軒を連ねる商圏エリアでもある。徒歩圏内に世界遺産の東寺をはじめとした歴史的建造物があり、鉄道博物館や水族館などのアミューズメントも充実。旅の到着後や出発前に回るのもおすすめ。

京都駅からのアクセス

京都駅	近鉄京都線 🚃 約1分・160円	東寺駅	徒歩 🚶 約10分	東寺
	徒歩 🚶 約15分			

どう回る?

▶電車で
京都駅から東寺へは近鉄電車が便利。電車を使わずに歩いても15分ほど。京都駅周辺は電車路線に沿って名所巡りがしやすい。

▶バスで
京都駅前から市バス16・78・19・42系統に乗車。系統によって東寺西門、南門、東門など、それぞれ違うバス停に到着。

他エリアに行くなら?

▶二条城エリアへ
東寺から二条城へは北へ約5km。市バス九条大宮から堀川通へ。四条堀川で乗り換え、二条城前下車徒歩すぐ。約25分ほどで到着する。

▶清水寺エリアへ
王道の観光名所・清水寺方面へは市バスで行ける。九条通を通るルートと、大宮通を通るルートがあり、約40〜50分で清水道に到着。

京都駅周辺MAP

② 西本願寺 →P.117
東本願寺

リノベビル増加中の五条 →P.144

③ 博物館・京都国立博物館
三十三間堂 →P.15・115
新熊野神社
泉涌寺道

鉄道博物館
京都水族館
京都タワー
バスターミナル
JR東海道新幹線
京都駅
京都駅八条口

① 東寺 →P.14・113

START

御寺 泉涌寺
④ 東福寺 →P.17・114

千本鳥居を歩きたい

⑤ 伏見稲荷大社 →P.13・114

GOAL

0　200　400m

2.5分・5分

伏見・宇治

▶モデルコース　　⏱約6時間／🚶約8.5km

東寺駅		🚶徒歩約10分	①東寺	🚌バス・徒歩約10分	②西本願寺	🚌バス・徒歩約22分	③三十三間堂	🚃京阪電車・徒歩約20分	④東福寺	🚃JR・徒歩約20分	⑤伏見稲荷大社	🚶徒歩約1分	JR稲荷駅
			↓P.14・113		↓P.117		↓P.15・115		↓P.17・114		↓P.13・114		

SEE

所要時間 1時間

五重塔に名仏像も
国宝ワールド・東寺へ

京都駅から最も近い世界遺産、東寺。日本初の密教寺院で、平安時代の面影を残す貴重な建築や仏像が数多く存在。特に春秋は桜や紅葉に加え、特別拝観など見応えも十分だ。

五重塔
高さ54.8m、現存する木造の塔では日本一の高さ。空海が唐から持ち帰った仏舎利が納められている。

南大門
迫力ある門は桃山時代建築の重要文化財。焼失したため、明治時代に三十三間堂の西門が移築された。

HOW TO
東寺の攻略テク

①春秋の特別公開
毎年、宝物館は3月20日〜5月25日と9月20日〜11月25日に、五重塔初層の内部は4月下旬〜5月25日と10月下旬〜12月上旬に特別公開される。いずれも見応えあり。

②桜のライトアップも
樹齢130年を超える「不二桜」など、夜桜も楽しめる。

東寺MAP
日本での初めての密教寺院、東寺は寺域全体で密教の教えを体現しているとも言われる。広い敷地には数々の文化財が

N
50m
有料区域
観智院
④宝物館
大日堂
WC
P
GOAL
慶賀門
出口→
食堂
大師堂(御影堂)
弘法大師の住居だった大師堂
拝観受付
不二桜
WC
人気の八重枝垂れ桜
①講堂
③五重塔
②金堂
小子房
灌頂院
鎮守八幡宮
南大門
入口
START

世界遺産

現代に唯一残る、平安京の遺構
東寺（教王護国寺）
とうじ（きょうおうごこくじ）

平安遷都と共に創建、後に空海に下賜され、真言密教の根本道場に。日本最古の密教彫刻、立体曼荼羅や国宝の金堂や大師堂など見所満載。

⌂ 京都市南区九条町1 ☎ 075-691-3325
[営] 8:00〜16:30最終受付 [料]境内自由（金堂・講堂500円） [休] 無休 [交] 近鉄東寺駅から徒歩約10分

▶MAP 別P.8 A-3 →P.14

東寺の見どころ4

1 講堂

中には空海が21本の仏像で表した立体曼荼羅が。現在の建物は室町時代に再建。

2 金堂

ご本尊の薬師如来（重文）を安置する本堂。豊臣秀頼の寄進により再建された。

3 五重塔

五重塔の屋根は地、水、火、風、空を示し仏教的な宇宙観を示す。現在の塔は徳川家光によって寄進。

4 宝物館

春と秋の年2回公開され、兜跋毘沙門天や愛染明王など約2万5000点の寺宝がテーマに沿って展示。

五重塔見学の際には初層の屋根を支えるようにふんばる邪鬼に注目。ユニークな表情やしぐさがおもしろい。

TOURISM
清水寺周辺
祇園
嵐山
金閣寺周辺
銀閣寺周辺
二条城周辺
京都駅周辺
郊外

WALK

千本鳥居に紅葉名所も
伏見稲荷大社から七条へ
ふしみいなりたいしゃ　　　　　しちじょう

伏見稲荷大社から北上するコース。紅葉で有名な東福寺を訪れた後は、泉涌寺で美人祈願。
七条まで足をのばして三十三間堂と養源院を拝観すると、人気スポットを網羅できる。

お稲荷さんパワーが
みなぎる
伏見稲荷大社
ふしみいなりたいしゃ

全国にある稲荷神社の総本宮。
初詣の参拝者は全国トップク
ラス、外国人参詣者にも大人
気。奈良時代の創祀。

🏠 京都市伏見区深草藪之内町
68　☎ 075-641-7331　🕐 境
内自由（授与所8:30〜16:30）
💴 境内自由　🈺 無休　🚋 JR
稲荷駅からすぐ
▶MAP 別P.7 E-3
➡P.13

神秘的な
美しさ

朱色が印象的な稲荷神社の総本宮

20分

紅葉の名所は貴重な文化財の宝庫
東福寺
とうふくじ

日本最古で最大級の大伽藍。紅葉の時
季の通天橋が有名。国宝の三門、本坊
庭園や仏殿の蒼龍図など見どころも多
い。混雑しない新緑の季節もおすすめ。

🏠 京都市東山区本町15-778　☎ 075-
561-0087　🕐 9:00〜16:00（11〜12
月初旬は8:30〜、12月初旬〜3月は〜
15:30）　💴 境内自由（通天橋・開山堂
600円、本坊庭園500円）　🈺 無休
🚋 JR／京阪東福寺駅から徒歩約10分、
京阪鳥羽街道駅から徒歩約8分
▶MAP 別P.9 E-3　➡P.17

皇室ゆかりの
格調高い寺院
御寺 泉涌寺
みてら せんにゅうじ

15分

皇室の菩提所として知
られるお寺で、鎌倉時
代四条天皇をはじめ、江戸時代の歴代天皇の陵墓
がある。宋風の大伽藍や、四季折々に美しい御座
所庭園も見どころ。楊貴妃観音を祀る観音堂で
は、美人祈願御守が人気。

🏠 京都市東山区泉涌寺山内町27　☎ 075-561-
1551　🕐 9:00〜16:30（12〜2月は〜16:00）
💴 500円（御座所庭園は別途300円）　🈺 無休
🚋 JR／京阪東福寺駅から徒歩約15分
▶MAP 別P.9 F-3　➡P.15

25分

参拝しよう

一ノ峰(上社神蹟)
いちのみね　かみやしろしんせき

絵馬
500円

薬力社
やくりきしゃ

WHAT IS

お山巡り

稲荷大神の降臨地である稲荷山を巡るルート。さまざまなご利益のある社を回る約2時間の山歩きコース。途中、絶景も楽しめる。

御膳谷奉拝所
ごぜんだにほうはいしょ

眼力社
がんりきしゃ

5 四ツ辻

4つの道が交わるポイントでひと休み。見晴らしがよく市街地を一望。茶店もある。

4 奥社奉拝所

2 本殿

四ツ辻
よつつじ

三ツ辻
みつつじ

千本鳥居を抜けた先。願い事が叶うか石の重さで判断する「おもかる石」。

内拝殿の向拝軒下には安土桃山時代の豪華な彫刻が施される。本殿背後にある稲荷山全体がご神域。

熊鷹社
くまたかしゃ

本殿
ほんでん

千本鳥居
せんぼんとりい

奥社奉拝所
おくしゃほうはいしょ

おもかる石

1 楼門

楼門
ろうもん

豊臣秀吉が寄進、神社の楼門としては最大級のスケール。両側には稲荷大神のお使いとされるキツネの像がある。

3 千本鳥居

多くの人でにぎわう伏見稲荷大社。本殿参拝後は、朱色の鳥居が連なる神秘的な雰囲気を楽しみたい

二股に分かれた参道に鳥居が建ち並ぶ。神様への祈願と感謝のしるしとして江戸時代から奉納されている。

WHY

なぜこんなに鳥居がある?

願い事が「通る」「通った」という祈願や感謝のしるし。江戸時代から奉納され続けていて、今やお山参道全域に建ち並ぶ。

いなり寿司は三角形

功徳を授ける1001体の観音様

三十三間堂

さんじゅうさんげんどう

千手観音坐像を中心にした1001体の観音像群、二十八部衆などを祀る。境内で行われる大的大会は正月の風物詩。

⌂ 京都市東山区三十三間堂廻り町657 ☎ 075-561-0467 🕐 8:30～16:30(11/16～3/31は9:00～15:30) 💴 600円 🈳 無休 🚌 市バス博物館・三十三間堂前から徒歩約1分
▶MAP 別P.9 E-2 ➡P.15

写真提供：妙法院

驚きの杉戸絵
アートと血天井

養源院

ようげんいん

🚶3分

秀吉の側室・淀殿が父の追善のため創建、妹のお江が再建。俵屋宗達による杉戸絵8面は江戸時代とは思えない斬新さ。伏見城落城の際の血痕を残す血天井も有名。

⌂ 京都市東山区三十三間堂廻り町656 ☎ 075-561-3887 🕐 9:00～16:00 💴 600円 🈳 1・5・9月の21日午後、12月31日、不定休あり 🚌 市バス博物館・三十三間堂前から徒歩約3分
▶MAP 別P.9 E-2 ➡P.18

🦊 伏見稲荷大社のおキツネさんがくわえているのは稲穂の束、米蔵の鍵、玉、巻物で、それぞれに意味がある。　　115

TOURISM

清水寺周辺

祇園

嵐山

金閣寺周辺

銀閣寺周辺

二条城周辺

京都駅周辺

郊外

WALK

鉄道博物館もオープン！

進化する梅小路・島原を歩く

水族館や鉄道博物館、中央卸売市場などの施設が整備されて、ますます楽しくなった梅小路公園。昔ながらの街並みが残る島原にも新しいスポットが誕生している。

SLから新幹線まで大迫力の実物車両がズラリ

〝見る・さわる・体験する〟がテーマ

京都鉄道博物館
きょうとてつどうはくぶつかん

53両の実物車両を展示する鉄道博物館。運転シミュレータやSLの乗車体験など、鉄道の魅力を体感できるコーナーも必見。

🚶 京都市下京区観喜寺町　☎ 0570-080-462　🕙 10:00～17:00（最終入館16:30）　💴 1,200円　🈺 水曜（祝日および春・夏休みは営業）　🚃 JR梅小路京都西駅から徒歩約2分
▶ MAP 別 P.8 A-2

レトロなデザインのトレインマークがフォトジェニック

市電カフェ。市電車両をカフェに改装。
☎ 090-3998-8817　🕙 10:00～18:00

カタカタ
つりわぱん

270円

約30種5000匹のクラゲを展示する「クラゲワンダー」の水槽

水族館の人気者、オオサンショウウオのグッズ。なかでも約170cmのぬいぐるみはド迫力の存在感

新展示エリア「クラゲワンダー」が誕生

京都水族館
きょうとすいぞくかん

京都の海や川のいきものを中心に展示。オオサンショウウオの展示やイルカパフォーマンスなども必見。

🚶 京都市下京区観喜寺町35-1（梅小路公園内）　☎ 075-354-3130　🕙 10:00～18:00（変動あり）　💴 2,200円　🈺 無休　🚉 JR京都駅から徒歩約15分
▶ MAP 別 P.8 A-2

440円

水族館の人気者がおいしいパンに

食×デザインで新しい価値を発信

KYOCA Food Laboratory
キョウカ
フード ラボラトリー

レトロなビルをリノベーションした新スポット。中央卸売市場の新鮮食材を使った飲食店など食を多様に体験できる。

🚶 京都市下京区朱雀正会町1-1　☎ 店舗により異なる　🚌 市バス梅小路公園前から徒歩約2分
▶ MAP 別 P.8 A-2

京都人のソウルフード、カルネ210円

ミルの音に誘われて

GOOD TIME COFFEE 島原
グット タイム コーヒー しまばら

一杯ずつ淹れるドリップコーヒー460円が自慢のスタンド。京都の食材を使ったフードメニューも人気。

🚶 京都市下京区突抜2-357　☎ 075-202-7824　🕙 10:00～18:00　🈺 無休　🚌 市バス島原口からから徒歩約2分
▶ MAP 別 P.8 A-1

リノベーション施設 itonowa に入っている

カモネギサンド825円とドリップコーヒー460円

ここも見逃せない！

まだある立ち寄りSPOT

歴史ある仏閣から京都のシンボルタワー、流行りのカフェまで勢揃い！

SPOT 1

京都駅からスグ！ 西本願寺

親鸞聖人の木像を安置
木造建築としては世界最大規模を誇る御影堂

豪華な桃山芸術の宝庫

西本願寺

にしほんがんじ

世界遺産

浄土真宗本願寺派の本山。鮮やかな彩色が施された唐門、京都三閣の一つ、飛雲閣など多くの文化財が。

🏠 京都市下京区堀川通花屋町下ル
☎ 075-371-5181 [営] 5:30～17:00
[料] 境内自由 [休] 無休 [交] 市バス西本願寺前から徒歩約1分
▶MAP 別P.8 B-1

歴史ある京町家お茶の時間

aotake

アオタケ

大正時代に建てられた京町家で、農園にこだわった紅茶や日本茶、中国茶をいただける。店主が淹れてくれるお茶は極上の味わい。

🏠 京都市下京区材木町485
☎ 070-2287-6866
[営] 11:30～18:30（LO18:00）
[休] 火・水曜
[交] 各線京都駅から徒歩8分
▶MAP 別P.9 D-2

2階には座敷席も
坪庭を望む趣ある店内

三味豆腐白玉（黒胡麻・胡桃・マンゴー）と紅茶のセット3,500円～

SPOT 2

七条（しちじょう）の映えカフェ

店内には随所に茶筒が置かれている

手仕事の美を五感で感じる

Kaikado Café

カイカドウ カフェ

職人が一つずつ手作りする茶筒の老舗・開化堂が手掛ける。市電の車庫兼事務所を改装した建物も素敵。

🏠 京都市下京区河原町通七条上ル住吉町352
☎ 075-353-5668
[営] 11:00～18:30（LO18:00）
[休] 木曜、第1水曜
[交] 京阪七条駅から徒歩約5分
▶MAP 別P.9 D-1

グリーンティー・マーブルチーズケーキ400円と、グリーンティー・ラテ・ブレッソ700円

ケーキとドリンクがリンクコーデ

紡 cafe

つむぎ カフェ

抹茶とミルク、エスプレッソのグラデーションが美しいドリンクとケーキが人気。厚切りトーストは、ランチにもモーニングにもおすすめ。

🏠 京都市下京区東塩小路町684 ☎ 075-352-6400 [営] 9:00～19:00 [休] 無休 [交] 各線京都駅から徒歩約5分
▶MAP 別P.8 C-2

SPOT 3

京都のシンボル 京都タワー

ホテルやショップがある複合施設

京都タワー

きょうとタワー

京都駅前にそびえる無鉄骨建築のタワー。地上100mの展望室からは京都市街を一望できる。

🏠 京都市下京区烏丸通七条下る 東塩小路町721-1
☎ 075- 361-3215 [営] 9:00～21:00（最終入場）変動あり [料] 800円 [休] 無休 [交] JR京都駅から徒歩約2分
▶MAP 別P.8 C-2

古都のランドマーク、高さは131m！
1,520円
たわわちゃんぬいぐるみM

郊外

OTHER AREA

ひと足のばしてプチトリップ

京都の秘境で自然にふれる

京都の郊外は自然と歴史を感じられるエリア。宇治では平安の気分に浸りながらお茶づくし、伏見ではお酒づくしの旅を。貴船・鞍馬周辺では神秘的なパワーをゲット、大原や高雄、醍醐、西山には美しい庭園や寺院が点在している。京都の自然と歴史を存分に楽しもう。

郊外MAP

4 おおはら 大原 →P.126
見渡す限りの大自然・大原で心洗われる

3 きぶね くらま 貴船・鞍馬 →P.124
神秘のパワースポットで運気をゲット

鞍馬寺
貴船神社
寂光院
三千院門跡

京都駅から 京都バス、徒歩で約80分。560円（三千院門跡まで）

5 たかお 高雄 →P.128
紅葉の名所で紅葉狩りをしよう

◀福知山へ

京都駅から JR、京阪、叡電を乗り継ぎ約60分。850円（鞍馬寺山門まで）

京都駅から 市バス・JRバス、徒歩で約60分。230円（高山寺まで）

叡山電鉄鞍馬線

実相院門跡

比叡山延暦寺
瑠璃光院

上賀茂神社

西明寺 高山寺
神護寺

詩仙堂

金閣寺

叡山電鉄叡山本線

龍安寺
仁和寺
祇王寺

北野天満宮
下鴨神社
京都御所

銀閣寺
哲学の道
永観堂
南禅寺

7 だいご 醍醐 →P.131
襖絵が素敵な随心院で心を清めよう

▲福知山へ

嵐電北野線
JR山陰本線(嵯峨野線)
地下鉄東西線

天龍寺
渡月橋

亀岡へ▶

元離宮二条城

平安神宮

京都駅から JR、地下鉄を乗り継ぎ徒歩で約40分。450円（醍醐寺まで）

嵐電嵐山本線

京都駅から JR、阪急バスを乗り継ぎ約50分。550円（善峯寺まで）

清水寺

阪急嵐山線

園部へ◀

JR東海道新幹線
京都駅

東寺
東福寺

勧修寺
随心院
醍醐寺

6 にしやま 西山 →P.130
人気急上昇中の穴場スポット・西山エリア

大原野神社
善峯寺
光明寺

京都駅から 近鉄、京阪を乗り継ぎ徒歩で約20分。370円

2 ふしみ 伏見 →P.122
龍馬と酒蔵の街・伏見でゆったり船旅を

伏見稲荷大社
名神高速道路

御幸宮神社
寺田屋・十石舟

京都駅から JR、徒歩で約30分。240円（平等院まで）

京阪本線
JR奈良線

大山崎J.C.T.

1 うじ 宇治 →P.120
平安の趣とお茶の世界に浸って雅な小旅行

宇治上神社
平等院

京滋バイパス

大阪へ◀

奈良へ▶

118

郊外でしたい**7**つのこと

したいこと **1** 宇治で平等院&抹茶を →P.120

世界遺産である平等院で平安の趣を感じよう。宇治茶の本場でもあるので、お茶や抹茶スイーツも要チェック。

したいこと **2** 伏見でほろ酔い気分 →P.122

坂本龍馬ゆかりの伏見は酒蔵の街としても有名。お酒の歴史を学んだら、ほろ酔い気分で酒蔵散策をしよう。

したいこと **3** 京の奥座敷・貴船&鞍馬へ →P.124

京の奥座敷、貴船神社や鞍馬寺は言わずと知れたパワースポット。日頃の疲れを癒して神秘のパワーをゲット！

したいこと **4** 大原で名庭を楽しむ →P.126

平安貴族が癒しを求めた大原。三千院門跡の有清園や、宝泉院の額縁庭園などの名庭を眺めて心も体もリフレッシュ。

したいこと **5** 高雄で紅葉を満喫 →P.128

高雄（尾）、栂ノ尾、槇ノ尾の「三尾」は京都屈指の紅葉の名所。色とりどりに紅葉する錦秋の京都を満喫したい。

したいこと **6** 穴場の西山へ →P.130

人気急上昇中の西山エリアは桜も紅葉も見事な穴場。一年を通してハイキングが楽しめる。晴れた日には足を運びたい。

したいこと **7** 醍醐で花見 →P.131

国宝や寺宝が詰まった醍醐寺は見応えたっぷり。なかでも「醍醐の花見」は、一度は見たい豪華絢爛な一大行事。

これもしたい！

叡山電車でGO！名寺院巡り

一乗寺から岩倉、比叡山へと続く叡電沿線も名寺院の宝庫。電車に揺られながら各所を巡ってみよう！

☞ 鹿おどしの音が響く庭園
詩仙堂
しせんどう

石川丈山が隠居所として建てた草庵。鹿おどしの発祥の地としても有名。

🏠 京都市左京区一乗寺門口町27 ☎ 075-781-2954
🕐 9:00～17:00（受付終了16:45）💴 500円 🎌 5月23日
🚌 市バス一乗寺下り松町から徒歩約7分
一乗寺 ▶MAP 別P.26 C-1

☞ 書院と紅葉に圧倒
瑠璃光院（光明寺）
るりこういん（こうみょうじ）

春と秋のみ一般公開する歴代の本願寺門跡も訪れたと伝わる寺院。浄土の世界観を表現した瑠璃の庭の紅葉が美しい。数寄屋造りの名手・中村外二によって書院の大改造が行われたといわれる。※事前予約要（詳細はHPで確認）

🏠 京都市左京区上高野東山55 ☎ 075-781-4001
🕐 10:00～16:00 💴 2,000円 🎌 春と秋の公開中は無休
🚌 叡電八瀬比叡山口駅から徒歩約5分
八瀬 ▶MAP 別P.3 C-1

※写真はイメージ

☞ 比叡山を彩るもみじ
比叡山延暦寺
ひえいざんえんりゃくじ

世界遺産

天台宗の総本山。2000本以上のもみじが染め上げる景色は、厳かな雰囲気の中に美しさをかもし出す。

🏠 滋賀県大津市坂本本町4220 ☎ 077-578-0001
🕐 東塔 8:30～16:30（時期により異なる）、西塔・横川9:00～16:00（時期により異なる）💴 東塔・西塔・横川共通券1,000円（国宝殿別途500円）🎌 無休 🚌 京阪バス・京都バス延暦寺バスセンターから徒歩約1分
滋賀 ▶MAP 別P.3 C-1

TOURISM

清水寺周辺

祇園

嵐山

金閣寺周辺

銀閣寺周辺

二条城周辺

京都駅周辺

郊外

SEE

平等院に抹茶も楽しみたい

宇治の平安ワールドへ

お茶の産地として有名な宇治。かつて平安貴族の別荘地として重宝された場所で、平等院と宇治上神社という2つの世界遺産を有する。市内とはひと味違った体験を求めていざ！

鳳凰堂
極楽浄土を現世に表現したという壮大なスケールの鳳凰堂。藤原摂関時代の栄華をしのばせる貴重な建築物。

平成の大規模な修繕を終えて、平安時代当時の美しさを取り戻した鳳凰堂。阿字池に映る姿も必見

平等院の**見どころ3**

1 鳳凰堂 鳳凰が見事に翼を広げたように見える。その眺めはまさに地上の極楽浄土。

1 平安時代の遺構を現代に伝える

平等院
びょうどういん

世界遺産

1052（永承7）年、関白・藤原頼通によって創建され、庭園と建築が融合した平安時代の貴重な遺構が残る。極楽浄土を思わせる美しい景観や彫刻、絵画などを多数擁する。

🏠 宇治市宇治蓮華116　☎ 0774-21-2861
🕐 境内8:30〜17:30、鳳翔館9:00〜17:00、鳳凰堂内部拝観9:30〜16:10の間20分ごと
💴 600円（鳳凰堂内部300円）　⊗ 無休　⊗ 京阪／JR宇治駅から徒歩約10分
▶ MAP 別P.24 B-2 →**P.69**

2 鳳凰堂内部

堂々とした姿に圧倒される本尊の阿弥陀如来坐像と、52体の雲中供養菩薩像が極楽浄土を表現。

さまざまなポーズの雲中供養菩薩像を間近で

南20号菩薩です

3 平等院ミュージアム鳳翔館

雲中供養菩薩像など国宝の美術工芸品を収蔵・公開。絢爛な鳳凰堂内部も再現。

京都駅からのアクセス

JR奈良線

京都駅 ──🚃── JR宇治駅 ──🚶 徒歩── 平等院
19分・240円　　　　10分

京都駅 ─近鉄京都線─ 丹波橋駅 ─京阪本線─ 中書島駅 ─京阪宇治線─ 京阪宇治駅 ──🚶 徒歩── 平等院
9分・210円　　4分・160円　　14分・270円　　10分

🛍 **おみやげ はコレ！**

雲中ブックマーカー 500円
美しい色使いに本を開くのが楽しみになるかも

雲中トランプ 800円
雲中供養菩薩像と鳳凰像がプリントされたトランプ

堂々たる風格を備える歴史遺産

阿字池（あじいけ）
美しい鳳凰堂が鏡のように映る阿字池は、極楽にある宝池をイメージ。静かな水面が極楽の平安を表すよう。

©平等院

2 日本最古の神社建築

世界遺産

宇治上神社
うじかみじんじゃ

応神天皇とその皇子2人を御祭神として祀る世界遺産の神社。本殿は日本最古の神社建築の遺構で、拝殿とともに国宝に指定。

🏠 宇治市宇治山田59 ☎ 0774-21-4634
[営] 9:00～16:30 [料] 境内自由 [休] 無休
[交] 京阪宇治駅から徒歩約10分
▶MAP 別P.24 B-1

3 誘われるまま源氏物語の世界へ

宇治市源氏物語ミュージアム
うじしげんじものがたりミュージアム

『源氏物語』や平安時代の文化などにふれられる。『源氏物語』の誕生をひもとく、アニメ映画（約20分）を上映。

🏠 宇治市宇治東内45-26
☎ 0774-39-9300 [営] 9:00～17:00 [料] 600円 [休] 月曜（祝日の場合は翌日） [交] 京阪宇治駅から徒歩約8分
▶MAP 別P.24 B-1

WHAT IS

源氏物語 宇治十帖

『源氏物語』のうち、最後の十帖を指す総称。宇治を主要な舞台とし、光源氏の息子とされる薫と孫の匂宮、八の宮の三姉妹を中心に物語が展開する。

4 日本一古い茶舗でホッとひと息

通圓
つうえん

創業は平安時代末期という老舗茶舗。江戸時代の町家の遺構を残す。こだわりの抹茶をいただく贅沢な時間を。

お抹茶とお菓子700円

🏠 宇治市宇治東内1 ☎ 0774-21-2243 [営] 10:30～LO17:00 [休] 無休 [交] 京阪宇治駅から徒歩約3分
▶MAP 別P.24 B-1

宇治MAP

JR宇治駅を降りて東に歩を進めれば茶舗や抹茶の甘味処がひしめく。
宇治川の両側には平等院や宇治上神社があるので参拝しよう。

三室戸駅↑
↑六地蔵駅
京阪宇治線
宇治
宇治駅前には茶壺の形のポストがある
宇治市源氏物語ミュージアム
3
4 通圓
JR奈良線
宇治橋
2 宇治上神社
GOAL
●中村藤吉平等院店
平等院表参道
宇治神社
5 抹茶共和国
宇治
平等院 1
START
●中村藤吉本店
N
120m
学業成就のパワースポット

MR

5 抹茶の新たな魅力にふれる

抹茶共和国
まっちゃきょうわこく

宇治茶の専門店によるアンテナショップ。自社の上質な抹茶を使う新感覚のメニューが話題。

🏠 宇治市宇治妙楽26-2
☎ 0774-39-8996 [営] 10:00～18:00 [休] 無休 [交] JR宇治駅から徒歩約5分
▶MAP 別P.24 A-2

MATCHA REPUBLIC

インクボトルに入った、斬新さが話題。No.1抹茶ラテ 640円

10円硬貨でもおなじみの鳳凰堂。屋根に輝く一対の鳳凰が、後々「鳳凰堂」と呼ばれるようになった由来だそう。

SEE

龍馬も歩いた水の街

伏見をほろ酔い散歩

所要時間
5時間

かつて水運の要衝として栄えた伏見は、現在も街なかにある川を十石舟が行き交う風流な景観をとどめる。日本屈指の酒処、そして坂本龍馬ゆかりの地でもある伏見をじっくり堪能しよう。

1 屋形船でゆらりと巡る酒蔵の街
十石舟
じゅっこくぶね

江戸から明治末期まで、伏見・大阪間を行き来していた屋形船を復元。酒蔵の並ぶ様子は舟から眺めても格別。春には桜が咲き誇り、お花見気分で揺られてみてもいいかも。

🏠 京都市伏見区南浜町247 ☎ 075-623-1030 🕐 10:00〜16:20（約20分ごとに出航、季節により変動あり）💴 1,200円 🗓 月曜（4・5・10・11月は無休）、12月中旬〜3月下旬、夏季運休あり 🚃 京阪中書島駅から徒歩約5分
▶ MAP 別P.24 A-3

十石舟

屋形船から見えるのは、歴史を感じる伏見の街並みや、柳並木が風流な水辺。往復50分の船旅を楽しんで。

WHAT IS 十石舟
じゅっこくぶね

かつて伏見から大阪を行き来した輸送船を復元。1994年より遊覧船として運航。

京都駅からのアクセス

京都駅 — JR奈良線 🚃 東福寺駅 3分・150円 — 京阪本線 🚃 中書島駅 16分・210円 — 徒歩 🚶 5分 — 十石舟

京都駅 — 近鉄京都線 🚃 丹波橋駅 10分・210円 — 京阪本線 🚃 中書島駅 4分・160円 — 徒歩 🚶 5分 — 十石舟

2 明治の酒蔵を改装したお酒の博物館
月桂冠大倉記念館
げっけいかんおおくらきねんかん

伏見の酒造りや日本酒の歴史について学べる博物館。酒造道具など資料が豊富。成人は3種類の利き酒もできる。

館内にはお酒に関する展示が多数

おみやげも豊富！

※写真はイメージ

🏠 京都市伏見区南浜町247 ☎ 075-623-2056 🕐 9:30〜16:00最終受付 💴 600円（13〜19歳は100円）※全員に利き猪口のおみやげ付 🗓 無休 🚃 京阪中書島駅から徒歩約5分
▶ MAP 別P.24 A-3

事件の際についた刃傷などが見られる

庭には龍馬の銅像が

3 寺田屋事件の舞台となった旅籠
寺田屋
てらだや

坂本龍馬が滞在していた旅籠で、寺田屋事件はあまりにも有名。現在は事件を今に伝える博物館となっている。

🏠 京都市伏見区南浜町263 ☎ 075-622-0243 🕐 10:00〜15:40 💴 400円 🗓 月曜不定休 🚃 京阪中書島駅から徒歩約5分
▶ MAP 別P.24 A-3

酒蔵
酒処としての歴史は弥生時代に始まるとも言われる伏見。酒蔵、蔵元が並ぶ景観は伏見ならでは。

酒蔵の街並みと龍馬の足跡を歩く

20分間隔で運航する十石舟は柳並木や酒蔵の水辺を通る。途中にある龍馬とお龍の像もお見逃しなく！

伏見MAP

十石舟で遊覧したら月桂冠でお酒の豆知識をゲット。竜馬通り商店街沿いでのんびりお買い物したら御香宮神社でお参りしよう。

龍馬にちなんだイベントも多数開催

「島の弁天さん」で親しまれる長建寺

N
150m

京都駅
御香宮神社
伏見稲荷
大手筋商店街
竜馬通商店街
桃山御陵前
伏見桃山
京阪本線
近鉄京都線
GOAL
⑤ 伏水酒蔵小路
④ 家守堂
寺田屋 ③
② 月桂冠大蔵記念館
長建寺 卍
① 十石舟
START
中書島
京阪宇治線
宇治
24
京阪宇治線

お洒落なグラスで楽しむ日本酒

5種のきき酒セット SA KEGLA (サケグラ)

5 粋場で伏見のお酒に舌鼓
伏水酒蔵小路
ふしみさかぐらこうじ

18の蔵元の日本酒が飲める23m超の酒蔵カウンターや多様な料理専門店が立ち並ぶ。お酒に合う料理を見つけよう。

🏠 京都市伏見区平野町82-2〜納屋町115 ☎ 075-601-2430 🕐 11:00〜22:00 ⊗ 原則火曜 🚉 京阪伏見桃山駅から徒歩約7分
▶MAP 別P.24 A-2

WHY
伏見のお酒はなぜおいしい？

伏見はお酒造りに欠かせない良質な水が豊富な地。かつては「伏水」とも言われた伏流水が地下に息づいており、このやわらかい地下水が伏見のお酒をおいしくする。

豚肩ロースのビール煮込み 950円

一杯いかが？

ビアサーバーから注ぐナイトログリーンティ 350円

4 築150年の京町家でいただくクラフトビール
家守堂
やもりどう

老舗茶舗が日本茶とクラフトビールの店に変身。丁寧に淹れるお茶や、店奥のブルワリーで作る多彩なビールを楽しめる。

🏠 京都市伏見区中油掛町108 ☎ 075-603-3080 🕐 11:00〜22:00 ⊗ 月曜（祝日の場合は翌日） 🚉 京阪中書島駅から徒歩約6分
▶MAP 別P.24 A-3

境内では名水の御香水を汲むことが可能

6 名水百選にも選ばれた御香水
御香宮神社
ごこうのみやじんじゃ

境内から香り高い水が湧き出て病を治したことが「御香宮」という名前の由来。湧き水は伏見七名水のひとつ。

🏠 京都市伏見区御香宮門前町174 ☎ 075-611-0559 🕐 9:00〜16:00（石庭拝観） 💰 200円（石庭拝観） ⊗ 臨時休業あり 🚉 京阪伏見桃山駅・近鉄桃山御陵前駅から徒歩約7分
▶MAP 別P.24 C-2

🌸 伏見は、その独自の発展から、1929（昭和4）年から約2年間、伏見市として独立していた。

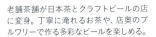

TOURISM
清水寺周辺
祇園
嵐山
金閣寺周辺
銀閣寺周辺
二条城周辺
京都駅周辺
郊外

SEE

京の奥座敷でパワーチャージ

人気のパワースポット
貴船＆鞍馬へ

所要時間
5時間

京の奥座敷である貴船・鞍馬は、豊かな水と緑に囲まれたパワースポットとしても有名。源義経ゆかりの鞍馬寺や縁結びの貴船神社など余すところなく訪れたい！

参道（さんどう）
本宮の南の入口にある「二の鳥居」をくぐると、石段の参道に。全部で87段の石段を上り切れば本宮がある。

春日灯籠（かすがとうろう）
石段の両側に並ぶ春日灯籠。せり出す楓の葉と共に美しい景観を作り出す。灯りが灯るといっそう幻想的。

ただ訪れるだけでも、元気をもらえる場所

ずらりと灯籠が並ぶ貴船神社の参道は神秘的。期間限定で行われるライトアップはたとえようのない美しさ

---

1 縁結びのご利益をいただこう
貴船神社
きふねじんじゃ

創建年代は不詳だが、古来水の神様として信仰を集める。和泉式部が復縁を祈願したことから縁結びのご利益もある。本宮〜結社〜奥宮の順にお参りする三社詣でご利益を授かろう。

🏠 京都市左京区鞍馬貴船町180
☎ 075-741-2016 🕘 9:00〜17:00（季節により変動あり） 🎫 境内自由 休 無休 🚌 京都バス貴船から徒歩約5分
▶ MAP 別P.27 D-1 →P.20

→P.20

🔭 貴船神社の見どころ3

1 本宮
まずは本宮へ。絵馬発祥の社としても知られる。

何が出るかな？

「水占みくじ」は水に浮かべると文字が浮き出る

男女の縁だけでなく、さまざまなご利益が

2 結社
結社は中宮（なかみや）とも呼ばれ、縁結びの神を祀っている。結び文に願い事を祈願して結び付けよう。

3 奥宮
さらに北へ進み奥宮へ。かつての本宮で、いろいろと逸話のある船形石がある。

京都駅からのアクセス

京都駅 → JR 3分・150円 → 東福寺駅 → 京阪 15分・270円 → 出町柳駅 → 叡電 27分・430円 → 貴船口駅 → 京都バス 5分・170円 → 貴船 → 徒歩 5分 → 貴船神社

出町柳駅 → 叡電 30分・430円 → 鞍馬駅 → 徒歩 30分 → 鞍馬寺

🛍 おみやげはコレ！

むすび守袋型
各1,000円
ももいろとみずいろの2種類

TOURISM

清水寺周辺

祇園

嵐山

金閣寺周辺

銀閣寺周辺

二条城周辺

京都駅周辺

郊外

2 京の奥座敷で身も心も涼やかに
ひろ文
ひろぶん

貴船川上流の料理旅館。アユやアマゴなどを使った懐石料理や鍋料理など、贅沢な納涼ランチを提供する。

🏠 京都市左京区鞍馬貴船町87
☎ 075-741-2147　⏰ 11:30～21:00（最終入店18:00）　🈺 不定休（夏は無休）　🚌 京都バス貴船から徒歩約20分
▶ MAP 別P.27 D-1

WHAT IS 貴船の川床
きふね　かわどこ

貴船川沿いに立ち並ぶ料亭では、5月1日～9月下旬のみ川床が設けられる。水面から数十センチの高さなので、天然の涼の中で食事ができる。

自然のクーラーで涼みながらの食事

パワースポでお祈り

大自然と宇宙のエネルギーを感じる
4 鞍馬寺
くらまでら

770（宝亀元）年、鑑禎上人により開創。鞍馬弘教の総本山。牛若丸が天狗に兵法を授けられたという伝説が残る。

本殿前「金剛床」の上で宇宙のパワーを授かる

🏠 京都市左京区鞍馬本町1074
☎ 075-741-2003　⏰ 9:00～16:15　💰 愛山費300円　🈺 無休　🚃 叡電鞍馬駅から徒歩約5分で仁王門
▶ MAP 別P.27 E-1

木々の生命力をひしひし感じる道
3 木の根道
きのねみち

貴船と鞍馬をつなぐ木の根道では、その名のとおりたくましく張り出した木の根に驚かされる。牛若丸にまつわるスポットも点在。

▶ MAP 別P.27 E-1

10月22日に行われる鞍馬の火祭

都の北を守護する社
5 由岐神社
ゆきじんじゃ

鞍馬寺の参道途中に鎮座する。樹齢800年を超えるご神木は「大杉さん」と親しまれ、一心に願えば願い事が叶うとされる。

🏠 京都市左京区鞍馬本町1073
☎ 075-741-1670　⏰ 境内自由
🚃 叡電鞍馬駅から徒歩約10分
▶ MAP 別P.27 E-1

貴船・鞍馬MAP

貴船神社を参拝したら木の根道を通って鞍馬寺へ。木の根道の途中にも魔王殿や霊宝殿など訪れたいスポットが多数。

自然が生んだ「天の磐船」に感動！

N
200m

奥宮
結社
奥の院魔王殿
ひろ文 2
貴船神社 1
鞍馬寺西門
貴船
鞍馬寺
木の根道 3
霊宝殿
鞍馬山
鞍馬川
梅宮橋
烏帽子岩
大杉権現社
寝殿
鞍馬寺 4
多宝塔
鞍馬街道
由岐神社 5
ケーブル
鞍馬山
GOAL
鞍馬
貴船口駅前
貴船口
叡電鞍馬線
出町柳駅
START

☀ よく歩くコースなので歩きやすい靴がおすすめ。特に木の根道は本格的な散策コース。万全な準備を。　　125

SEE

心安らぐ平家物語の舞台
大原で美庭を堪能する

所要時間 3時間

京都北部の山あいに位置する大原は、天台声明の発祥地としても知られ、古くから僧侶や貴族など多くの人を癒した閑静な場所。変わらない里山の景観がのどかで美しい。

身も心も解きほぐす日本の原風景がここに

有清園
約400年の歴史を持つ池泉回遊式庭園。有清園に佇む往生極楽院を作家の井上靖は「東洋の宝石箱」と称した。

往生極楽院
池泉回遊式庭園の有清園に立つ重文。国宝の阿弥陀三尊像を安置。極彩色の壁画などで極楽浄土を表現。

有清園の中に佇む往生極楽院を眺めながら、ここで癒された平安貴族に思いを馳せれば心も洗われるよう

1 三千院門跡

自然の中にひっそりと佇む古刹

さんぜんいんもんぜき

最澄が開いた天台宗の門跡寺院。自然と調和した有清園と聚碧園の2つの庭園があり、初夏の紫陽花や紅葉の眺めは特に見事。往生極楽院には国宝の阿弥陀三尊像が安置されている。

京都市左京区大原来迎院町540 ☎075-744-2531 [営]9:00～17:00（11月は8:30～、12～2月は～16:30） [料]700円 [休]無休 [交]京都バス大原から徒歩約10分

▶MAP 別P.27 F-3

京都駅からのアクセス

京都駅 → 京都バス 70分・560円 → 大原バスターミナル → 徒歩 10分 → 三千院門跡

京都駅 → 地下鉄烏丸線 20分・290円 → 国際会館駅 → 京都バス 25分・360円 → 大原バスターミナル → 徒歩 10分 → 三千院門跡

三千院門跡の見どころ3

1 聚碧園

自然の美に感銘を受けた茶人の金森宗和が手を加え生まれた。有清園とは異なる趣の立体的な庭園。

2 有清園

青々とした苔に立木が素朴で美しい庭園。秋は紅葉、春はシャクナゲなど季節によって景観を変える。

3 わらべ地蔵

有清園の随所に現れる杉村孝、作のお地蔵様。やわらかな表情に心が安らぐ。緑の中を目を凝らして探してみて。

2 思わず見入ってしまう
生ける絵画

宝泉院
ほうせんいん

平安末期に創建された天台宗の寺院。客殿の柱と鴨居敷居を額に見立てる「額縁庭園」が有名。

🏠 京都市左京区大原勝林院187
☎ 075-744-2409 🕘 9:00～16:30 💴 800円（茶菓子付き）
🈺 無休（1/3要問合せ）🚌 京都バス大原から徒歩約15分
▶ MAP 別 P.27 F-3 →P.17

樹齢700年にもなる五葉松

本堂には薬師、阿弥陀、釈迦三如来坐像を安置

夕日に照らされる姿が美しい

3 三如来坐像を
安置する声明の本山

来迎院
らいごういん

平安前期の創建で、邦楽の原点とも言われる天台声明の根本道場。予約すれば毎週日曜日に実際に拝聴が可能。

🏠 京都市左京区大原来迎院町537 ☎ 075-744-2161 🕘 9:00～17:00
💴 400円 🈺無休 🚌 京都バス大原から徒歩約15分
▶ MAP 別 P.27 F-3

4 平家ゆかりの天台宗の尼寺

寂光院
じゃっこういん

平清盛の娘である建礼門院が平家滅亡後に余生を過ごしたとされる寺院。594（推古2）年に聖徳太子が建てたと伝わる。

🏠 京都市左京区大原草生町676 ☎ 075-744-3341 🕘 9:00～17:00（季節により異なる）💴 600円 🈺無休 🚌 京都バス大原から徒歩約15分 ▶ MAP 別 P.27 D-2

WHAT IS　平家物語と大原

平家の滅亡後、出家し寂光院に隠棲した建礼門院。その建礼門院を後白河法皇が内々に訪問し、再会を果たすという故事が、平家物語の「大原御幸」と呼ばれるもの。建礼門院が自らの人生を振り返り語りかけたと伝わる。

ランチだけでなく、カフェ使いもおすすめ

5 倉庫をリノベした自然派カフェ

KULM
クルム

大原の大自然に囲まれたカフェ。イタリアンで修業したご主人が作る大原の野菜を使った料理は絶品！

🏠 京都市左京区大原来迎院町117
☎ 090-9234-0770 🕘 11:30～16:00 🈺不定休 🚌 京都バス大原から徒歩約3分
▶ MAP 別 P.27 E-3

大原MAP

大原バスターミナルを拠点に東には三千院や来迎院、西には寂光院がある。ピクニック気分で風景を楽しみながら歩こう。

❹ 寂光院
● 大原山荘 足湯カフェ
建礼門院ゆかりの石碑
● 朧の清水
見渡す限りの大草原は絶景
KULM ❺ START
大原バスターミナル
GOAL
梅の宮前
大原ふれあい朝市
N
100m
❷ 宝泉院
卍 勝林院
音無の滝
❶ 三千院門跡
❸ 来迎院
🈂 出世稲荷神社

🌸 大原はしば漬け発祥の地としても有名。大原女が柴を運ぶことから建礼門院がそのように命名したと言われる。　127

TOURISM

清水寺周辺

祇園

嵐山

金閣寺周辺

銀閣寺周辺

二条城周辺

京都駅周辺

郊外

SEE

紅葉が織り成す絶景
高雄で古の美を愉しむ

所要時間 2時間

「三尾の里」と呼ばれる栂ノ尾、槇ノ尾、高雄は、京都の北西部に位置する、紅葉の名所。緑深い山あいを流れる清滝川に沿って、自然を満喫しながらさまざまなスポットを訪れよう。

見渡す限りを染める
燃えるような紅葉の錦

WHY いつから高雄は紅葉の名所？

高雄の紅葉の名所としての歴史は南北朝時代まで遡る。当時より現在に至るまで、紅葉が美しい景勝地として歌や絵画にしばしば登場しており、いかに長年にわたってこの地が愛されてきたかをうかがい知ることができる。

1 四季折々の眺めが美しい名古刹
高山寺
こうさんじ

1206（建永元）年、明恵上人が再興。明恵上人時代の唯一の遺構で国宝の石水院からは、山々の壮大な景観が望める。

⌂ 京都市右京区梅ヶ畑栂尾町8
☎ 075-861-4204 [営] 8:30～17:00
[料] 境内自由（紅葉期は入山600円）、石水院800円 [休] 無休 [交] 市バス・JRバス栂ノ尾から徒歩約8分
▶MAP 別P.26 C-2

京都駅からのアクセス

京都駅 → 市バス・JRバス 50分・230円 → 高雄 → 徒歩 20分 → 神護寺

京都駅 → 市バス・JRバス 50分・230円 → 栂ノ尾 → 徒歩 8分 → 高山寺

高山寺の見どころ 3

1 参道

白雲橋を越えて進むと高山寺の表参道に出る。秋には紅葉の絨毯と石敷きが美しい。

2 石水院

五所堂とも呼ばれる一重入母屋造の中心的な堂宇。明治期に現在地に移築され、経蔵兼社殿から住宅様式に変わった。

3 鳥獣戯画

日本漫画の原点と言われる絵巻で、複製を鑑賞できる。擬人化された動物がユーモラス。

おみやげはコレ！

ふきん
600円
鳥獣戯画のモチーフが並ぶかわいらしいふきん

トートバッグ
1,600円
大きめのバッグはシンプルで持ち運びに便利！

📷 TOURISM

清水寺周辺

祇園

嵐山

金閣寺周辺

銀閣寺周辺

二条城周辺

京都駅周辺

郊外

2 高雄 錦水亭
季節の美食を存分に味わう
たかお きんすいてい

夏は川床で鮎料理、冬はぼたん鍋など、季節の食材を使った料理が楽しめる。季節ごとに変わる眺めも美しい。

🏠 京都市右京区梅ヶ畑殿畑町40 ☎ 075-861-0216 🕚 11:30～15:00、17:00～21:30 Ⓗ 不定休 🚌 市バス・JRバス槇ノ尾から徒歩約3分
▶ MAP 別P.26 C-3

倍返りのお守り 200円
出費したお金が倍になって戻るというお守り

境内の紅葉した木々は高山寺の周りを赤く染め上げる。石水院南座から望む絶景はまるで絵画を見ているよう

3 西明寺
朱塗りの指月橋を渡ってお参りを
さいみょうじ

空海の弟子・智泉が天長年間に開創し、現在の本堂は桂昌院が再建した。ご本尊釈迦如来像や脇陣の千手観音像は共に重文。

🏠 京都市右京区梅ヶ畑槇尾町1 ☎ 075-861-1770 🕚 9:00～17:00 Ⓗ 500円 Ⓗ 無休 🚌 市バス・JRバス槇ノ尾から徒歩約5分 ▶ MAP 別P.26 B-3

石段は約400段

4 神護寺
数多くの寺宝を有する紅葉の寺院
じんごじ

空海が住持を務めた真言宗の寺院。ご本尊の国宝・薬師如来立像など平安・鎌倉時代の多くの寺宝を現代に伝える。

🏠 京都市右京区梅ヶ畑高雄町5 ☎ 075-861-1769 🕚 9:00～16:00 Ⓗ 600円 Ⓗ 無休 🚌 市バス・JRバス高雄から徒歩約20分
▶ MAP 別P.26 A-3

素焼きの皿を投げる神護寺発祥の厄除け

高雄MAP
バス停梅ノ尾からバスに乗るもよし、歩くのもよし。清滝川のせせらぎに耳を傾けて秋の高雄を満喫しよう。

① 高山寺　周山　槇ノ尾
N 100m
START
清滝川
錦雲渓の川沿いて紅葉狩り

② 高雄錦水亭
西明寺
③ 灌頂橋　指月橋　槇ノ尾
高雄
GOAL
神護寺 ④　高雄橋
⑤ 硯石亭
周山・高雄パークウェイ
有料道路ではあるが紅葉の穴場スポット！
清滝橋
周山街道
62 京都市街

5 硯石亭
門前茶屋でひと休み
すずりいしてい

神護寺の参道にある茶屋。道明寺餅の上に自家製餡をのせた一口サイズのもみじ餅9個入り650円が名物。

🏠 京都市右京区梅ヶ畑高雄町5 ☎ 075-872-3636 🕚 9:00～16:30 Ⓗ 不定休（11月は無休） 🚌 市バス・JRバス高雄から徒歩約15分 ▶ MAP 別P.26 A-3

寺院から寺院へはそれぞれ徒歩15分以内とおさんぽにピッタリ。三者三様に違った魅力を満喫して。

郊外

SEE

所要時間
3時間

雄大な自然に包まれて
美しき古刹西山を散策

豊かな自然の中に平安朝の寺院が点在する西山エリアは、桜と紅葉の一大名所。
起伏があるエリアなので、ハイキング気分でロケーションの美しさを満喫して。

大自然にいだかれた
風光明媚な里山

1 壮大なスケールを誇る平安の古刹
善峯寺
よしみねでら

源算上人が平安時代に開山。3万坪もある広大な境内地に20もの伽藍があり、諸堂を巡りながら京都市中を一望できる。桜や紅葉の名所としても有名。

🏠 京都市西京区大原野小塩町1372
☎ 075-331-0020　⏰ 8:30〜16:45
（土・日曜、祝日は8:00〜）　💰 500円　🈺 無休　🚃 阪急バス善峯寺から徒歩約8分
▶ MAP 別P.3 A-3

重要文化財に指定されている多宝塔は、秋になれば紅葉に包まれ、よりいっそうの奥深さをかもし出す。絶好の撮影ポイント

京都駅からのアクセス

京都駅 → JR京都線（7分・180円）→ 向日町駅 → 阪急バス（35分・370円）→ 善峯寺 → 徒歩（8分）→ 善峯寺

京都駅 → JR京都線（7分・180円）→ 向日町駅 → 阪急バス（25分・300円）→ 南春日町 → 徒歩（10分）→ 大原野神社

西山MAP

西山一帯は山道が多いので準備は万端にして出かけよう。

ハイキング気分で行ってみよう

参道一面に広がる真っ赤な紅葉も必見

金蔵寺　大原野神社　正法寺　樫本神社　南春日町　GOAL
よしみね乃里　十輪寺　大歳神社　小塩　START　善峯寺　向イ芝　光明寺　光明寺前

N　400m

2 在原業平が晩年を過ごした寺
十輪寺
じゅうりんじ

業平桜で有名

文徳天皇が安産祈願のため延命地蔵を安置したことに始まる。業平が塩焼きに興じた塩竈跡や業平桜などがある。

🏠 京都市西京区大原野小塩町481　☎ 075-331-0154　⏰ 9:00〜17:00　💰 400円　🈺 不定休　🚃 阪急バス小塩から徒歩約1分
▶ MAP 別P.3 A-3

3 紫式部が氏神と崇めた神社
大原野神社
おおはらののじんじゃ

奈良・春日大社の第一の分社で別名「京春日」。毎年9月に開催される御田刈祭では、神相撲の神事が行われる。

🏠 京都市西京区大原野南春日町1152　☎ 075-331-0014　⏰ 境内自由（授与所9:00〜17:00）　🈺 無休　🚃 阪急バス南春日町から徒歩約10分
▶ MAP 別P.3 A-2

TOURISM

清水寺周辺

祇園

嵐山

金閣寺周辺

銀閣寺周辺

二条城周辺

京都駅周辺

郊外

SEE

秀吉や小野小町ゆかりの古刹も

春爛漫の醍醐巡り

所要時間
1時間

「醍醐の花見」で知られる桜の名所・醍醐寺をはじめ、花が美しい名刹が集まるエリア。
寺宝と共に季節の花を愛でる「醍醐」味を求めて、爛漫の季節に出かけてみよう。

醍醐の花見と
四季を愛でる

1 秀吉が愛した醍醐の花見がここに

醍醐寺
だいごじ

世界遺産

874(貞観16)年に聖宝理源大師が開創。桃山時代の豪華絢爛な三宝院庭園など見どころたっぷり。4月の第2日曜日には、秀吉が行った醍醐の花見の故事に倣い豊太閤花見行列が催される。

🏠 京都市伏見区醍醐東大路町22
☎ 075-571-0002　⏰ 9:00～17:00(12月第1日曜の翌日～2月末は～16:30)、※発券終了は閉門30分前、上醍醐受付は夏期～15:00、冬期～14:00
💴 三宝院庭園1,000円(春期は三宝院庭園・伽藍・霊宝館庭園1,500円)、上醍醐600円　🈳 無休　🚃 地下鉄醍醐駅から徒歩約10分
▶ MAP 別P.3 C-3

醍醐天皇の冥福を祈るために建立された五重塔。京都府内で最も古い木造建築物と言われている。桜と共に並ぶ姿は迫力満点

京都駅からのアクセス

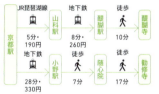

JR琵琶湖線　地下鉄　　　　徒歩
京都駅 → 山科駅 → 醍醐駅 → 醍醐寺
　5分・190円　8分・260円　10分

地下鉄　　　　徒歩　　　　徒歩
京都駅 → 小野駅 → 随心院 → 勧修寺
　28分・330円　7分　　17分

醍醐MAP

醍醐寺を散策したら旧奈良街道を通って随心院、勧修寺へ。

↑山科駅

勧修寺 ③

GOAL 小野

START

新奈良街道

旧奈良街道

小野

② 随心院

地下鉄東西線

山科川

表書院からは庭が見渡せる

① 醍醐寺

醍醐寺前

卍三宝院

⛩長尾天満宮

雨月茶屋

N
100m

2 小町と深草少将の恋物語伝説が残る

随心院
ずいしんいん

平安の女流歌人で絶世の美女である小野小町の邸宅跡と伝わる。はねず梅の名所でもあり、春には230本もの梅が咲き誇る。

細かな絵に感動

🏠 京都市山科区小野御霊町35　☎ 075-571-0025　⏰ 9:00～16:30
💴 境内自由(本堂、梅園各500円)　🈳 不定休　🚃 地下鉄小野駅から徒歩約7分
▶ MAP 別P.3 C-2　→P.19

3 季節の花が夢のように美しい氷室池

勧修寺
かじゅうじ

真言宗山階派大本山。醍醐天皇が生母の追善のために創建。名勝・氷室池や水戸光圀寄進の勧修寺型灯籠などがある。

🏠 京都市山科区勧修寺仁王堂町27-6
☎ 075-571-0048
⏰ 9:00～16:00
💴 400円　🈳 無休
🚃 地下鉄小野駅から徒歩約7分
▶ MAP 別P.3 C-2

いずれのエリアも季節を存分に感じられる徒歩で回るのがおすすめ。かなり距離があるのでスニーカーでぜひ。

京都の社寺建築

日本の美意識が大集結した国宝級の社寺が点在

　四季折々の美しい景色の中に佇む社寺。京都には各宗派の本山が集まり、洛中洛外の至るところに由緒ある神社仏閣が立つ。千年の都の歴史の中で時代を見守ってきた多くの社寺には優れた建築技術や造形美が見られ、貴重な歴史的遺構として重要文化財や国宝に指定されている。時代の変遷と共に建築様式は変化していくが、日本の美意識はどの時代も変わらない。寺院の建築様式には日本古来の「和様」に加え、中国から繊細で装飾的な「唐様（禅宗様）」、強度な構造を持つ「天竺様（大仏様）」が伝わり、後にいくつかの様式が混ざった「折衷様」が登場する。神社には、神が宿るとされる山や森などで神事が行われていた時代を経て社殿建築が生まれ、寺院建築の影響も受けながら、「流造」や「権現造」などスタイルは多様化していく。京都ではこれら全ての様式を見ることができる。細部まで趣向が凝らされた特徴を知ることで、新しい社寺の姿が見えてくるだろう。

社寺建築の役割を知る

本堂 ･･･ 寺院ではご本尊が祀られている建物を本堂、神社では神が宿っている建物を本殿と呼び、霊験あらたかで神聖な空間。

山門 ･･･ 寺院の門にあたる山門はかつて多くの寺院が山に建てられたことから名付けられ、禅宗寺院では三門とも呼ばれる。

塔 ･･･ 塔はサンスクリット語のストゥーパの音からくる卒塔婆の略語で、釈迦の遺骨（仏舎利）が祀られている。

🏛 寺院
仏教伝来時に伝わった寺院建築は時代によって数々の造形美が生まれた。

1668（寛文8）年徳川家綱が再建した仏殿は唐様の代表的建築物

☞ 唐様（禅宗様）
鎌倉時代に中国から伝わった建築様式。屋根の縁が反り返り、その下にさらに屋根をつけ裳階を配し、正面に桟唐戸の開き戸と両端に花頭窓が装飾されている。

代表例 ➡ 御寺 泉涌寺 →P.15・114

国宝の本堂は1227（安貞元）年創建で京都市内最古の木造建築物

☞ 新和様
平安時代の潮流が反映され、雅な意匠を施した和様は、鎌倉時代に唐様と構造的に強度を備えた大仏様を取り入れ、新和様に進化した。

代表例 ➡ 千本釈迦堂
▶ MAP 別P.21 E-3

1425（応永32）年建立の三門は日本最古で最大として国宝に

☞ 折衷様
和様に唐様と大仏様の長所を組み合わせた折衷様が鎌倉時代後期に誕生する。大仏様の構造や唐様の妻飾りなどの装飾意匠が寺院ごとに多彩に取り入れられた。

代表例 ➡ 東福寺 →P.17・114

⛩ 神社
拝殿とご神体を祀る本殿を構える社殿建築は、荘厳で神聖な外観が魅力。

本殿・拝殿共に日本最古の神社建築で国宝に指定されている

☞ 流造
屋根を前後の二面に葺いた切妻造で平入り構造。前方の屋根が曲線を描くように反りながら庇が向拝まで長くのびた、日本古来の本殿建築の代表的な様式。

代表例 ➡ 宇治上神社 →P.121

全国天満宮の総本宮社。威厳に満ちた桃山建築の風格を見せる社殿が国宝

☞ 八棟造
前後につながる本殿と拝殿の2棟の間に、石の間と呼ばれる一段床を低くした間を石で設けた特徴的な様式。切妻造の側面に庇を付けた入母屋造で平入り構造。

代表例 ➡ 北野天満宮 →P.98

祇園さんで親しまれ、災厄除けの祇園祭で有名な神社の本殿は最大級

☞ 祇園造
かつて祇園社だった八坂神社だけに見られる様式。側面の庇が複雑になっている入母屋造で、本殿と拝殿を一つの檜皮葺屋根で覆った大きな建築様式が特徴だ。

代表例 ➡ 八坂神社 →P.83

TOURISM

清水寺周辺

祇園

嵐山

金閣寺周辺

銀閣寺周辺

二条城周辺

京都駅周辺

郊外

☞ ここに注目！

Point 1 … 屋根

風格ある大きな屋根は外見を美しく見せる重要な意匠。前後二面が瓦葺きの切妻造や、側面に庇を付けた入母屋造など形状もさまざま。

重厚感のある屋根が造形美を引き立てる

鬼瓦には装飾だけでなく厄除けの意味も

棟の隙間からの雨漏りを防ぐ留蓋瓦

Point 2 … 天井

本堂や法堂の天井は、木を格子状に組んだ格天井などがあり、当時の一流絵師による美しい天井絵は時代や宗派によって趣が異なる。

二条城の格天井や、建仁寺の双龍図など見上げるのも一興

Point 3 … 塀

土塀に白線が引かれた「定規筋」は筋塀とも言われ、本数で格式が違う。門跡寺院などに用いられている五本線が最高位。

京都では五本の筋塀が大半だとか

☞ ここに注目！

Point 1 … 屋根

屋根には神聖を象徴する鰹木と千木があり、その先端が尖っていると男性神、平面が上向きだと女性神を祀っていると言われる。

独特の形状をした珍しい屋根に注目

檜皮葺きは日本独自の伝統的な手法

Point 2 … 鳥居

鳥居は神域と人間が住む俗界を分ける境界の役割を持ち、直線的な神明鳥居と両端が反り上がり曲線をなす明神鳥居などがある。

木や石、銅、鉄など鳥居の材質もさまざま

Point 3 … 神使（しんし）

神に仕える神使は狛犬のほかにも神社に縁あるさまざまな動物が。サルやネズミなど神使を訪ねるのも神社巡りの楽しみの一つ。

かわいらしい狛ウサギのいる岡崎神社

足腰にご利益がある護王神社のイノシシ

HOW TO

社寺の参拝マナー

神社やお寺へお参りする際には、神仏に対する礼儀として、身なりを整えて正しい参拝をすることがおすすめ。基本的な社寺参拝の作法を覚えておこう。

① 聖域に入る前に一礼

寺院は山門、神社は鳥居が聖域と俗界の境界なので、一揖（いちゆう）と言われる浅いお辞儀をして聖域に入る。鳥居の中央は神が通る道なのでなるべく脇を歩こう。

寺院	神社

② 手水舎（ちょうずや）で心身を清める

本堂または本殿へ向かう前に、俗界のけがれを落とすという意味も込めて、心身を清めるために手水舎で手と口をすすいで、お参りに備える。

右手に柄杓を持って水を汲み、左手に水をかけて清める。

左手に柄杓を持ち替えて水を汲み、右手を清める。

再度右手に持ち替えて、左手で水を受けて口をすすぐ。

残った水を柄杓の柄に伝わらせるよう縦にして流す。

③ お参りをする

賽銭箱に賽銭を入れ、鈴があれば鳴らす。神社は2拝2拍手して手を合わせ願いを込め、最後に1礼して終了。寺院はご本尊に向かって掌を合わせる。

寺院	神社
お辞儀をして拍手を打たず静かに合掌。	深く頭を垂れて2拝2拍手1拝で参拝。

🌼 神仏を敬う神聖な建物は庭や借景と調和し、どの角度から見ても美しく見えるよう趣向が凝らされている。

四条
しじょう
SHIJO

百貨店やブランドショップのほか、話題のお店も続々オープンしている四条通。歩道が新たに拡大・整備され、連日多くの人々でにぎわう。

京都駅からの行き方
- 市バス205・17号系統→四条河原町
- 地下鉄→四条駅

にぎやかな繁華街

昼:◎ 夜:○

ショッピングもグルメも充実した四条は、歩くだけで楽しいエリア。京都らしい和小物や抹茶スイーツのお店も多い。

ニャビゲーター ①

くつした
好奇心いっぱいのヤンチャ王子・くつしたと、いつもクールなハンサムにゃんこ・ちびた

ちびた

SHIJO 1

街なかに隠れた路地を探検して人気店で休憩

大通りから少し外れた路地を進むと、昔ながらの暮らしがうかがえる住居やお店が。隠れた名店も多く、新たな発見を楽しんで!

A オフィス街の裏に広がるグルメ小路

撞木図子
しゅもくずし

和洋さまざまの名店が並ぶ、地元でも人気の飲食エリア。路地名は仏具の撞木に由来。

趣ある路地に立ち並ぶお店は目移り必至

烏丸 ▶MAP 別P.7 D-1

E AWOMBこころみ

烏丸御池駅

和醸良麺すがり A 撞木図子

←大宮駅

B 膏薬図子

竹笹堂

MOKUHAN

MOKUHAN

COCON KARASUMA

烏丸駅

四条駅

京都駅から地下鉄で2駅目

東洞院通

錦小路通

錦市場 →P.138

大丸

阪急京都線

四条通

高倉通

堺町通

柳馬場通

綾小路通

cafe marble 仏光寺店 F

D&DEPARTMENT KYOTO

G

西洞院通

新町通

室町通

地下鉄烏丸線

仏光寺通

B 歴史が息づくカギ型の細道

膏薬図子
こうやくのずし

戦に破れた平将門を空也上人が弔うために作ったとされる土地。歴史的な町家が並ぶ。

烏丸 ▶MAP 別P.7 D-1

街の喧騒を離れ、ひっそりとした空間が広がる

味わい深い和柄がたくさん

竹笹堂
たけざさどう

木版画による紙小物が中心の店。個性的な色柄が魅力。

豊富な図柄の和紙のブックカバー 880円〜

🏠 京都市下京区綾小路通西洞院東入ル新釜座町737
☎ 075-353-8585　⏰ 11:00〜18:00　休 水曜
🚇 地下鉄四条駅／阪急烏丸駅から徒歩約10分
▶MAP 別P.7 D-1　→P.65

SUINA室町は雑貨みやげがそろう　　細い路地を歩くのも楽しい♪　　古き良き趣あふれる小路

スタミナたっぷりの濃厚つけ麺
和醸良麺 すがり

濃厚魚介スープともつの相性バツグン。自家製麺は定番麺とゆず麺から選べる。

🏠 京都市中京区観音堂町471-1　☎ 075-205-1185　⏰ 11:30～14:50、18:00～21:50（土・日曜・祝日は～20:50）　休 無休　地 下鉄四条駅／阪急烏丸駅から徒歩約5分
▶ MAP 別 P.7 D-1

もっと野菜がたっぷり。もつつけ麺900円

隠れた名所で素敵な
アイテムを見つけて

本物そっくりの和菓子アクセ
nanaco plus+
ナナコ　　プラス

和菓子モチーフ、本物の飴を使った雑貨、アクセサリーショップ。

🐾 注目のショッピングスポット
柳小路
やなぎこうじ

近年、道が改装された人気急上昇中のエリア。新旧の個性豊かなショップが立ち並ぶ。

河原町　▶ MAP 別 P.13 D-3

飴の幸守り
990円

🏠 京都市中京区中之町577-22　☎ 075-708-6005　⏰ 11:00～18:30　休 年末年始　阪急京都河原町駅から徒歩約2分
▶ MAP 別 P.13 D-3

富小路通
魅屋町通
御幸町通
新京極通
nanaco plus+
🐾C 柳小路
さらさ花遊小路
🐾D 花遊小路
京都河原町駅
藤井大丸
高島屋
河原町通
穴場をチェック
寺町通

木屋町通
先斗町通

祇園四条
南座
京阪本線
八坂神社 →
この辺りが祇園ニャ♪ → P.83
カップルが等間隔に座るという鴨川べり
徒歩1分 4

夏は川床が並ぶ → P.137

🅘 イカリヤ食堂
🅗 壽ビルディング
🅙 月彩
鴨川
川端通
大和大路通
建仁寺

🐾D レトロな風情漂う
花遊小路
かゆこうじ

かつてあった花遊軒という料理屋から名付けられた。京都一の短さながら名店がそろう。

河原町　▶ MAP 別 P.13 D-3

どこか懐かしさを感じる通りには隠れた名店も

遅めランチにも対応
さらさ花遊小路

隠れ家的穴場カフェ。ボリューム満点のカフェごはんが充実。

タコライス950円

🏠 京都市中京区新京極四条上ル中之町565-13　☎ 075-212-2310　⏰ 12:00～23:00（LO22:00）　休 木曜　阪急京都河原町駅から徒歩約1分　▶ MAP 別 P.13 D-3

まるで迷路のような路地は、古都の風情をより感じられるスポット。独特の雰囲気の中散策を楽しんで。

お弁当のテイクアウトと暮らしの雑貨を扱う

SHIJO 2
喧噪を離れて町家カフェでほっこりする

京都を象徴するスタイルでもある、町家カフェ。風情ある格子戸を開けると広がる、どこか懐かしいほっこりする空間でひと休みを。

2,970円 ▶

宝石箱のような「手織り寿し 箱」

E AWOMBの新しい提案

AWOMBこころみ
アウームこころみ

お店でしか味わえなかったAWOMBの看板メニュー「手織り寿し」がテイクアウトに。(24時間前までの要予約)

🏠 京都市中京区姥柳町189　☎ 075-203-6811　🕐 12:00～18:00　㊡ 不定休　🚇 地下鉄四条駅／阪急烏丸駅から徒歩約5分
烏丸 ▶ MAP 別 P.7 D-1

仏光寺通は四条通の2本南の道ニャ

SHIJO 3
お寺の中にあるデザインストアへ足を運ぶ

食からモノまで、こだわり抜かれた品々が並ぶショップが佛光寺境内にオープン！京都の文化に囲まれてショッピングを楽しもう。

日替わりのキッシュに舌鼓

1カット650円

F 夜カフェ使いにも対応

cafe marble 仏光寺店
カフェ マーブル ぶっこうじてん

カジュアルにリノベーションされた居心地バツグンの店内で、ランチを楽しんで。

🏠 京都市下京区仏光寺通高倉東入ル西前町378　☎ 075-634-6033　🕐 11:30～22:00(LO21:30)※変動あり　㊡ 最終水曜　🚇 地下鉄四条駅／阪急烏丸駅から徒歩約3分
烏丸 ▶ MAP 別 P.7 D-1

G 京都づくしのセレクトが光る

D&DEPARTMENT KYOTO
ディアンドデパートメント キョウト

佛光寺の境内にあるD&DEPARTMENTの京都店。ショップに隣接するカフェも必見！時間を忘れて過ごせそう。

質よし、デザインよしの豊富なラインナップ

🏠 京都市下京区高倉通仏光寺下ル新開町397　☎ 075-343-3217　🕐 11:00～18:00(LOフード16:30、ほか17:00)　㊡ 火・水曜　🚇 地下鉄四条駅／阪急烏丸駅から徒歩約8分
烏丸 ▶ MAP 別 P.7 D-1

壽ビルディング
ハイセンスな建築にうっとり
ことぶきビルディング

ノスタルジックな雰囲気たっぷりの佇まいが目を引く。2015年、国の登録有形文化財に指定された。

♠ 京都市下京区河原町通四条下ル市之町251-2 ☎ 11:00〜20:00 ㊡ 無休 ⊗ 阪急京都河原町駅から徒歩約5分

河原町 ▶ MAP 別 P.10 A-2

階段の親柱まで細かなデザインが凝っている

昭和初期の美建築！

SHIJO 4

瀟洒なビルディングを覗いてみる

京都の街を歩いていると、意外とよく目にする洋風建築の建物。好奇心をくすぐる、素敵なレトロビルを探検してみよう！

メリーゴーランド京都
心が揺れる絵本と出合う

子どもに読んであげたい・大人も読みたい本が並ぶ。併設のギャラリーでは多様なイベントも開催。

♠ 壽ビルディング5F ☎ 075-352-5408 ㊡ 10:00〜18:00 ㊡ 木曜

▶ MAP 別 P.10 A-2

納涼床が楽しめるのは5月〜9月！

SHIJO 5

夏のお楽しみ！鴨川納涼床でごはん

京都の夏の風物詩の一つといえば、鴨川沿いにずらりと並ぶ納涼床。移りゆく東山の空を眺めながら、ごはんにお酒に舌鼓を…

水面に映る建物の灯りが、夜の鴨川を演出

イカリヤ食堂
テラス感覚で川床を楽しむ
イカリヤしょくどう

本格フレンチをカジュアルに楽しめる、京都初の川床ビストロ。

♠ 京都市下京区木屋町通団栗下ル斎藤町138-2 ☎ 075-276-2067 ㊡ ランチ11:30〜LO13:30、ディナー17:00〜LO21:00 ㊡月曜（祝日の場合翌平日） ⊗ 阪急京都河原町駅から徒歩約5分

河原町 ▶ MAP 別 P.10 B-2

2,800円

ランチコースの川床ランチ（5・6・9月予定）

月彩
和モダンの空間でいただく創作割烹
かっさい

旬の素材を生かした京料理や創作料理が人気。コースメニューも豊富で大人数での利用にも。

♠ 京都市下京区木屋町通団栗橋下ル天王町144 ☎ 075-344-0007 ㊡ 11:30〜14:00(LO13:30)、17:00〜22:00(LO21:30) ㊡日曜 ⊗ 阪急祇園四条駅から徒歩約6分 要予約

河原町 ▶ MAP 別 P.10 B-2

9,350円

はもしゃぶコース※別途席料（飲食代の10%）

京の台所

錦市場
にしきいちば
NISHIKI ICHIBA

「京の台所」として有名な錦市場は、開設400年を超えた今も活気あふれる人気のスポット。対面販売ならではのトークも楽しんで。

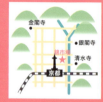

京都駅からの行き方
🚌 市バス5系統→四条高倉
🚇 地下鉄→四条駅

何でもそろうマーケット

昼：◎　夜：△

京料理の食材のほか、スイーツやスナックまで持ち帰りにぴったりのグルメが勢ぞろい！プロ御用達の調理器具も。

NISHIKI ICHIBA 1

京漬物をアレコレ味わう

種類豊富な京野菜を伝統の製法で漬けた京漬物。ご飯のお供はもちろん、お酒のアテにもぴったりな京の味を食べ比べてみよう。

🐾 **A** 漬物で感じる京の旬

京つけもの 西利 錦店
きょうつけもの にしり にしきみせ

「旬おいしく、やさしく。」をテーマに、伝統を大切にし、野菜本来の旨みを引き出す。

☎ 075-251-8181
🕐 9:00〜18:00（変動あり、詳細はHPで確認）㊡無休
烏丸 ▶MAP 別 P.12 B-3

店先にずらりと並んだ京漬物は目移り必至！

LET'S GO♪

高倉通
京つけもの 西利 錦店 Ⓐ
堺町通
こんなもんじゃ
柳馬場通
いけまさ亭 Ⓔ

揚げたての豆乳ドーナツ 10個300円

冨美家 Ⓑ

まだまだ食べられるニャ

うずらのたまごが入ったたこたまご

NISHIKI ICHIBA 2

変わりダネもトライしてみる

錦市場では変わりダネメニューも多数そろう。一風変わったビジュアルが目を引く食べ物は、ここでしか味わえないもの。

792円

やわらかい麺が特徴の冨美家鍋。厳選された具材も自慢

🐾 **B** 優しいダシの京風鍋焼きうどん

冨美家 錦店
ふみや にしきてん

利尻の天然昆布からとったダシにやわらかい麺がよく合う、鍋焼きうどんが名物。

☎ 075-221-0354
🕐 10:00〜LO17:30
㊡水曜
烏丸 ▶MAP 別 P.12 B-3

200円〜

🐾 **C** ご飯が進む一品あります

櫂-KAI-
かい

ふりかけやおつまみ、オリジナルの珍味まで豊富にラインナップ。試食できるものも。

☎ 075-212-7829
🕐 10:00〜18:00
㊡不定休
烏丸 ▶MAP 別 P.12 C-3

NISHIKI ICHIBA 3

美味が詰まった
おばんざいでガッツリごはん

市場散策の腹ごしらえは、厳選食材がいろいろ味わえる定食がおすすめ。自ら市場で選んだ味をイートインで楽しめるお店も。

2,000円

E 厳選された季節の野菜を

いけまさ亭
いけまさてい

京野菜をメインに使ったおばんざいが楽しめる。お昼は定食と丼、夜は居酒屋に変身。

☎ 075-221-3460　🕚 11:30〜14:00、17:30〜21:30
🈺火曜、日・月曜の夜（祝日の場合は電話で確認）
烏丸 ▶ MAP 別 P.12 C-3

一汁三菜のおばんざい定食

D 錦市場の中央で端正な京料理を気軽に

斗米庵
とべいあん

錦の名水と厳選食材で作る京料理が自慢。詳細は tobeian.jp

☎ 075-257-7666　🕚 11:30〜14:30、18:00〜LO20:00
🈺水曜、第1・3火曜、不定休あり
烏丸 ▶ MAP 別 P.12 C-3

昼コースは 2,970円〜、夜コースは 5,500円〜（要予約）

\ここも check/

少し贅沢なハレの日
ランチ or ディナーならコチラ

WHERE IS 錦市場
にしきいちば

京のメインストリートである四条通より一本北に位置し、寺町通から高倉通までのびる、東西390mの通り。道の両側には、約130店舗の食に関したお店が軒を連ねる。

富小路通
山元馬場商店 **F**
斗米庵 **D**
麩屋町通
御幸町通

お腹いっぱいニャ

寺町通
新京極通

徒歩30秒

錦天満宮

櫂-KAI-

錦高倉屋 **G**

打田漬物

大根ぬか漬け486円など京漬物が豊富

300円〜

大根のヌカ漬けやパプリカ漬けなど

NISHIKI ICHIBA 4

食い倒れるまで錦の味を堪能する

野菜、鮮魚、お惣菜、甘味などバラエティに富んだお店が並ぶ錦市場は素通り禁物。イートインやテイクアウトでとことん味わおう！

ダシの旨みが口いっぱいに広がるだし巻卵

400円

F 琵琶湖でとれた川魚がいただける

山元馬場商店
やまもとばんばしょうてん

京都や滋賀でとれた、季節の川魚を使ったお惣菜が人気。鮒寿司など珍しい食材も！

☎ 075-221-4493　🕚 9:00〜16:00
🈺水曜（5〜8月は無休）
烏丸 ▶ MAP 別 P.12 C-3

G 栄養満点の京漬物が並ぶ

錦 高倉屋
にしきたかくらや

京漬物の専門店で、珍しく栄養たっぷりの京野菜のヌカ漬けや静紫を使った浅漬けがそろう。

☎ 075-644-7361　🕚 10:00〜17:30
🈺1月1〜4日
烏丸 ▶ MAP 別 P.13 D-3

おしゃれスポット

三条（さんじょう）

SANJO

歴史を感じるレトロな建物が点在し、個性的なお店が数多く並ぶ三条通でショッピングやグルメを楽しもう。新旧が融合した独特の風情を感じて。

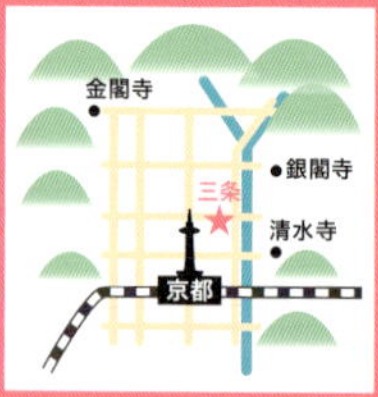

金閣寺
銀閣寺
三条
清水寺
京都

京都駅からの行き方

🚌 市バス4・5・205系統など→河原町三条

🚇 地下鉄→烏丸御池駅

雑貨やカフェが充実

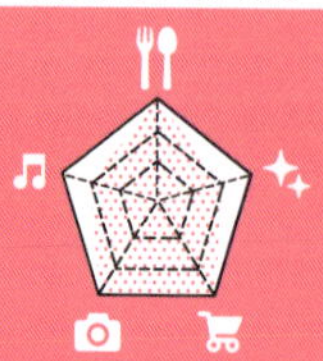

昼：◎　夜：◎

ハイカラな街並みの中には老舗からニューウェーブまで幅広いお店が集まり、老若男女が散策を楽しめるエリア。

ニャビゲーター ③

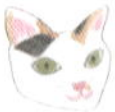

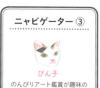

ぴん子

のんびりアート鑑賞が趣味のマイペースにゃんこ。実はなかなか好奇心旺盛。くるの妹。

SANJO 1

モダンな近代建築にうっとりする

明治～大正の面影を残す壮観な近代建築の数々。時代を超えてさまざまな用途に再利用され、気軽に立ち寄れるのがうれしい。

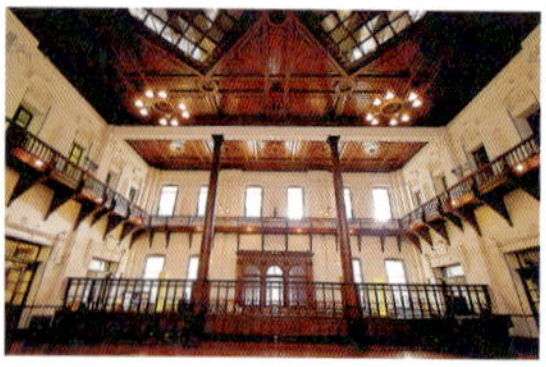

[B] 明治の息吹を感じる

別館は旧日本銀行京都支店

京都文化博物館

きょうとぶんかはくぶつかん

赤レンガ造りが目を引く別館は重要文化財。総合的な文化施設として古都の歴史と文化を今に伝える。

🏠 京都市中京区三条高倉　☎ 075-222-0888　[営] 10:00～19:30、特別展は～18:00（金曜～19:30）※入館は閉館の30分前まで　[料] 一般500円（特別展は別途）、別館無料（催事により有料あり）　[休] 月曜（祝日の場合は翌日）、年末年始　[交] 地下鉄烏丸御池駅5番出口から徒歩約3分

[烏丸] ▶MAP 別 P.12 B-1

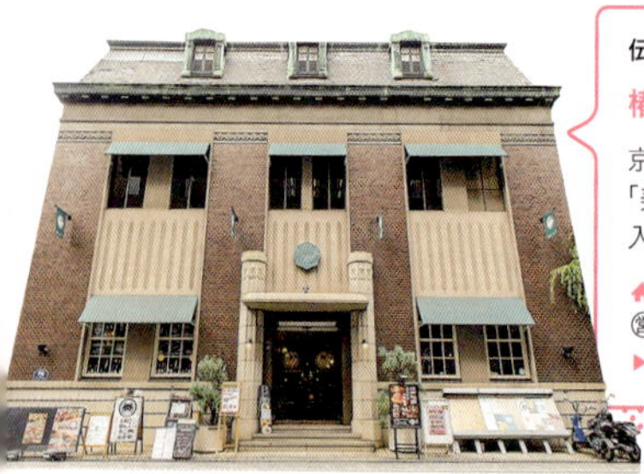

伝統工芸×現代ライフの研究所

椿-tsubaki labo-KYOTO（ツバキ ラボ キョウト）

京都が世界に誇るさまざまな「美」のかたちを日常生活に取り入れたアイテムがそろう。

🏠 文椿ビル1F　☎ 075-231-5858　[営] 11:00～18:30　[休] 火曜

▶MAP 別 P.12 A-1

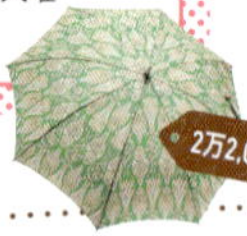

華やかな柄のkoha*晴雨兼用傘

2万2,000円～

[A] 木造洋館の新たなステージ

文椿ビルヂング

ふみつばきビルヂング

大正時代よりさまざまな変遷を遂げ、現在は複合商業施設として独自の存在感を放つ洋館。

🏠 京都市中京区御倉町79　[営] [休] 店舗により異なる　[交] 地下鉄烏丸御池駅から徒歩約1分

[烏丸] ▶MAP 別 P.12 A-1

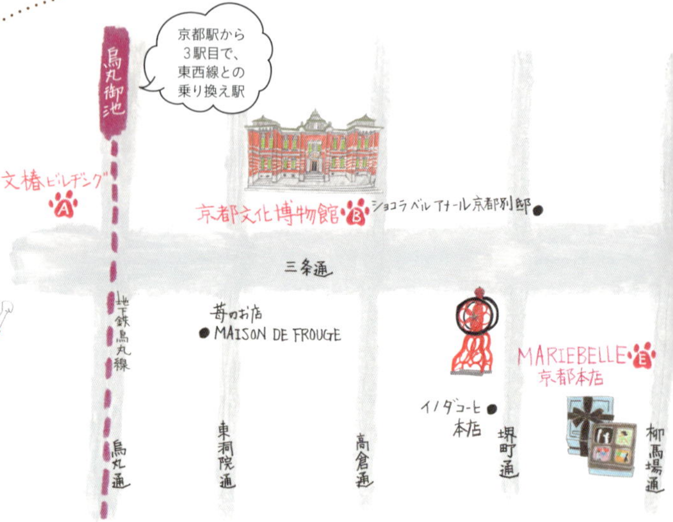

烏丸御池
京都駅から3駅目で、東西線との乗り換え駅
文椿ビルヂング A
京都文化博物館 B
ショコラ ベル アメール京都別邸
三条通
苺のお店
MAISON DE FROUGE
MARIEBELLE 京都本店 E
イノダコーヒ本店
地下鉄烏丸線
烏丸通
東洞院通
高倉通
堺町通
柳馬場通

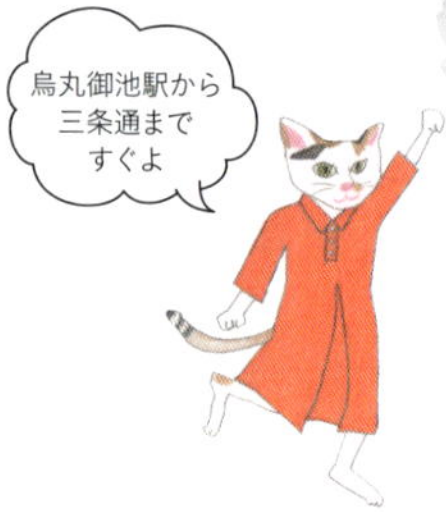

烏丸御池駅から三条通まですぐよ

TOWN
四条
錦市場
三条
御所南
五条・西陣
一乗寺・北白川
その他

idola

世界中のかわいい手芸材料が集合

idola

ヴィンテージのボタンやビーズを豊富に取りそろえ、アクセントになるモチーフも多数。

🏠 SACRAビル3F ☎ 075-213-4876 ⏰ 11:00〜17:00 🏖 火・水曜
▶ MAP 別 P.12 C-1

童話をモチーフにしたボタンなど。各種275円〜

大正時代の銀行がファッションビルに

SACRAビル

サクラビル

ルネサンス風の造りの建物が、当時の趣そのままにショッピングスポットとして再び活躍している。

🏠 京都市中京区三条富小路西入ル中之町20 🏖 店舗により異なる 🚇 地下鉄京都市役所前駅から徒歩約8分
河原町 ▶ MAP 別 P.12 C-1

上層部の窓が星型!

遊び心が詰まったビル

1928ビル

いちきゅうにはちビル

その名のとおり、1928年竣工のビル。カフェ、ギャラリー、劇場と、見どころ満載の複合施設。

🏠 京都市中京区弁慶石町56 🏖 店舗により異なる 🚇 地下鉄京都市役所前駅から徒歩約5分
河原町 ▶ MAP 別 P.13 D-2

京都ブルーボトルコーヒーの最新カフェ

HUMAN MADE 1928 CAFE by Blue Bottle Coffee

ヒューマンメイド イチキューニーハチ カフェ バイ ブルーボトルコーヒー

ハンドドリップのスペシャルティコーヒーを楽しめる。オリジナルグッズも販売。

🏠 1928ビル1F ☎ 非公開 ⏰ 9:00〜19:00 🏖 無休
▶ MAP 別 P.13 D-2

おなじみのカップに入ったブレンド660円

SANJO 2

路地奥の素敵カフェで極上のブレイクを

五感を刺激する街歩きを楽しんだら、コーヒーやスイーツでほっとひと息を。カフェも充実した三条通でお気に入りを見つけよう。

ガトーショコラ1,430円。国産ラズベリーのソースを添えて

英国の雰囲気漂う京町屋

SACRAビル

●Paul Smith 三条支店

●矢田寺

レトロな建物がたくさん

D 1928ビル

ほっこりひと休み

富小路通
麩屋町通
御幸町通
寺町通
新京極通
河原町通

チョコレート専門店のカフェ

MARIEBELLE 京都本店

マリベルきょうとほんてん

町家の造りに西洋の調度品がセンスよく配置された空間でラグジュアリーな気分に浸ろう。

🏠 京都市中京区柳馬場三条下ル槌屋町83 ☎ 075-221-2202 ⏰ 11:00〜18:00 🏖 火曜 🚇 地下鉄烏丸御池駅から徒歩約6分
烏丸 ▶ MAP 別 P.12 C-2
→P.57

☀ 三条通は明治時代に近代化の中心として発展したエリア。今なお新たな京都文化を発信し続け、目が離せない!

ええもんそろう

御所南
ごしょみなみ

GOSHO MINAMI

かつて天皇のご在所だった京都御所の周辺は、老舗から新店までそろう"ええもん"探しに最適のエリア。寄り道しながらぶらり散策を。

京都駅からの行き方

🚌 市バス17・205系統
→京都市役所前

🚇 地下鉄→京都市役所前駅

老舗と新店が混在

昼：◎　夜：○

おみやげ用にも自分用にも買い求めたい逸品のお店が集中。定番の老舗から話題の新店まで隈なくチェックして。

ニャビゲーター ④

くる

しっかり者で買い物上手な三毛にゃんこ。こぼのお母さんながら若さと愛らしさは健在。

A 全国にファン多し

一保堂茶舗
いっぽうどうちゃほ

言わずと知れた日本茶の専門店。茶葉選びに迷ったら、お店のスタッフに相談してみよう。

🏠 京都市中京区寺町通二条上ル～17:00（喫茶室嘉木L016:30）所前駅から徒歩約6分
☎ 075-211-4018　🕙 10:00
㊡ 無休　🚇 地下鉄京都市役
京都御苑 ▶ MAP 別 P.15 E-3

煎茶薫風
90ｇ缶箱

2,700円

GOSHO MINAMI 1

大定番のお茶とお菓子を手に入れる

贈り物としても人気の高いお茶とお菓子。長年、京都の人々から愛されてきた老舗ブランドの商品は押さえておきたいところ。

205円
205円

優しい甘さのロシアケーキ

B 京都最古の洋菓子店

村上開新堂
むらかみかいしんどう

クラシカルな佇まいと変わらない味にほっこり。手間ひまかけての生産ゆえ、売り切れご免。

🏠 京都市中京区寺町二条上ル東側
☎ 075-231-1058　🕙 10:00～18:00
㊡ 日曜・祝日、第3月曜　🚇 地下鉄
京都市役所前駅から徒歩約5分
京都御苑 ▶ MAP 別 P.15 E-3
→P.55・59

プレゼントにも最適よ

各3,800円

色も素敵なボタンカードケース

C 手作りのカラフル革製品

革工房 Rim
かわこうぼう リム

裁断、縫製、磨き上げまで、一連の工程全てが丁寧な手作業による革製品の専門店。

🏠 京都市中京区富小路通二条上ル鍛冶屋町 377-1
☎ 075-708-8685　🕙 13:00～17:00　㊡ 月～木曜
🚇 地下鉄京都市役所前駅から徒歩約10分
京都御苑 ▶ MAP 別 P.15 E-3

GOSHO MINAMI 2

手作りの小物のぬくもりにふれる

洗練されたデザインのアイテムに感じる温かみは、職人の手仕事ならでは。個性豊かな色とラインで迷うのも選ぶのも楽しい。

D 京の景色がテキスタイルに

petit à petit
プティ タ プティ

京都の風景をモチーフにした色鮮やかなデザイン。スマホケースなど実用的なアイテムも。

職人の技巧も光るガマロポーチ

5,115円

🏠 京都市中京区寺町通夷川上ル藤木町 32　☎ 075-746-5921
🕙 10:30～18:00　㊡ 木曜　🚇 地下鉄京都市役所前駅から徒歩約7分
京都御苑 ▶ MAP 別 P.15 E-3

<ここもcheck> 芝生に寝転がってマンガ読み放題!

上質な空間で優雅なティータイムを

色とりどりのケーキが並ぶショーケースを前に、あれこれ迷うのも至福のひと時。旅の途中の昼さがり、ふんわり甘い香りが漂う中で贅沢な時間を味わって。

やわらかな光が広がる白を基調とした店内

E 繊細なスイーツに舌鼓

grains de vanille
グラン ヴァニーユ

季節の果物を使ったタルトなどのケーキ類や、ギフトにぴったりなジャム、焼菓子も。

シュープラリネ
470円

🏠 京都市中京区間之町通二条下ル鍵屋町486 ☎ 075-241-7726 ㉒ 12:00～18:00(LO16:30) ㊡ 日・月曜、不定休あり 🚇 地下鉄烏丸御池駅から徒歩約5分

京都御苑 ▶MAP 別 P.15 D-3

F 読みたいマンガがきっと見つかる

京都国際マンガミュージアム
きょうとこくさいマンガミュージアム

国内外のマンガと関連資料、約30万点を収蔵。書架「マンガの壁」の約5万冊が読み放題。晴れた日は芝生で読もう。

青空の下、心ゆくまで名作が読める

🏠 京都市中京区烏丸通池上ル ☎ 075-254-7414 ㉒ 10:30～17:30(最終入館17:00) 💴 900円 ㊡ 火・水曜(祝日の場合は翌日) 🚇 地下鉄烏丸御池駅から徒歩約2分

京都御苑 ▶MAP 別 P.15 D-3

リノベ旋風で注目

五条
ごじょう
GOJO

五条通にある老舗ビルは近年リノベーションが進み、おしゃれなビルへと再生中。アートな空間が集結している注目スポットでもある。

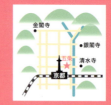

京都駅からの行き方
🚌 市バス5・73系統など →烏丸五条
🚇 地下鉄→五条駅

若きクリエイターが集結

昼：◎　夜：△

夜間営業の飲食店もあるが、大半が夕方閉店。また営業日や時間が短いショップが多いので事前の確認をお忘れなく。

ニャビゲーター ⑤

みけ

きらりと光る名店に興味津々な社長婦人。うしこ・くつしたの母であり、こぼの奥さん。

GOJO 1

リノベビルの先駆け
つくるビルとジムキノウエダビルへ

取り壊す予定だった1968（昭和43）年創立の事務器メーカーのビルをリノベーション。上層はオフィス、下層は人が集う空間として2011年に生まれ変わった。

レンタルスペースも！

1F 貼箱専門店のオリジナルノート

アンドペーパーズ
&PAPERS

表紙、リフィル、リングなどを組み合わせ、自分だけのノートや手帳を作れる。

☎ 075-354-0351
🕙 10:00〜18:00
▶MAP 別 P.9 D-1

B レトロなエレベーターにも注目

Jimukino-Ueda bldg.
ジムキノ ウエダ ビルディング

1階はカフェ、2〜6階にはSOHOが入居する複合ビル。カフェや雑貨のお店も。

🏠 京都市下京区五条高倉角堺町21　🕙 店舗により異なる　地下鉄五条駅から徒歩約3分
五条 ▶MAP 別 P.9 D-1

当日お持ち帰りできるので、おみやげに最適

A 築50年のビルから情報発信！

つくるビル

老朽化したビルを再生しクリエイターらが集うアトリエやオフィス、ショップ、カフェに。

🏠 京都市下京区五条通新町上ル西錺屋町25　🕙 店舗により異なる　地下鉄五条駅から徒歩5分
五条 ▶MAP 別 P.8 C-1

---

202 おやつは名物の鯛焼きで決まり

マルニカフェ

ホイップをつけて食べる羽根付き鯛焼きが有名。ランチは売り切れることも。

☎ 075-344-0155　🕙 11:30〜16:00　🈺 月曜、不定休あり
▶MAP 別 P.8 C-1

400円
マルニたい焼き

気軽に入ってきてネ!!

どんなお店があるのかな？

---

101 ほっとする空間のカフェ&バー

えでん

昼カフェ、夜はバーと2つの顔を見せる。アルコールは600円〜。

☎ なし　🕙 15:00〜22:00　🈺 月・火曜、日曜夜
▶MAP 別 P.9 D-1

GOJO 2

元お茶屋の五条モールでカフェやバータイムを

路地裏に潜む小さなショッピングモールは、元お茶屋さんの古い建物。靴を脱いであがって、隠れ家感を楽しみながら、一軒一軒探検してみよう。

A 小さな6つのショップがお出迎え

五条モール
ごじょうモール

カフェや雑貨屋、ギャラリーなどが入居。店主らとの会話も楽しみたい。

料理は訪れた時に尋ねて

🏠 京都市下京区早尾町313-3　🕙 店舗により異なる　京阪清水五条駅から徒歩約7分
五条 ▶MAP 別 P.9 D-1

GOJO 3

最新ホットスポット
五條製作所を探検

カラフルなレンガやステンドグラスが施された懐かしい
雰囲気のレトロな建物が、複合ショップとして再生。思
わず長居してしまう不思議な居心地のよさを体験。

ステンドグラス
が目印

愉快な店主が
まってるニャ

🐾 レトロ感満載の
異業種空間
五條製作所
ごじょうせいさくじょ

古着屋、アクセサリー屋、ポン酢屋、デザイン
スタジオなど個性的な店主たちが入居する。

🏠 京都市下京区平居町19 　📱🕐休 店舗により異
なる　🚉 京阪清水五条駅から徒歩約5分
五条 ▶MAP 別 P.10 A-3

モミポンでは2
匹のニャンズが
おもてなし

1・2F クラフトビール×音楽
ハチ レコード ショップ アンド バー
Hachi Record Shop and Bar

レコードをBGMにクラ
フトビール＆日本酒が
楽しめる。

☎ 075-746-7694
🕐 14:00〜23:00
（変動あり、SNSで
確認）
休 無休
▶MAP
別 P.10 A-3

2階のレコードショップと
自由に行き来できる

1F モミポン料理の
研究品を試食!?
モミポン

飲食店ではな
く「研究所」な
のだとか

柑橘系ポン酢「モミポ
ン」使用のオリジナルメ
ニューがおいしい。

☎ 080-4379-9933
🕐 13:00〜21:00
（変動あり）
休 不定休
▶MAP
別 P.10 A-3
→P.63

京菓子の名店。
春限定の
夜さくら4,104円

鴨川べりも
気持ち
いいニャ

老舗の
佃煮点
→P.60

🐾A つくるビル

Jimukino-Ueda bldg. 🐾B

🐾D

気軽に
立ち寄れる
銭湯

🐾C 五条モール

風情あふれる織物の街

西陣
にしじん
NISHIJIN

西陣織の産地として発展してきたこの街には、古い京町家が今も数多く残る。京都の歴史や伝統を感じるにはぴったりのエリア。

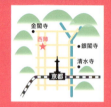

京都駅からの行き方
🚌 市バス203系統など→上七軒
🚇 地下鉄→今出川駅

町家が立ち並ぶ名所

昼：◎ 夜：○

京都らしい佇まいが残り、買い物やカフェ巡りを楽しめるエリア。老舗の洋食店や京料理店など名店も多くある。

ニャビゲーター ⑥

ちっち

憂いを秘めた美猫秘書。着物好きで、よく着物姿で西陣の街並みを散策している。

紅葉の名所でもある学問の神様

北野天満宮

千本ゑんま堂

釘抜地蔵 卍

卍

上立売通

千本通

審美眼が磨かれるニャ

千本釈迦堂 卍

こっとう画餅洞 Ⓑ

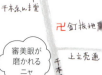

上七軒

千本今出川

カステラ・ド・パウロ

Ⓐ 老松 北野店

NISHIJIN 1

最古の花街・上七軒の街並みを歩く

京都五花街の中で最も古いのが北野天満宮のお膝元で発展してきた上七軒。石畳と町家の風情ある街並みに心ときめく。

← 北野白梅町駅

北野天満宮前

和菓子作りも体験できる

2,500円

自分だけの和菓子完成

🐾 京都を代表する老舗京菓子司

老松 北野店

おいまつ きたのみせ

明治41年創業の京菓子店。夏季限定の夏柑糖が有名。和菓子作りの体験は要予約。

🏠 京都市上京区北野上七軒
☎ 075-463-3050 🕘 9:00〜18:00 休 不定休 🚌 市バス北野天満宮前から徒歩約5分
北野天満宮 ▶MAP 別 P.21 E-3
→P.55

NISHIJIN 2

骨董のおもしろさに目覚める

古都の雰囲気漂う街全体がキュートなアンティーク作品のような西陣界隈。この街を訪ねた思い出に、とっておきのひと品を持ち帰ってみては。

🐾 宝探し気分の骨董巡り

こっとう画餅洞

こっとうわひんどう

陶器や漆器、ガラスなど、時代や国籍を問わず見て美しいもの、心和むものがそろう。

🏠 京都市上京区今出川通六軒町西入ル西上善寺町190-16
☎ 075-467-4400 🕐 13:00〜19:00 休 不定休 🚌 市バス上七軒から徒歩約2分
西陣 ▶MAP 別 P.21 E-3

市松柄のアンティークガラスの表構え

NISHIJIN 3

西陣織の美しさに ホレボレする

織成館は、伝統的な西陣織の織屋建を生かした織物のミュージアム。職人さんの工房見学や作品鑑賞で、伝統工芸の知識を深めよう。

C 西陣織の 伝統美にふれる

織成館
おりなすかん

職人さんの手仕事の技を間近で見学できる

西陣手織りミュージアム。復原の能装束、日本各地の地織物、時代衣裳を常設展示。手織体験もできる(要予約)。

🏠 京都市上京区浄福寺通上立売上ル大黒町693
☎ 075-431-0020 🕙 10:00〜16:00 💴 500円
🗓 月曜 🚌 市バス今出川浄福寺から徒歩約5分
西陣 ▶MAP 別 P.21 F-2

西陣の伝統的な家屋「織屋建(おりやだち)」

京西陣 菓匠 宗禅

珍しいハチミツがいっぱい

織成館

路地奥の紅茶専門店

町家カフェでくつろぎましょう

晴明神社

Cafe 1001

NISHIJIN 4

ショッピングもカフェも！ 町家を巡る

西陣には古い織屋さんや町家を活用したショップが点在。ほっこりと落ち着く空間でのショッピングは京都ならではの体験。いろんな町家を巡ろう。

D 手焼きのあられを おみやげに

京西陣 菓匠 宗禅
きょうにしじん かしょう そうぜん

西陣織の美を表した「あられ」や「せんべい」が人気。カフェスペースもあり。

🏠 京都市上京区寺之内通浄福寺東角 ☎ 075-417-6670 🕙 10:00〜18:00、茶 房 11:30〜17:00 (LO16:30) 🗓 月・火曜(祝日の場合は営業)※変動あり 🚌 市バス乾隆校前から徒歩約8分
西陣 ▶MAP 別 P.21 F-2

1,210円

西陣パフェ「ひとえふたえ」

行列必至の チョコミントパフェ

1,250円

E 心癒される 町家のカフェ

Cafe 1001
カフェ イチマルマルイチ

フードやケーキが豊富な町家のブックカフェ。喧噪を忘れてくつろげる落ち着いた空間。

季節限定の チョコミントタルト

600円

🏠 京都市上京区泰童町288
☎ 非公開 🕙 12:00〜17:00(LO16:00) 🗓 不定休 🚌 市バス千本今出川から徒歩約5分
西陣 ▶MAP 別 P.21 F-3

🐾 西陣という名前は応仁の乱の際に西の軍が陣を置いたことに由来するが、行政地名としての西陣は存在しない。　147

サブカルの聖地

一乗寺(いちじょうじ)・北白川(きたしらかわ)

ICHIJOJI・KITASHIRAKAWA

京都を代表する学生街でもあるこのエリアは、歴代の学生たちが育んできたサブカルの聖地。マニアックな世界に浸ってみて。

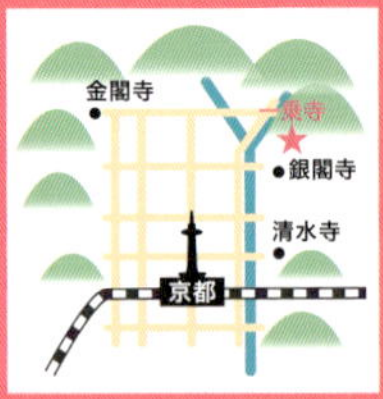

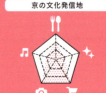

金閣寺
一乗寺
銀閣寺
清水寺
京都

京都駅からの行き方

🚌 市バス5系統→一乗下り松町

🚃 叡山電車→一乗寺駅

京の文化発信地

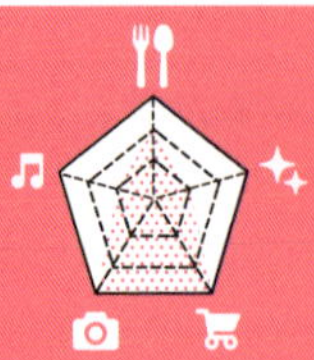

昼：◎　夜：△

学生が多いエリアで、夜も比較的遅くまでオープンしている店が多い。ラーメン店は「なくなり次第終了」が多く要注意。

ニャビゲーター ⑦

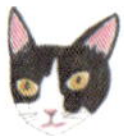

こぼ

休日はいつも妻みけの荷物持ち。だけど今日は自分だけの時間を楽しむにゃ。

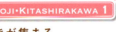

ICHIJOJI・KITASHIRAKAWA 1

本好きが集まる話題の書店へGO！

専門書を扱う書店をはじめ、特徴的な書店が集結するエリア。次から次へと誘惑の一冊が現れ、長居すること間違いなし。掘り出し物を発掘しよう。

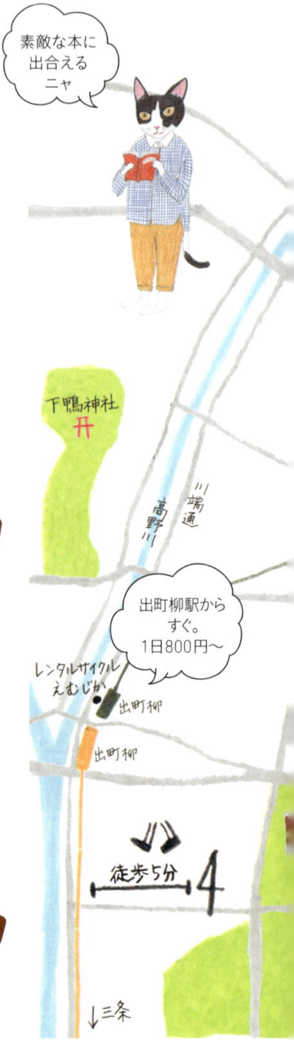

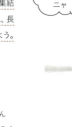

素敵な本に出合えるニャ
下鴨神社
川端通
高野川
出町柳駅からすぐ。1日800円～
レンタルサイクル えむじか
出町柳
出町柳
徒歩5分
↓三条

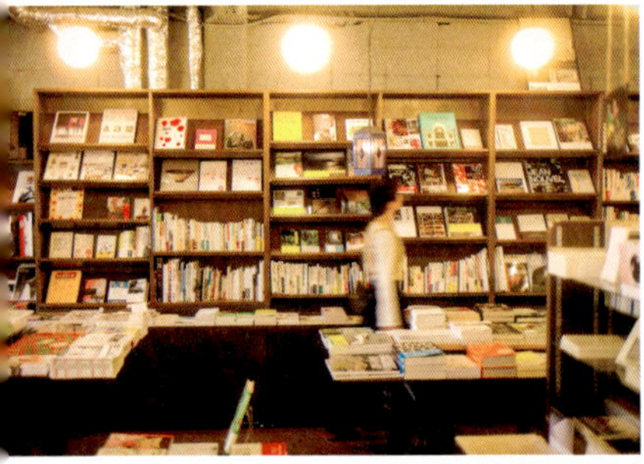

[A] ビジュアルブックの宝庫

恵文社一乗寺店

けいぶんしゃいちじょうじてん

書店員さんのセレクトが光る人気店。美術書や絵本なども豊富にそろい、ジャケ買い率高し。

🏠 京都市左京区一乗寺払殿町10
☎ 075-711-5919　[営] 11:00～19:00　[休] 無休　[交] 叡電一乗寺駅から徒歩約3分

[一乗寺] ▶MAP 別 P.26 A-1　→P.69

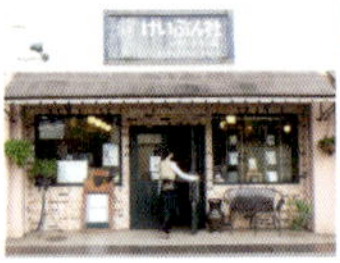

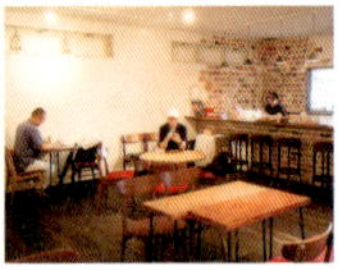

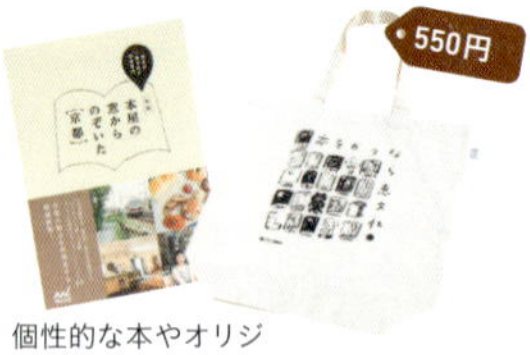

550円

個性的な本やオリジナルトートも

[B] 店主の本棚を覗き見る楽しさ

ホホホ座 浄土寺店

ホホホざ じょうどじてん

全国10店舗を展開する「ホホホ座」の第1号店。納豆やマスタード、雑貨の販売も行う。

🏠 京都市左京区浄土寺馬場町71　☎ 075-741-6501　[営] 11:00～19:00　[休] 無休　[交] 市バス錦林車庫前から徒歩約3分

[銀閣寺] ▶MAP 別 P.19 E-2

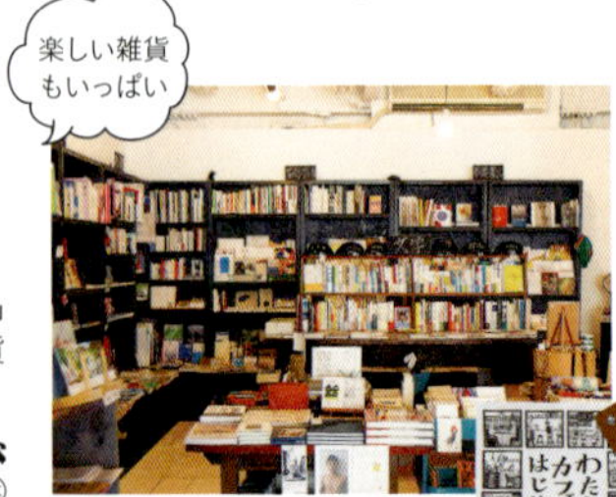

楽しい雑貨もいっぱい

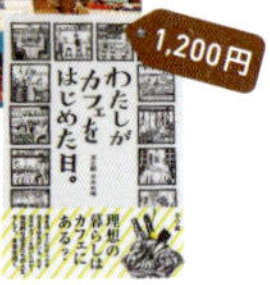

1,200円
わたしがカフェをはじめた日。

ホホホ座が編集企画を手掛けた書籍も

ICHIJOJI・KITASHIRAKAWA 2

ラーメン激戦区の人気麺を食す

全国に知れわたるラーメン激戦区とあって、新旧の人気店がしのぎを削る。愛しの一杯を求めて今日も行列覚悟でいざ出陣。

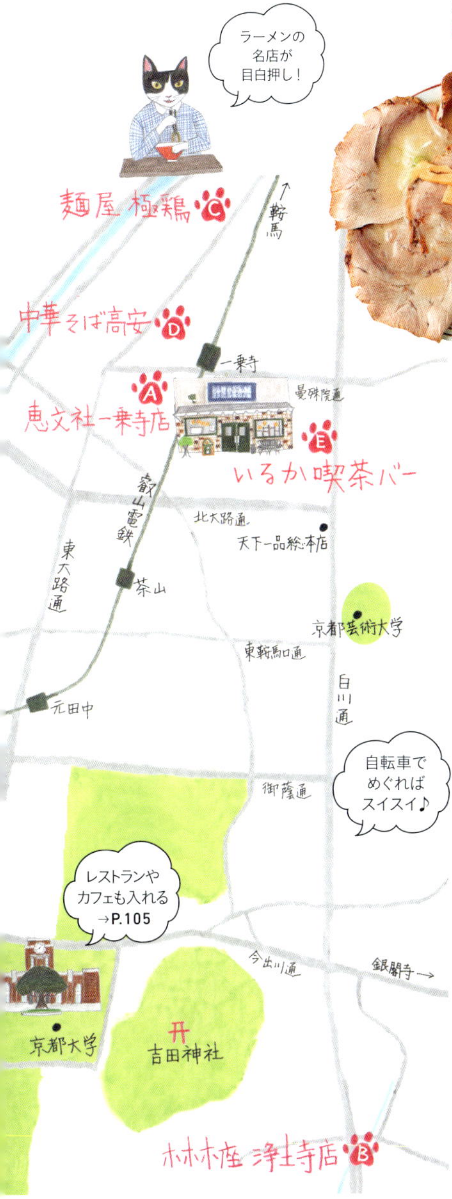
ラーメンの
名店が
目白押し！
麺屋 極鶏 C
↑鞍馬
中華そば高安 D
一乗寺
A
恵文社一乗寺店
曼殊院通
E
いるか喫茶バー
叡山電鉄
北大路通
天下一品総本店
東大路通
茶山
京都芸術大学
東鞍馬口通
元田中
白川通
自転車で
めぐれば
スイスイ♪
御蔭通
レストランや
カフェも入れる
→P.105
今出川通
銀閣寺→
京都大学
吉田神社
林檎 浄土寺店 B

[C] ほかに類を見ない濃厚スープ

麺屋 極鶏

めんや ごっけい

ポタージュのようと称されるどろりとしたスープながら女性にも人気。行列必至の人気店。

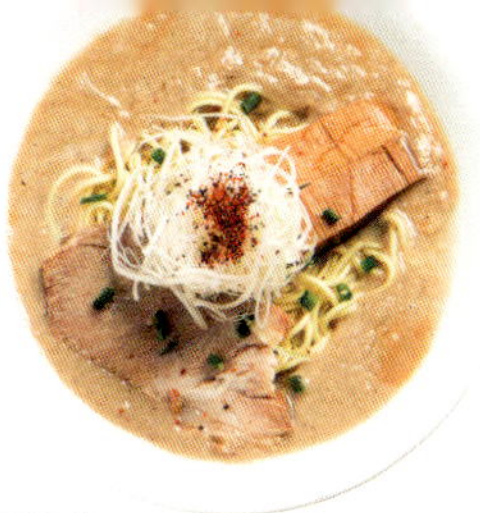
濃厚スープがクセになる 鶏だく 850円

🏠 京都市左京区一乗寺西閉川原町29-7
☎ 075-711-3133 [営] 11:30～22:00（スープがなくなり次第閉店） [休] 月曜
[交] 叡電一乗寺駅から徒歩約6分
[一乗寺] ▶MAP 別 P.26 B-1

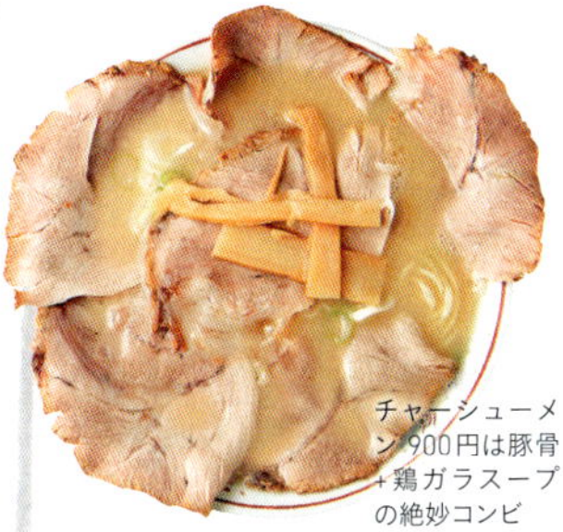
チャーシューメン 900円は豚骨+鶏ガラスープの絶妙コンビ

[D] 自慢の豚骨白濁スープが旨し

中華そば高安

ちゅうかそばたかやす

ラーメン街道を代表する人気店。あふれんばかりのチャーシューはやわらかくてジューシー。

🏠 京都市左京区一乗寺高槻町10
☎ 075-721-4878 [営] 11:30～翌2:00
[休] 不定休 [交] 叡電一乗寺駅から徒歩約5分
[一乗寺] ▶MAP 別 P.26 A-1

ICHIJOJI・KITASHIRAKAWA 3

アート＆カルチャーを楽しむ

京都芸術大学のお膝元とあって、アートへの関心が高いのもこの街の特徴。好奇心が刺激されたなら、目とココロの保養になるスポットへ出かけよう。

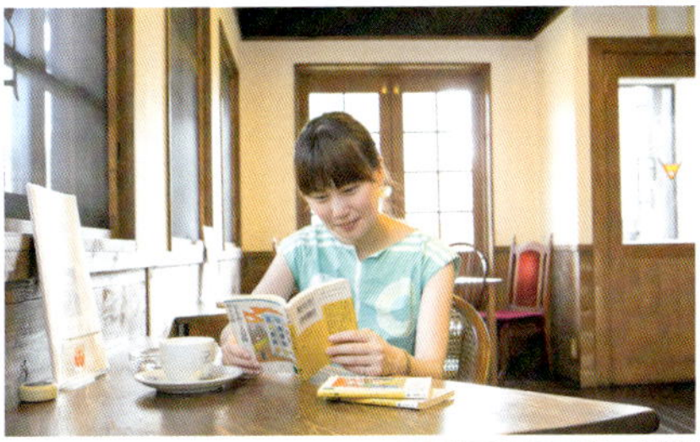
喫茶店としてもバーとしても使える

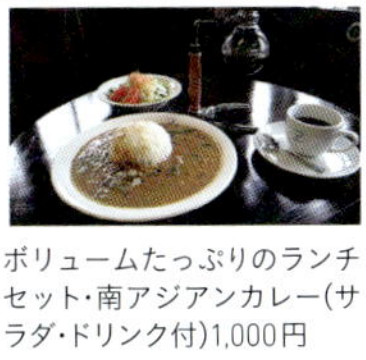
ボリュームたっぷりのランチセット・南アジアンカレー（サラダ・ドリンク付）1,000円

[E] 京のハルキスト必見のカフェ

いるか喫茶バー

いるかきっさバー

村上春樹を愛する店主が営むカフェ。コーヒーのほか、物語をイメージしたオリジナルカクテルも。

🏠 京都市左京区一乗寺木ノ本町5
☎ 075-712-0453 [営] 11:00～14:30（LO14:00）、19:00～23:00（LO22:30）
[休] 日～水曜、祝日 [交] 市バス一乗寺梅ノ木町から徒歩約3分
[一乗寺] ▶MAP 別 P.26 B-1

京料理に代表されるようにあっさり薄味で知られる京の食文化。ところがなぜかラーメンはこってり系が主流。

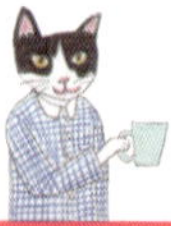

プラスで巡りたい旬スポット

注目ショップが続々

紫竹（しちく）

SHICHIKU

大徳寺北東に位置し、東端には賀茂川が流れる落ち着いたエリア。わざわざ足をのばして訪ねたくなる小粋なショップが点在する。

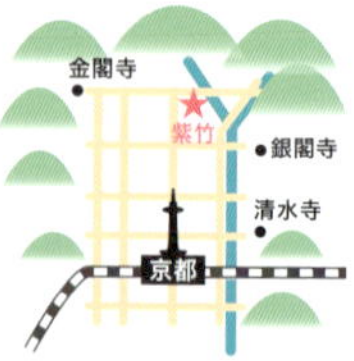

金閣寺
紫竹
銀閣寺
清水寺
京都

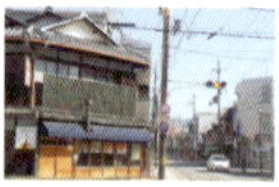

京都駅からの行き方

🚌 市バス9系統
→下岸町

🚇 地下鉄→北大路駅

シックな名店がそろい踏み

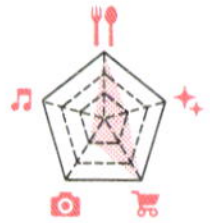

昼：○　夜：△

住宅街でもあり、夜は人通りも少なくなる。

季節の花の魅力を覗く

ギャラリーのような空間で山野草などの草花や四季の飾りを使った季節のしつらいを提案。

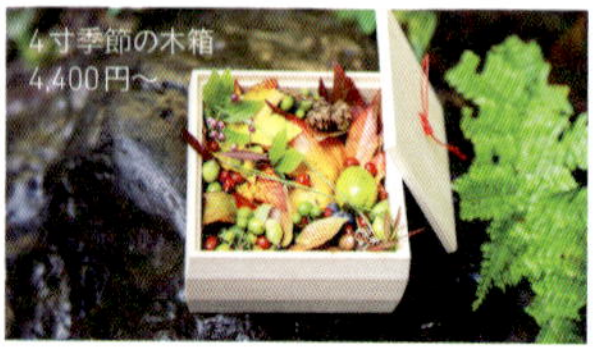

4寸季節の木箱
4,400円～

和の花で新しい表現を探る

みたて

野草や土器、籠などがそろう花店。季節のしつらいを楽しむ教室「会」を開催。

🏠 京都市北区紫竹下竹殿町41　☎ 075-203-5050　[営] 12:00～17:00　[休] 日・月曜※詳細はHPにて要確認　[交] 市バス下岸町から徒歩約3分

[上賀茂神社] ▶MAP 別 P.25 D-1

こだわりのパンとコーヒーを手に入れる

京都人の生活になじんだおいしい一品でモーニング。町家を改装した店舗も魅力。

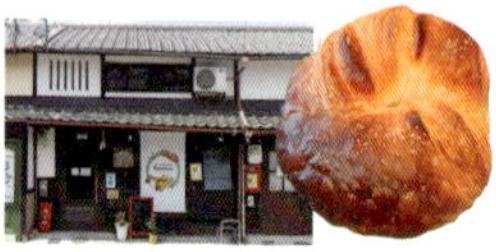

丸い形が珍しいもっちりクロワッサン200円。生地からは濃厚なバターの風味が香り、表面には岩塩がパラリ

こだわりの国産小麦100%

bread house Bamboo

ブレッド ハウス バンブー

ハード系の食事パンから惣菜パン、甘パンまですべてがハイレベル。つい買いすぎてしまうという声が多数。

🏠 京都市北区紫竹下竹殿町16　☎ 075-495-2301　[営] 6:00～17:00　[休] 月・火曜　[交] 市バス下竹殿町から徒歩約1分

[上賀茂神社] ▶MAP 別 P.25 D-1

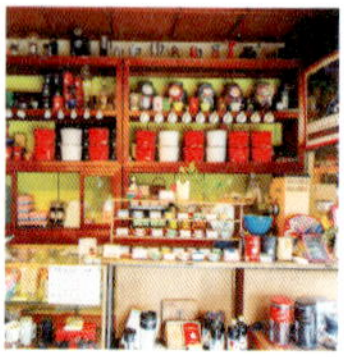

人気のサーカス缶は定番の赤と黒のほか、限定色も!?

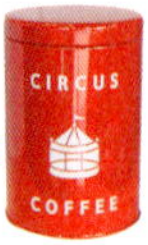

CIRCUS
COFFEE

珈琲通も満足の自家焙煎の豆

サーカスコーヒー

築約100年の町家で営んでいるスペシャルティコーヒーの珈琲豆販売店。店主とのコーヒー談義も。

🏠 京都市北区紫竹下緑町　☎ 075-406-1920　[営] 10:00～18:00　[休] 月・日曜、祝日　[交] 市バス上堀川から徒歩約5分

[上賀茂神社] ▶MAP 別 P.25 D-1

銭湯好きは必訪

紫野（むらさきの）

MURASAKINO

船岡山周辺のエリアのことで、西陣の北側に位置する。西陣同様に古い京町家が残り、近年町家を再生したショップも増加中。

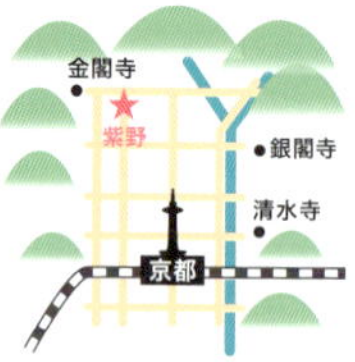

金閣寺
紫野
銀閣寺
清水寺
京都

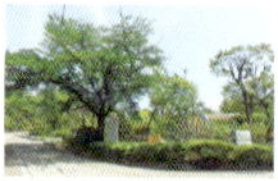

京都駅からの行き方

🚌 市バス206系統
→千本鞍馬口

自然豊かな街並み

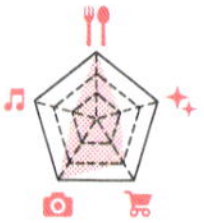

昼：○　夜：△

飲食店は早めの時間帯で終了することが多い。

登録有形文化財のレトロ銭湯に入る

唐破風造の玄関をくぐれば、レトロなマジョリカタイルや透かし彫りの欄間がお出迎え。

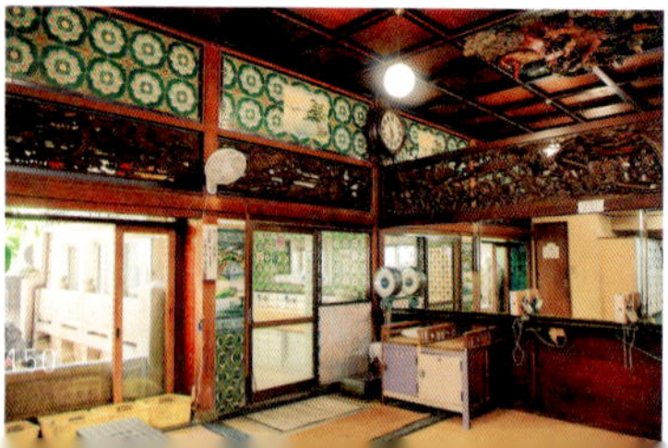

和と洋が融合したレトロな温泉施設

船岡温泉

ふなおかおんせん

大正期の料理旅館が前身。サウナや露天風呂などが備わり、贅沢な温泉気分を堪能できる。

🏠 京都市北区紫野南舟岡町82-1　☎ 075-441-3735　[営] 15:00～翌1:00（日曜は8:00～）　[料] 450円　[休] 無休　[交] 市バス千本鞍馬口から徒歩約3分

[西陣] ▶MAP 別 P.21 F-2

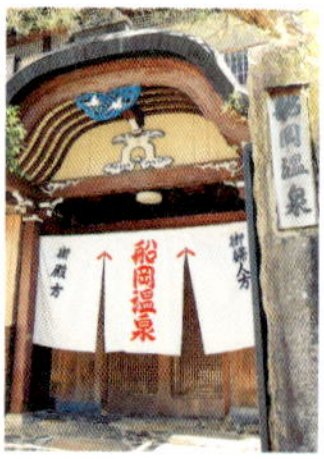

船岡温泉

大正12年に造られた風格ある唐破風の玄関

市の中心部から少し離れるけれど、「京都に来たのならぜひ訪ねてほしい」というイチオシのスポットをご案内。街なかでは体験できないものもあるので、ぜひ足をのばしてみて。

ティータイムを愉しむなら

下鴨（しもがも）
SHIMOGAMO

下鴨神社周辺は京都有数の閑静な住宅街。南北を縦断する下鴨本通り周辺には、ちょっと寄り道をしたくなるお店が点在する。

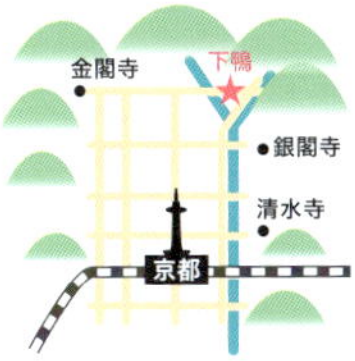

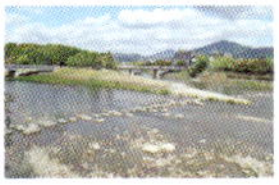

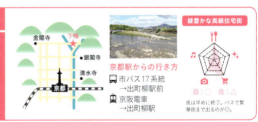

京都駅からの行き方

🚌 市バス17系統→出町柳駅前
🚃 京阪電車→出町柳駅

緑豊かな高級住宅街

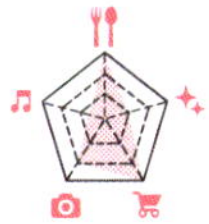

昼：○　夜：△

夜は早めに終了。バスで繁華街まで出るのが◎。

おいしい品でくつろぎのひと時を

こだわりのデリや、一粒一粒選び抜いて焙煎されたコーヒーで至福のひと時を。

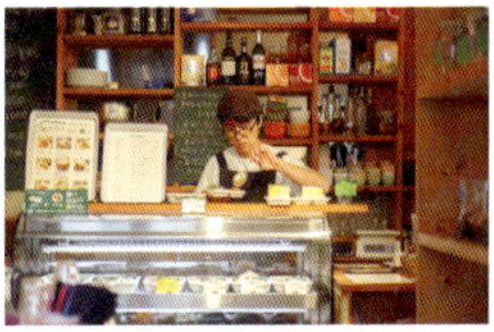

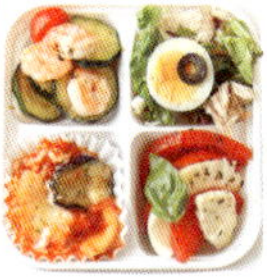

色鮮やかなおしゃれデリ

下鴨デリ
しもがもデリ

デリボックス4品810円。内容は日替わり

野菜たっぷりで無添加にこだわったヘルシーなデリが人気。店頭には常時20種類以上がスタンバイ。

🏠 京都市左京区下鴨松ノ木町51プラザ葵1F　☎075-702-3339　[営] 11:00～21:30（LO20:30）　[休] 不定休　[交] 市バス下鴨神社前から徒歩約3分

[下鴨神社] ▶MAP 別 P.25 E-2

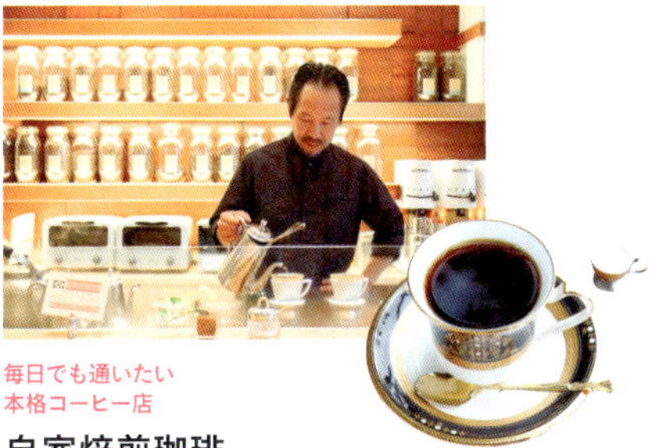

毎日でも通いたい本格コーヒー店

自家焙煎珈琲 caffè Verdi
じかばいせんこーひー カフェヴェルディ

下鴨ブレンド600円

京都にヴェルディありと言われる名店。ハンドピックの自家焙煎コーヒーにファンも多い。

🏠 京都市左京区下鴨芝本町49-25 アディー下鴨1F
☎ 075-706-8809　[営] 8:30～18:00（LO17:30）、日曜、祝日は8:00～18:00（LO17:30）　[休] 月曜（祝日の場合は営業、翌日休）、第3火曜　[交] 市バス一本松から徒歩約1分

[下鴨神社] ▶MAP 別 P.25 E-2

話題のカフェが登場

北大路（きたおおじ）
KITAOJI

徒歩圏に賀茂川がある自然あふれるエリア。桜や紅葉など四季を通じて美しい風景に出合え、川べりの散策を楽しむのもおすすめ。

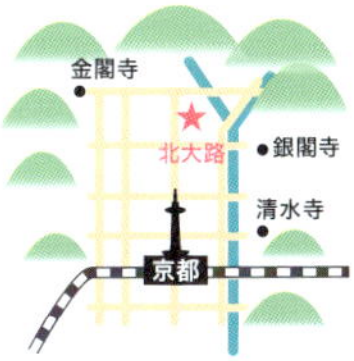

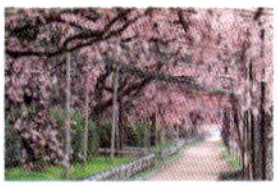

京都駅からの行き方

🚌 市バス205系統→北大路駅前
🚇 地下鉄→北大路駅

穴場が多い花見の名所

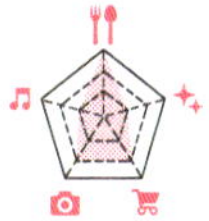

昼：○　夜：△

バスターミナルもあり、居酒屋なども点在している。

賀茂川の畔でピクニックを楽しむ

天気のよい日にはお気に入りのコーヒーとお菓子を持って、賀茂川の河原で。

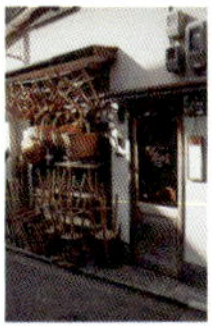

ピクニックセットの貸し出しも

WIFE&HUSBAND
ワイフアンドハズバンド

アンティークな空間が素敵な自家焙煎コーヒー店。おすすめの賀茂川ピクニックをぜひ。

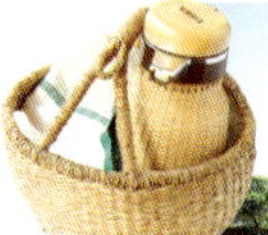

レンタルは1.5時間で1人1,200円

🏠 京都市北区小山下内河原町106-6　☎ 075-201-7324
[営] 10:00～17:00　[休] 不定休（HP要確認）　[交] 地下鉄北大路駅から徒歩約4分

[下鴨神社] ▶MAP 別 P.25 D-2

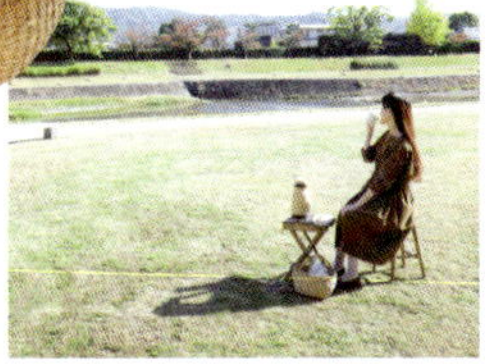

＼コーヒーと眺めが最高／

市内中心部を流れる鴨川に対して出町柳以北は賀茂川、その右岸は加茂街道と書く。とかく京の名はややこしい。

交通手段は3つ！
全国から京都へスムーズにアクセス

新幹線やJR、私鉄などを利用して京都駅へ行けば、そこから各地への移動が楽。北海道や九州、沖縄などの遠方は飛行機が便利。いずれも割引プランがあるので賢く活用しよう。

※掲載の情報は、2022年5月現在のものです。運賃、時間等はあくまで目安であり、シーズン、交通事情により異なる場合があります。

ACCESS 1

大阪や神戸、奈良からは特急電車も運行している。スムーズに京都に行きたい場合はこちらも利用しよう。新幹線は運賃・特急券が高額になりがちだが、JR東海ツアーズの格安チケットを利用すればグンとお得に。旅のスタイルに合った移動手段を選ぼう。

大阪・神戸・奈良からは特急や快速が便利！

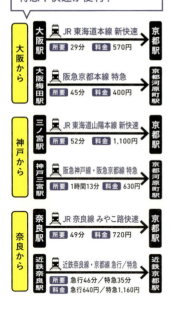

大阪から

| 大阪駅 | JR 東海道本線 新快速 | 京都駅 |
| 所要 29分 | 料金 570円 | |

| 大阪梅田駅 | 阪急京都本線 特急 | 京都河原町駅 |
| 所要 45分 | 料金 400円 | |

神戸から

| 三ノ宮駅 | JR 東海道山陽本線 新快速 | 京都駅 |
| 所要 52分 | 料金 1,100円 | |

| 神戸三宮駅 | 阪急神戸線・阪急京都線 特急 | 京都河原町駅 |
| 所要 1時間13分 | 料金 630円 | |

奈良から

| 奈良駅 | JR 奈良線 みやこ路快速 | 京都駅 |
| 所要 49分 | 料金 720円 | |

| 近鉄奈良駅 | 近鉄奈良線・京都線 急行/特急 | 近鉄京都駅 |
| 所要 急行46分／特急35分 | 料金 急行640円／特急1,160円 | |

新幹線を使えばラクラク！2時間10分で京都へ。

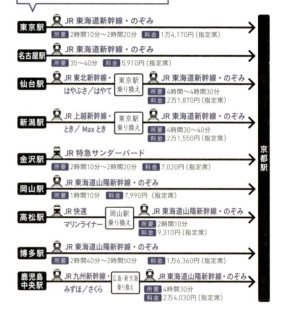

| 東京駅 | JR 東海道新幹線・のぞみ | | 京都駅 |
| 所要 2時間10分～2時間20分 | 料金 1万4,170円(指定席) | | |

| 名古屋駅 | JR 東海道新幹線・のぞみ | |
| 所要 35～40分 | 料金 5,910円(指定席) | |

| 仙台駅 | JR 東北新幹線・はやぶさ/はやて | 東京駅乗り換え | JR 東海道新幹線・のぞみ |
| | | | 所要 4時間～4時間30分 料金 2万1,870円(指定席) |

| 新潟駅 | JR 上越新幹線・とき/Max とき | 東京駅乗り換え | JR 東海道新幹線・のぞみ |
| | | | 所要 4時間30分～40分 料金 2万1,550円(指定席) |

| 金沢駅 | JR 特急サンダーバード | |
| 所要 2時間10分～2時間20分 | 料金 7,020円(指定席) | |

| 岡山駅 | JR 東海道山陽新幹線・のぞみ | |
| 所要 1時間10分 | 料金 7,990円(指定席) | |

| 高松駅 | JR 快速 マリンライナー | 岡山駅乗り換え | JR 東海道山陽新幹線・のぞみ |
| | | | 所要 2時間10分 料金 9,310円(指定席) |

| 博多駅 | JR 東海道山陽新幹線・のぞみ | |
| 所要 2時間40分～2時間50分 | 料金 1万6,360円(指定席) | |

| 鹿児島中央駅 | JR 九州新幹線 みずほ/さくら | 広島・新大阪乗り換え | JR 東海道山陽新幹線・のぞみ |
| | | | 所要 4時間30分 料金 2万4,030円(指定席) |

＋α できること 旅をもっとお得に！

東京→京都が3,600円も安くなる！

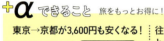

ぷらっとこだま こだま 東京・品川⇒京都

片道　1ドリンク
特急券指定券 ＋ 🥤 ＝ 1万600円～

※時期により料金が変動する ※途中乗降は不可
※前日までに要予約（来店申込みの場合）
JR東海ツアーズ 検索

往復新幹線＋宿のセットでとってもお得！

ぷらっと・旅 JR＋宿 東京・品川・新横浜・小田原⇔京都

往復　宿
特急券指定券 ＋ 🏨 ＝ 1万9,900円～

※往復新幹線と宿泊がセットでお得に旅行できる
※各宿泊施設の特典付きの場合も
JR東海ツアーズ 検索

1日で遊び尽くすなら！

日帰り1day 京都 のぞみ・ひかり 東京・品川⇔京都

往復　セレクトクーポン
特急券指定券 ＋ クーポン ＝ 1万9,400円～

※食事や観光などが楽しめるセレクトクーポン付き
※1名から申し込み可
※前日まで受付（来店申込みの場合）
JR東海ツアーズ 検索

ACCESS 2

飛行機
AIRPLANE

飛行機で京都へ訪れる場合は、大阪（伊丹）空港と関西国際空港の2つが最寄となる。いずれの空港もJR線やリムジンバスで京都市内へ行くことができる。航空会社によっては早期予約での割引プランもあるので早めに計画を立てて上手に活用しよう。

ビューンと飛行機で関空or伊丹空港へ。

1 新千歳空港 → 関西国際空港
1日7便　2時間15分
2万2,710円〜　JAL

新千歳空港 → 大阪（伊丹）空港
1日8便　1時間55分
2万4,210円〜　JAL

2 青森空港 → 大阪（伊丹空港）
1日6便　1時間55分
2万1,290円　JAL

3 仙台空港 → 大阪（伊丹）空港
1日13便　1時間25分
1万5,070円　IBX

4 福岡空港 → 大阪（伊丹）空港
1日10便　1時間5分
1万2,950円　IBX

5 羽田空港 → 大阪（伊丹）空港
1日30便　1時間10分
1万2,310円　JAL

羽田空港 →関西国際空港
1日11便　1時間25分
9,910円　SFJ

6 高知龍馬空港 → 大阪（伊丹）空港
1日6便　45分
1万3,540円　ANA

7 那覇空港 → 関西国際空港
1日9便　1時間55分
1万8,580円　JTA

（地図内ラベル）
新千歳空港（札幌）／青森空港／仙台空港／金沢／東京／横浜／羽田空港（東京）／大阪（伊丹/関西）空港／京都／名古屋／静岡／大阪（新大阪）／広島／高松／博多／福岡空港／高知龍馬空港／鹿児島／那覇空港（沖縄）

ACCESS 3

バス
BUS

リーズナブルに高速バスで京都へ。

▼ 東京　→ 京都 ── 1,700円〜
▼ 仙台　→ 京都 ── 6,500円〜
▼ 名古屋 → 京都 ── 1,400円〜
▼ 金沢　→ 京都 ── 3,600円〜
▼ 広島　→ 京都 ── 3,600円〜
▼ 高松　→ 京都 ── 5,050円〜
▼ 福岡　→ 京都 ── 2,900円〜

新幹線も飛行機も料金が高い、という人には高速バスがおすすめ。夜行バスなら朝から活動できるので1日たっぷり遊べる。女性専用車両やゆったりシートなど、さまざまな高速バスがあるので要チェック。

シートの列数によって料金が違う！

4列シート
=片道 1,700円〜
●車内トイレなし。トイレ休憩は時間を確認しよう

3列シート
=片道 4,600円〜
●車内トイレ付き。隣とのゆとりも確保されている

※東京⇒京都の場合の目安

+α でできること　旅をもっとお得に！

バス＋1泊でリーズナブル！

往復高速バス ＋ 宿 ＝ 1万2,900円〜
※HPで24時間オンライン予約可能
※2名で1室使用時の2名分の料金

自由自在に京都を巡る 〜バス編〜

京都の街なかを走るバス路線は複雑。あらかじめ目的地までのルートを確認して乗り間違えのないようにしよう。交通状況で遅れることもあるので時間に余裕を持って。

乗り方のキホン

- 乗るときは後方ドアから、降りるときは前方ドアから降りる。
- 運賃は後払い。
- 市バス・京都バスには均一区間が設けられている。
- 市バスではICOCA、PiTaPa、SuicaなどのICカードが使用可能。

+α 市バスの行き先を確認

バスには205系統、206系統などの番号が表示されているほか、方向幕にラインカラーが取り入れられている。これさえ押さえればひと目でバスの行き先を判別できる仕組みになっている。

金閣寺、北大路バスターミナル **205**　清水寺・京都駅 **206**

通りごとのラインカラー

- 西大路通(北野天満宮、金閣寺など)
- 千本通・大宮通(東寺、京都水族館など)
- 堀川通(西本願寺、二条城など)
- 河原町通(四条河原町、下鴨神社など)
- 東山通(八坂神社、清水寺など)
- 白川通(銀閣寺、詩仙堂など)

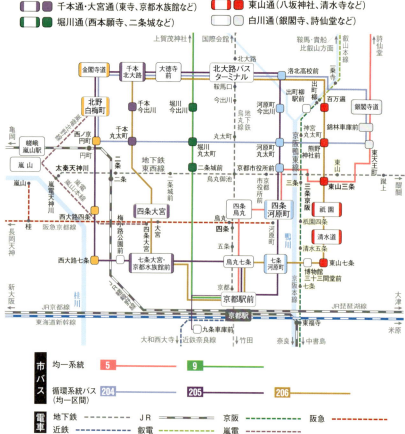

154

🚌 市バス

- 市内を網羅するほど、路線が多い。
- 均一区間は230円。

基本の3路線を押さえる！

204 北大路バスターミナルを拠点に、**大徳寺、金閣寺、岡崎方面、銀閣寺へ**（この逆回りも）。4～5本／1時間

205 九条車庫を拠点に、**東寺、京都駅、四条河原町、下鴨神社、**さらに**金閣寺方面・西大路通を経由し、京都水族館へも行く**（この逆回りも）。6～8本／1時間

206 北大路バスターミナルを拠点に千本通を南下。**四条大宮、京都、三十三間堂、五条坂・清水道、祇園へ**（この逆回りも）。千本通4～5本／1時間 東山通7～8本／1時間

🚌 京都バス

- 街なかはもちろん、嵐山、岩倉、大原方面に行ける。
- 運賃は区間によって異なる。市内中心部は230円均一。
- 市バス一日券、地下鉄・バス一日券の使用可。

🚌 京阪バス
- 山科・醍醐エリアへのアクセスが充実。※地下鉄・バス一日券使用可

🚌 西日本JRバス
- 高雄エリアへのアクセスが便利。

＋α 自転車ならマイペースに密も回避♪

家族や友人とワイワイ巡るならレンタサイクルがおすすめ。自由にプランを組んで、時間に縛られず、気の向くままサイクリングをするのが楽しい。

コーヒーの香りに包まれたレンタサイクルショップ

THE GOOD DAY VELO BIKE & COFFEE KYOTO
ザ グッディ ベロ バイクス アンド コーヒー キョウト

> 自転車で
> ピクニックに
> 出かけませんか♡

コーヒースタンドを併設したレンタサイクル店。自転車は3タイプを用意しており1,400円～。ガイドブックに載らない路地裏を自転車散策できるサイクリングツアーも開催。

🏠 京都市中京区堺町通姉小路下る大阪材木町685-1 ☎075-606-5345 ⏰10:00～18:00 休月曜（祝日の場合は翌日）、第3日曜、不定休・夏期休暇あり 🚇地下鉄烏丸御池駅から徒歩約5分

烏丸 ▶MAP 別P12 B-1

バスの種類もさまざま。場所・用途別に乗りこなそう

市バスは京都市内の主要なエリアに行くのに最適。また、主要観光地をつなぐ「洛バス」では車内観光案内が流れる。他にも嵐山、岩倉、大原方面へも行ける京都バスなど、用途に合わせて乗りこなそう。

市バス・地下鉄の便利な情報をらくらくキャッチ！

交通局ホームページ

ポケロケ

停留所にバスがどれくらい近づいているか確認できる。

京都市バス・地下鉄ガイド

時刻表や路線図などを確認できる。GPSを活用した検索など便利な機能も！

新常識

便利アプリで迷子知らず！

京都遺産めぐり

京都市内にある文化遺産の魅力を発信。おすすめの名所を巡る「コース案内」機能など便利な機能も。

バス・鉄道の達人

出発地と目的地を入力すると、経路や運賃、所要時間が分かるサービス。スマートフォンアプリのダウンロードもできる。

ハレ旅
Info

自由自在に京都を巡る
～電車編～

予定どおりに観光したいなら、遅延の少ない電車が便利。地下鉄や嵐電、京阪、叡山電車などエリアごとに便利な路線があるので、車窓からの景色を眺めながら移動しよう。

渋滞知らずの鉄道でスピーディに観光

電車の移動は京都駅を拠点にすれば迷い無し。地下鉄烏丸線から東西線に乗り換えれば、南禅寺や二条城へ。JR線なら、嵐山や宇治方面へ乗り換え無しでスムーズに到着。電車の路線図を確認して、目的地への行き方をマスターしよう。

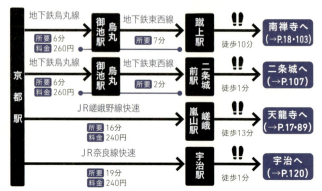

京都駅

地下鉄烏丸線 → 御池駅 烏丸 所要6分 料金260円 → 地下鉄東西線 所要7分 → 蹴上駅 → 徒歩10分 → 南禅寺へ（→P.18・103）

地下鉄烏丸線 → 御池駅 烏丸 所要6分 料金260円 → 地下鉄東西線 所要2分 → 二条城前駅 → 徒歩1分 → 二条城へ（→P.107）

JR嵯峨野線快速 所要16分 料金240円 → 嵯峨嵐山駅 → 徒歩13分 → 天龍寺へ（→P.17・89）

JR奈良線快速 所要19分 料金240円 → 宇治駅 → 徒歩1分 → 宇治へ（→P.120）

＋α バス＆電車をフル活用する

電車やバスにはお得なチケットがたくさん。1日乗り放題のチケットから、社寺・施設などで特典が受けられるものまで豊富にそろう。

対象	地下鉄＆バス	バス	地下鉄	京阪	叡山電車
チケット名	地下鉄・バス1日券	市バス1日券	地下鉄1日券	京阪電車京都1日観光チケット	叡山電車1日乗車券「えぇきっぷ」
発売額	1,100円	700円	800円	前売：800円（条件あり）当日：900円	1,200円
こういう時に使う！	1日に地下鉄・バスで3～4カ所巡る	1日でバスに4回以上乗る	地下鉄に1日4回以上乗る	京阪電車で京都を巡る	叡電に1日3～4回以上乗る
利用区間	地下鉄全線・市バス全線、京都バス・西日本JRバス・京阪バス（一部区間を除く）	市バス・京都バス・西日本JRバス均一運賃区間	地下鉄全線	石清水八幡宮前～出町柳駅、宇治線、石清水八幡宮参道ケーブル	叡山電車全線
オススメポイント	市内中心部から郊外まで広範囲で利用できる。地下鉄とバスでスムーズな移動！優待特典付き	市内の主な観光地へのアクセスが可能！	二条城などの施設の入場料が割引される！	京阪沿線の社寺・施設などで使える優待特典付き！	一乗寺や貴船・鞍馬にアクセス。沿線施設での特典付き！
販売場所	市バス・地下鉄案内所、定期券発売所、地下鉄駅窓口など	市バス・地下鉄案内所、定期券発売所、地下鉄駅窓口、バス車内など	市バス・地下鉄案内所、定期券発売所、地下鉄駅窓口など	前売：オンライン当日：中書島・丹波橋・祇園四条・三条・出町柳の各駅	出町柳駅、修学院駅、鞍馬駅（9:40～16:30）
問い合わせ	京都市交通局 市バス・地下鉄ナビダイヤル☎0570-666-846(7:30～19:30)			京阪電車お客さまセンター☎06-6945-4560	叡山電車運輸課☎075-702-8111

ハレ旅 Info

自由自在に京都を巡る
～観光バス・タクシー編～

主要な観光地を巡るなら、各地を効率よく回る観光バスが賢い移動手段。大勢で観光するならタクシーが比較的安く利用できるかも。電車・バス以外の交通機関も必見。

観光バス

世界遺産や有名スポットを回る観光バスでおまかせ名所巡りはいかが？ ガイド付きの観光バスを選べば見どころも押さえられる。

メリット
・人気のスポットを効率よく押さえられる
・ツアー限定特典もあり！

デメリット
・決まったコースしか回ることができない
・個人の自由時間が制限されている

+α 利用のキホン
・料金は予約時や窓口での先払い
・バスの座席はほとんどが指定制
・事前予約がベター。当日でも空席があれば乗車可能

スカイバス京都

京都駅前から人気の観光スポットを巡るオープントップバス。市内を一周する「ぐるっと一周ドライブコース」が中心。季節によってはイルミネーションが見られるコースもあり。

運行日	10:00、13:00、15:00
販売場所	京都定期観光バス予約センター（075-672-2100）、HPにて予約
料金	2,000円～
予約	乗車日の3カ月前から（当日の予約も可）
問い合わせ	京都定期観光バス予約センター☎075-672-2100

・大徳寺
・北野天満宮　冷泉家　・賀茂大橋
・晴明神社　　京都御苑　・京都大学
・二条城　　　・琵琶湖疏水
　　　　　　　・平安神宮
　　　　　　　・青蓮院
・西本願寺　　・南座　知恩院三門
　　　　　　　八坂神社・
　烏丸口　　　・清水寺
JR ---- 京都駅
━━ ぐるっと一周ドライブ

京都定期観光バス

時期に合わせたプランが盛り込まれた人気バスツアー。お得なプランもあり、なかには限定の特典や優待も。旬の京都を満喫しよう。

販売場所	各乗り場窓口、WEB・電話予約優先
予約	乗車日3カ月前から（当日の予約も可能）※一部コースを除く
問い合わせ	京都定期観光バス予約センター☎075-672-2100（7:40～20:00）

オススメプラン 1 ［料金］5,800円
京都三大名所～
金閣寺・銀閣寺・清水寺

オススメプラン 2 ［料金］6,500円
京都人気名所めぐり～清水寺・
三十三間堂・天龍寺と竹林嵐山

オススメプラン 3 ［料金］1万円
大原三千院と比叡山延暦寺（食事付）

タクシー

家族や大人数でタクシーを利用すれば、交通費を安く抑えられるうえ、電車を待ったり荷物を持ち運ぶ負担も解消される。スムーズに観光地へ移動したいならおすすめ。

都タクシー
☎075-661-6611
MKタクシー
☎075-778-4141
ヤサカタクシー
☎075-842-1212

メリット
・3～4人で利用すれば割安
・移動時間を短縮できる

デメリット
・少人数での利用は割高になる可能性が
・交通状況により遅れることがある

京都駅からの運賃目安

高雄 5500円
金閣寺 3000円
仁和寺 3000円
大原 6500円
嵐山 4000円
西陣 1800円
銀閣寺 2900円
南禅寺 2400円
四条河原町 1000円
祇園 1200円
平安神宮 1800円
東寺 700円
京都駅
清水寺 1200円

※最も一般的な運賃目安。交通状況によって運賃の変動あり

INDEX

INDEX

STAFF

編集制作
エディットプラス

撮影・写真協力
岡タカシ　倉本あかり　佐藤佑樹　瀬田川勝彦
津久井珠美　マツダナオキ　京小町踊り子隊 dricco きもの
元離宮二条城　便利堂　PIXTA　photolibrary　朝日新聞社

協力
関係諸施設

表紙・本文デザイン　菅谷真理子＋髙橋朱理（マルサンカク）

本文デザイン
今井千恵子　大田幸奈　内海友香（Röndine）

表紙イラスト　大川久志　深川優

本文イラスト　朝野ペコ　ダイモンナオ　細田すみか

地図制作　s-map　川手直人　北村文

組版・印刷　大日本印刷株式会社

企画・編集　岡本咲　白方美樹（朝日新聞出版）

ハレ旅　京都
たび　　　きょうと

2022年6月30日　改訂3版第1刷発行
2023年3月30日　改訂3版第3刷発行

編　著　朝日新聞出版

発行者　片桐圭子

発行所　朝日新聞出版
　　　　〒104-8011　東京都中央区築地5-3-2
　　　　（お問い合わせ）
　　　　infojitsuyo@asahi.com

印刷所　大日本印刷株式会社

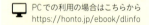